古地図で楽しむ神戸《こうべ》

大国正美
Masami Okuni
【編著】

風媒社

はじめに

三都物語というが、刊行された古地図という点からみると、京都・大坂に比べ、神戸はとても少ない。少ないだけではなく、刊行が始まる時期も大幅に遅れている。摂津国や播磨国を範囲とした名所図が18世紀中頃に発刊されたのを除けば、兵庫津や神戸の都市図の刊行となると19世紀中頃になる。

しかしこれは古地図が少ないという意味ではない。近世以前の生産と生活は、自然からの恵みを得て成り立っていた。その権利を主張するため、またその再生産の仕組みを維持し拡大するために、絵図は必須のものだった。権力者にとっては支配する範囲を誇示し、支配を維持するために絵図が必要だった。参勤交代といういわば団体旅行に続き、「徳川の平和」の到来で庶民の旅人が増加。交流人口が増えると道中図なども多く作られた。

兵庫津の前身は大輪田の泊で、ヤマト王権や大和朝廷の時代から国際的な港だったと思われる。7世紀の推古天皇の時代には、五畿七道制が敷かれ、西摂津は五畿内の境界となった。その玄関口にあたる敏売崎《みぬめのさき》は外交儀礼の場になった。奈良時代になると摂津・播磨の五つの泊に大輪田が挙げられ整備された。

日本は9世紀に遣唐使を廃止し公的外交を断ち切った。11世紀に〝開国〟した舞台は、平清盛によって修築された兵庫の福原だった。中世には日宋貿易、日明貿易の拠点として発展。豊臣政権期には朝鮮出兵の軍港として機能した。

江戸幕府は海禁政策を取ったが、兵庫津は朝鮮通信使の接待の場として活用された。当時江戸は世界最大級の100万人の人口を擁し、その経済を支えたのは浅い河口を遡ったところにあった天下の台所・大坂である。兵庫津は大坂にとっての外港で、幕藩体制を維持する流通拠点の役割を担った。近世中後期には蝦夷や北国との北前船の重要な寄港地にもなった。北前船は寄港地で安く仕入れた物資を別の寄港地で高く売る買積船であり、兵庫津は単なる輸送の拠点ではなく商いの拠点であり、大坂へ流入する物資抑制を加速させる結果をもたらした。幕末には長い蓄積を背景に開港場として兵庫津が選ばれた。こうして1000年を超えて同じ場所が国際港であり続けるという世界でも稀有な歴史を積み重ねてきた。

兵庫津に隣接する神戸は、港と深く関わって創立された伝承を持つ生田神社の封戸から生まれた。古代には事実上一体の港エリアだったのである。神戸と兵庫津に挟まれた二茶屋村には近世を通して兵庫津を大幅に上回る廻船の船籍地になっていた。有力な港は単独では成立しない。後背地としての村と町が不可欠であった。近世においても不可分につながっていたからこそ、開港場は直前に兵庫開港から神戸開港に変更された。

本書は、こうした歴史を踏まえ、四つのPartを立てた。

Part1は、本書全体のキーワードである色と形から古地図を読み解いた。絵図から読み取れるのは文字情報だけではない。形状や色彩にもさまざまな情報が込められている。都市と農村・寺社と民家の区別、支配者の違い、変遷する街道と里道、田畑や民家の様子など、色と形は文字で表現できない当時の情報を浮き彫りにする。

Part2は、神戸を構成する重要な要素でもある海と山と川を古地図から読み解いた。これまで古地図は村や町の情報を解読するために用いられてきたといっても過言ではない。しかし絵図が作成される経緯から考えても、海・山・川の権利や災害対策が重要なのはいうまでもない。新たな絵図の読み取りの視角を模索した。

Part3は、近世以前の文学などを軸に、この地で積み重ねられた歴史と伝説が絵図にどのように描かれているかをテーマにした。あえて文学作品をメーンに取り上げた。前近代の文学は単なる架空のストーリーではない。史実と伝説は分かちがたく結びつき、文学作品の故地が生まれ絵図に落とし込まれる。それが近世以前の精神文化であった。

Part4は、明治・大正・昭和戦前期の文学の舞台の痕跡を同時代の地図に求めた。Part3の近代版ともいえなくもないが、編者のねらいはそうではなく、近代都市神戸を文学者がどう描いたのかをテーマにした。そうそうたる文豪が神戸を歩き、作品に書き込んだ。その目線を追い、同時代の地図を眺めることで、文学作品の読み方が一層立体的になり楽しめるはず。そんな願いを込め、神戸文学館の水内眞館長に引用文の選定と本文の執筆をしていただいた。

これまで古地図を対象にした著書をいくつか出してきたが、本書では古地図を特定のテーマで読むことができるという、四つの挑戦をおこなったつもりでいる。編著者の思いを汲んで古地図を楽しんでいただければ幸いである。

2019年10月

大国正美

古地図で楽しむ神戸【目次】

はじめに　大国正美……1
本書の関連地図……6

[Part 1] 色と形でみる町と村　大国正美……9

方形と楕円で表す町と村　◉慶長と元禄の「摂津国絵図」……10
最高傑作の地図帳に描かれた街　◉「国郡全図」……16
希代の地図考証家が描いた景観　◉森幸安の「摂津国地図」……18
摂津は中世城郭の宝庫　◉「摂津国名所旧跡細見大絵図」……22
二人の殿様、色で示す支配地　◉「中野村絵図」……26
色で表す寺社、北部に街並み　◉「摂津国矢田部郡福原庄兵庫地図」……28
変わる西国街道や有馬道　◉深江と住吉の「村絵図」……32
転用される温泉街地図　◉「摂津州有馬郡湯山図」……36
学び舎の進出待つ高台の新田　◉「水車新田絵図」……40
段々の田園が異人館街に　◉「摂州神戸山手取開図」……44
地図にみる明治の改変と温存　◉「神戸港測量地図」……48
連続する民家、元からの町　◉「二茶屋村・走水村絵図」……50

[Part 2] 海と山と川の風景　大国正美……53

海中の軍事情報が満載　◉「正保摂津国絵図」……54
六甲山中にも一里塚　◉摂津と播磨の「天保国絵図」……58
山の恵みで生きる　◉「本庄・山路庄全図」……61
山の共有と分割を描く　◉「六甲谷川上流部絵図」……64
レジャーと共存の密教拠点　◉「行程記」……66
色と線で示す殿様の山　◉「北野村山絵図」……69
六甲の急流、水害と闘って　◉篠原・中野の「普請絵図」……72
付け替えられた川　◉「生田村絵図」……76
領有争った平地の山　◉「和田岬附近ノ図」……78
山切り崩し宅地開発　◉「高取山山論裁許絵図」……80
川と池が織りなす田園風景　◉「板宿村絵図」……82
山裾に構えた城跡の里　◉「大手村絵図」……86
荒地再開発を大幅縮小　◉西須磨村の「起返願絵図」……88

[Part 3] 歴史と伝説の舞台　大国正美……91

海と結びついた征服伝承　◉「古事記」・「日本書紀」……92
都人の海の玄関口　◉「万葉集」……94
忘れられた古代豪族の王　◉「大和物語」……96
都人の残した風情　◉「古今和歌集」と在原行平……99
周縁地域と交わる王朝文学　◉「源氏物語」……102
滅びの美学の舞台　◉「平家物語」……104
時代ごとに読み直される英雄　◉「太平記」……107

初代英総領事が見た町並み ◉「大君の都」……110

[Part 4] 古地図で読む近代文学 水内 眞……113

新開地で見た情景 ◉横溝正史『探偵小説五十年』……114
異国情緒のメリケン波止場 ◉今 東光『悪童』……116
鈴木商店焼き打ちを活写 ◉城山三郎『鼠』……118
横溝正史と「元町ぶらり」 ◉江戸川乱歩『悪人志願』……120
神戸駅で途中下車 ◉林芙美子『放浪記』……122
夏目漱石ともゆかりの地 ◉田宮虎彦『神戸 我が幼き日の…』……124
心もぬかるむ移民坂 ◉石川達三『蒼氓』……126
旧居留地から北野へ ◉堀 辰雄『旅の繪』……129
少年時代の港町情景 ◉陳 舜臣『三色の家』……132
六甲山越えは大パノラマ ◉田山花袋『温泉めぐり』……134
高浜虚子が見た須磨での保養 ◉正岡子規の俳句……137
疎開して書いた出世作 ◉山本周五郎『須磨寺附近』……140
関西学院から見た神戸 ◉稲垣足穂『カフェの開く途端に月が昇った』……142
文豪が見た阪神大水害 ◉谷崎潤一郎『細雪』……145
焼跡に立つ御影公会堂 ◉野坂昭如『火垂るの墓』……148

参考文献……151

おわりに 大国正美……154

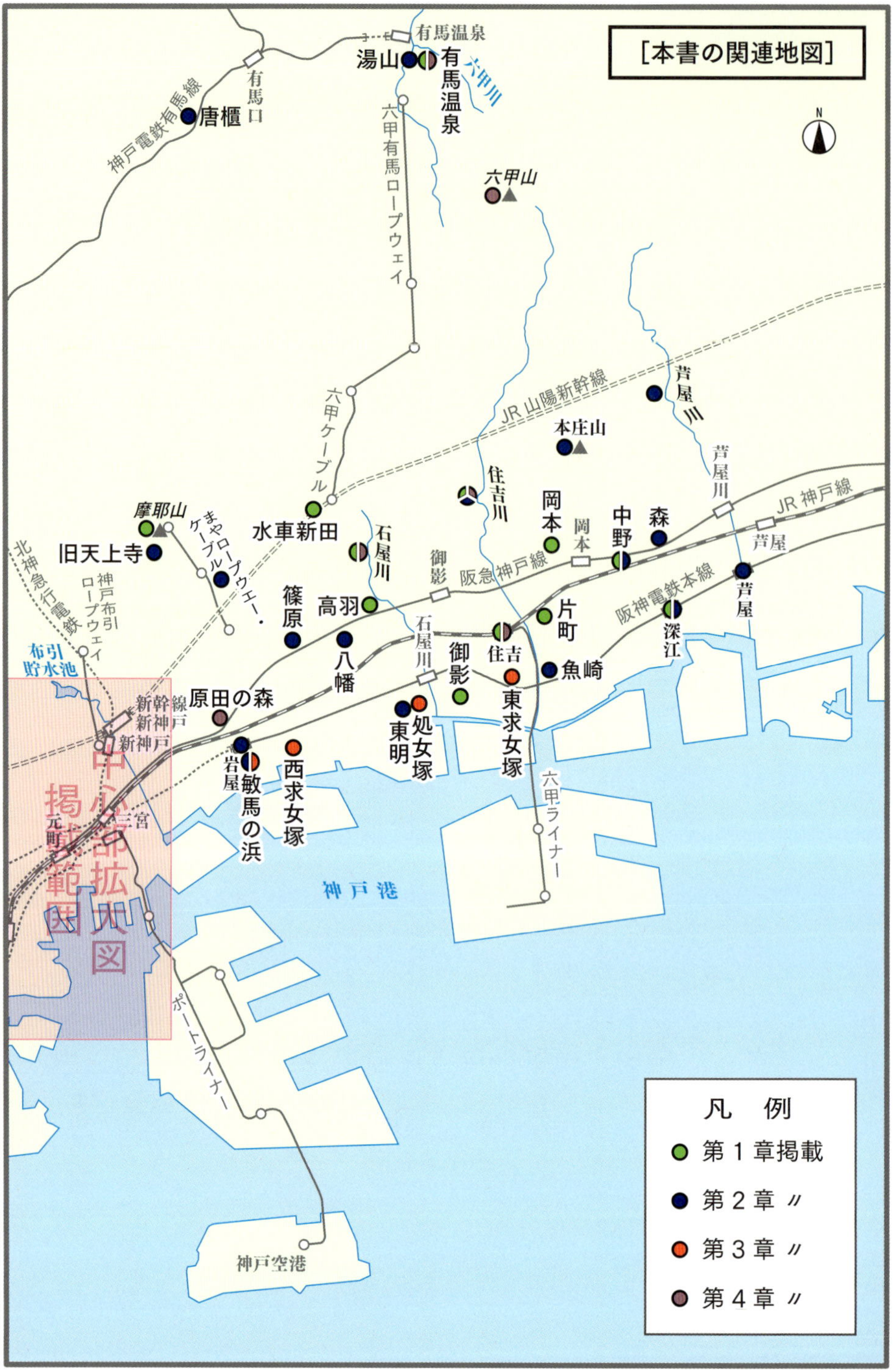
［本書の関連地図］
N
有馬温泉
湯山
有馬温泉
六甲川
有馬口
唐櫃
神戸電鉄有馬線
六甲有馬ロープウェイ
六甲山
芦屋川
JR山陽新幹線
本庄山
六甲ケーブル
住吉川
岡本
中野
森
芦屋川
JR神戸線
芦屋
摩耶山
まやロープウェー・ケーブル
水車新田
石屋川
旧天上寺
御影
阪急神戸線
岡本
北神急行電鉄
神戸布引ロープウェイ
篠原
高羽
片町
阪神電鉄本線
深江
芦屋
布引貯水池
八幡
石屋川
住吉
魚崎
御影
東求女塚
原田の森
東明
処女塚
新幹線新神戸
新神戸
岩屋
敏馬の浜
西求女塚
六甲ライナー
三宮
元町
中心部拡大図掲載範囲
神戸港
ポートライナー
神戸空港
凡　例
第１章掲載
第２章〃
第３章〃
第４章〃

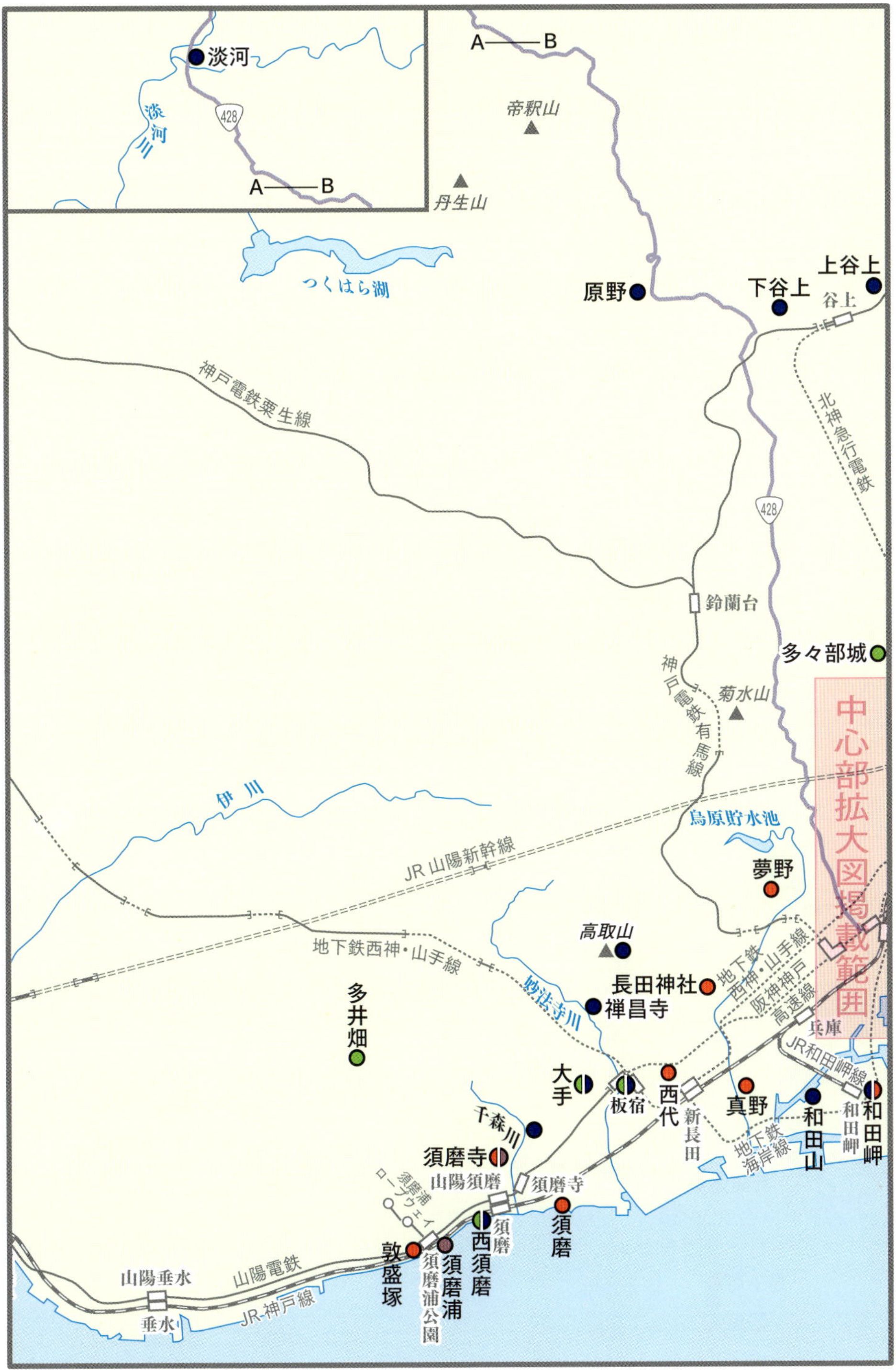
淡河
淡河川
428
A——B
A——B
帝釈山
丹生山
つくはら湖
原野
下谷上
上谷上
谷上
神戸電鉄粟生線
北神急行電鉄
428
鈴蘭台
多々部城
神戸電鉄有馬線
菊水山
中心部拡大図掲載範囲
伊川
烏原貯水池
JR 山陽新幹線
夢野
高取山
地下鉄西神・山手線
長田神社
禅昌寺
妙法寺川
多井畑
地下鉄西神・山手線
阪神神戸高速線
兵庫
JR和田岬線
大手
板宿
西代
新長田
真野
和田山
和田岬
和田岬
千森川
須磨寺
山陽須磨
須磨寺
須磨浦ロープウェイ
須磨
須磨
西須磨
地下鉄海岸線
敦盛塚
須磨浦公園
須磨浦
山陽垂水
山陽電鉄
垂水
JR神戸線

布引貯水池
風の丘中間
至有馬温泉
北神急行電鉄
布引の滝
徳光院
滝山城跡
神戸布引ロープウェイ
新幹線新神戸
新神戸
ハーブ園山麓
JR 山陽新幹線
至芦屋
北野
生田
生田川
春日野道
城ヶ口
阪急神戸線
阪神電鉄本線
トアホテル
生田神社
海外移民収容所
神戸三宮
三宮
至淡河
三宮・花時計前
兵庫県庁
地下鉄西神・山手線
神戸市役所
堀割筋
中宮
県庁前
神戸
旧居留地・大丸前
貿易センター
花熊城跡
元町
大手町
宇治川
二茶屋
旧居留地
花隈
428
みなと元町
大倉山
走水
ポートライナー
坂本
西元町
ポートタワー
湊川公園
湊川神社
メリケン波止場
楠木正成墓碑
ポートターミナル
高浜岸壁
高速神戸
神戸駅
ハーバーランド
神戸電鉄有馬線
阪神神戸高速線
神戸港
中道通
新開地
地下鉄海岸線
凡 例
第１章掲載
第２章 〃
第３章 〃
第４章 〃
東川崎町
佐比江町
JR 神戸線
東出町
西出町
兵庫津
川崎町
旧湊川河口
至須磨
島上町
築島寺
中央市場前

[Part1] 色と形でみる町と村

大国正美

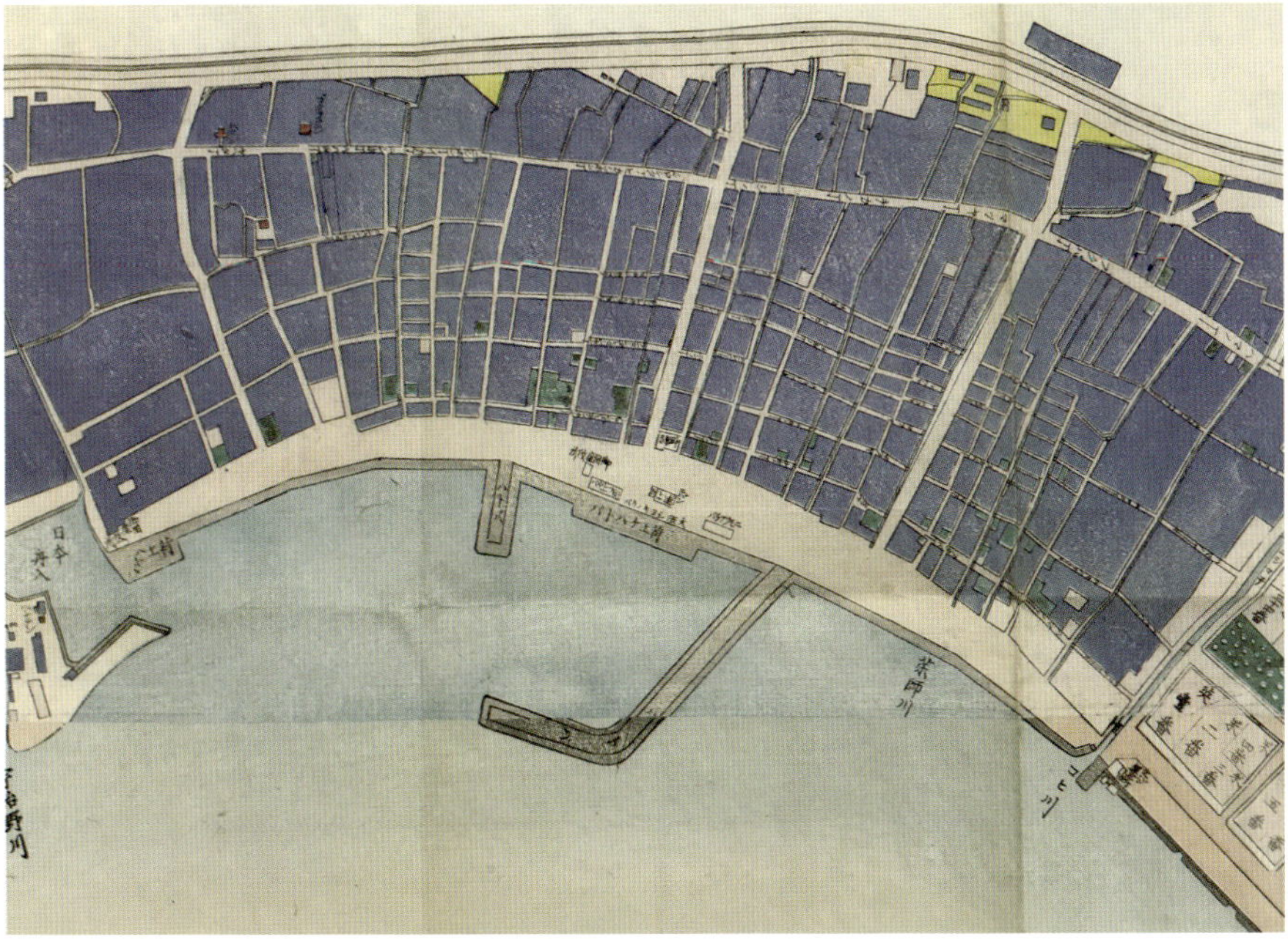

1872 年（明治 5）「三千分箇之一　神港実測図」（国立公文書館蔵）

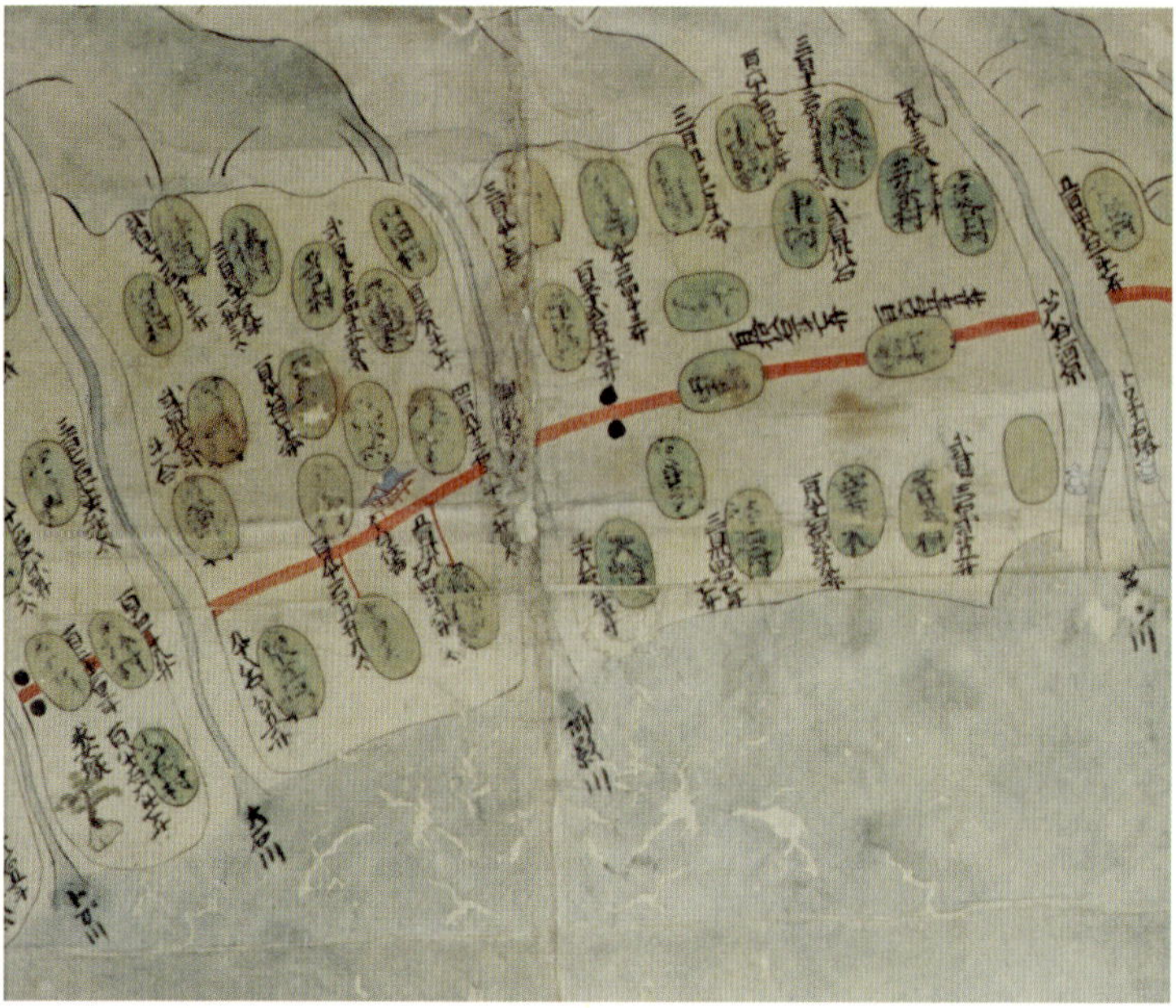

図１　「慶長摂津国絵図」（西宮市立郷土資料館蔵、にしのみやデジタルアーカイブより）
芦屋〜味泥

方形と楕円で表す町と村

慶長と元禄の「摂津国絵図」

摂津国は兵庫県と大阪府に分かれ、うち兵庫県分は、西摂と呼ばれた。今の神戸市の大半（垂水区・西区・北区淡《おう》河《ご》地区を除く）と阪神間7市1町（尼崎・西宮・伊丹・宝塚・芦屋・川西・三田の各市と猪名川町）で構成される。推定人口281万8千人。兵庫県全体の51％を占める（2019年1月現在）。さて、江戸時代はこの中にいったいいくつの町があったのか？　時代による変化はあったのか？　この問いは歴史時代の都市とは一体何かという定義も絡んで意外に難しい。その問いを、町場を方形で、村を楕円形で表現して区別した国絵図作成者はどう考えていたか。

◉江戸初期に西摂は9都市

江戸幕府が1604年（慶長9）に作成準備を始めた「慶長摂津国絵図」（図1〜4、にしのみやデジタルアーカイブより）。摂津国には翌「慶長十年」の年代と、奉行として片桐且元の名前が記載された写しが残っている。西摂で都市として表現されたのは、9カ所。現在の神戸市内では兵庫津と湯山（有馬）だけである。市外では、尼ケ崎、塚口町、伊丹町、三田之城・町、西宮町、小浜に加え、意外にも多田庄内山下町（川西市）が方形で描かれ、都市として表現されている。笹部村からわずか30石で独立したが多田銀銅山の吹き場（精錬所）があり、町場として扱われた。これが100年後はどうなったか。

1696年（元禄9）に作成が命じられた「元禄摂津国絵図」は1702年（同15）までにほぼ全国の分が完成した。国立公文書館に原本8鋪、模写本8鋪が保存されている。摂津国は摸写本である。

「元禄摂津国絵図」摸写本によると、方形の町場は、菟原《うばら》郡《ぐん》では田中村のうち岡本村分の片町（東灘区田中町、図5）、芦屋村のうちの出在家村が新たに方形で描かれる。また兵庫津に加え神戸村と二茶屋村・走水村《はしうどむら》が一体化し町場として描かれる（図6）。いずれも西国街道の交通量の増加により、村の中に都市的な空間が生み出されている。

　ほかに、西宮町・伊丹・尼崎・三田屋鋪・湯山町が町場として描かれる。

　一方「慶長摂津国絵図」で都市として描かれた小浜は「小浜町」と書きながら楕円形、山下町は元の笹部村に吸

図２「慶長摂津国絵図」味泥～兵庫津

図３　「慶長摂津国絵図」兵庫津～西須磨

収されている。

小浜町は有馬への主要ルートが変わり、交通量が減少したことが影響したのだろうか。山下町は鉱山の支配が銀山町（猪名川町）でおこなわれたことや、明暦―寛文年間（1655～73年）ごろから衰退したことが影響したのだろう。

◉赤色が道筋の変化表現

「慶長摂津国絵図」（図２）では兵庫津を通らず明石に向かう太い赤い線が西国街道として描かれている。後に西国街道が神戸村から兵庫津に入り直角に曲がって兵庫津から西国に向かうのとは大きな違い

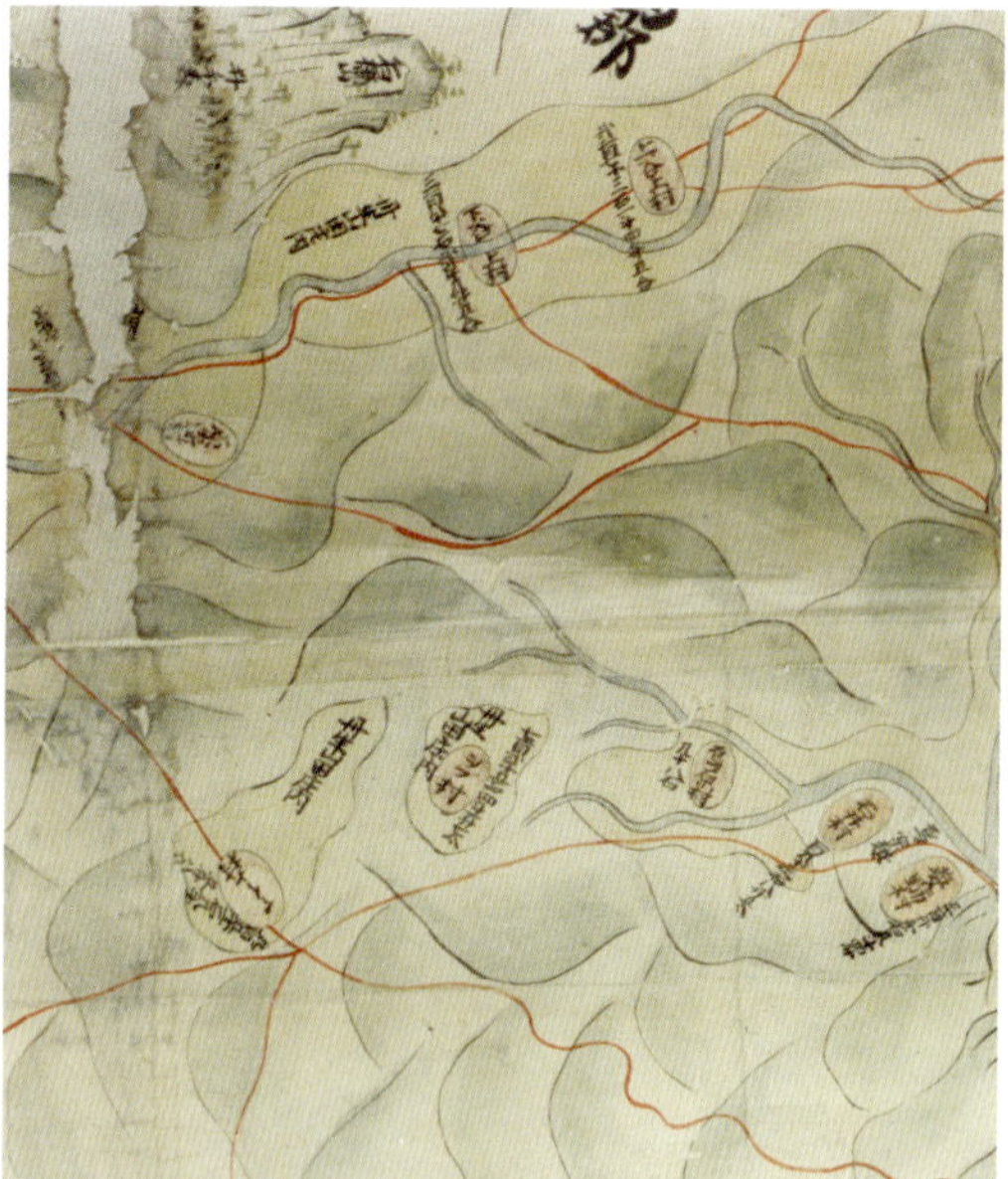
図４　「慶長摂津国絵図」夢野～丹生山田庄

がある。

1617年（元和3）と推測される「摂津国絵図」（尼崎市教育委員会蔵）でも兵庫津を通っていない。1644年（正保元）に作成を命じられた「正保摂津国絵図」（本書56ページ）の写しでは西国街道は兵庫津の中を通っているので、この間に西国街道が兵庫津の町中を通るように変更されたのである。

一方西国街道が兵庫津を通るようになっても、兵庫津を通らず西に向かう街道が「摂州八部郡《やたべぐん》福原庄兵庫津絵図」（神戸市立博物館寄託）に「中ツ道」と書かれている。中ツ道とは現在の神戸市兵庫区中道通と思われる。

「慶長摂津国絵図」が描かれた時代、西国街道だった道は中ツ道と名前を変え、今も中道通という町名としてしぶと

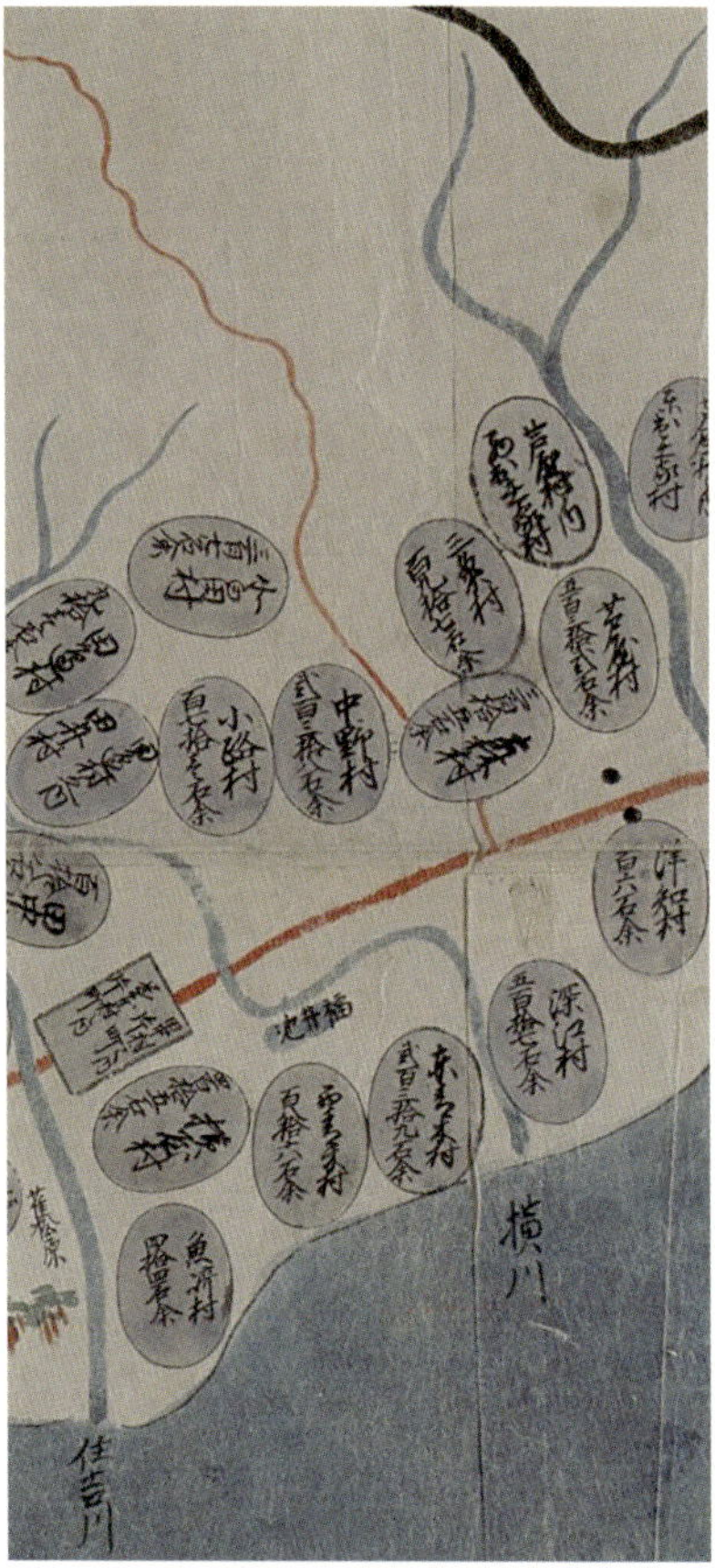

図5 「元禄摂津国絵図」（国立公文書館蔵）芦屋〜田中。片町が方形で描かれている

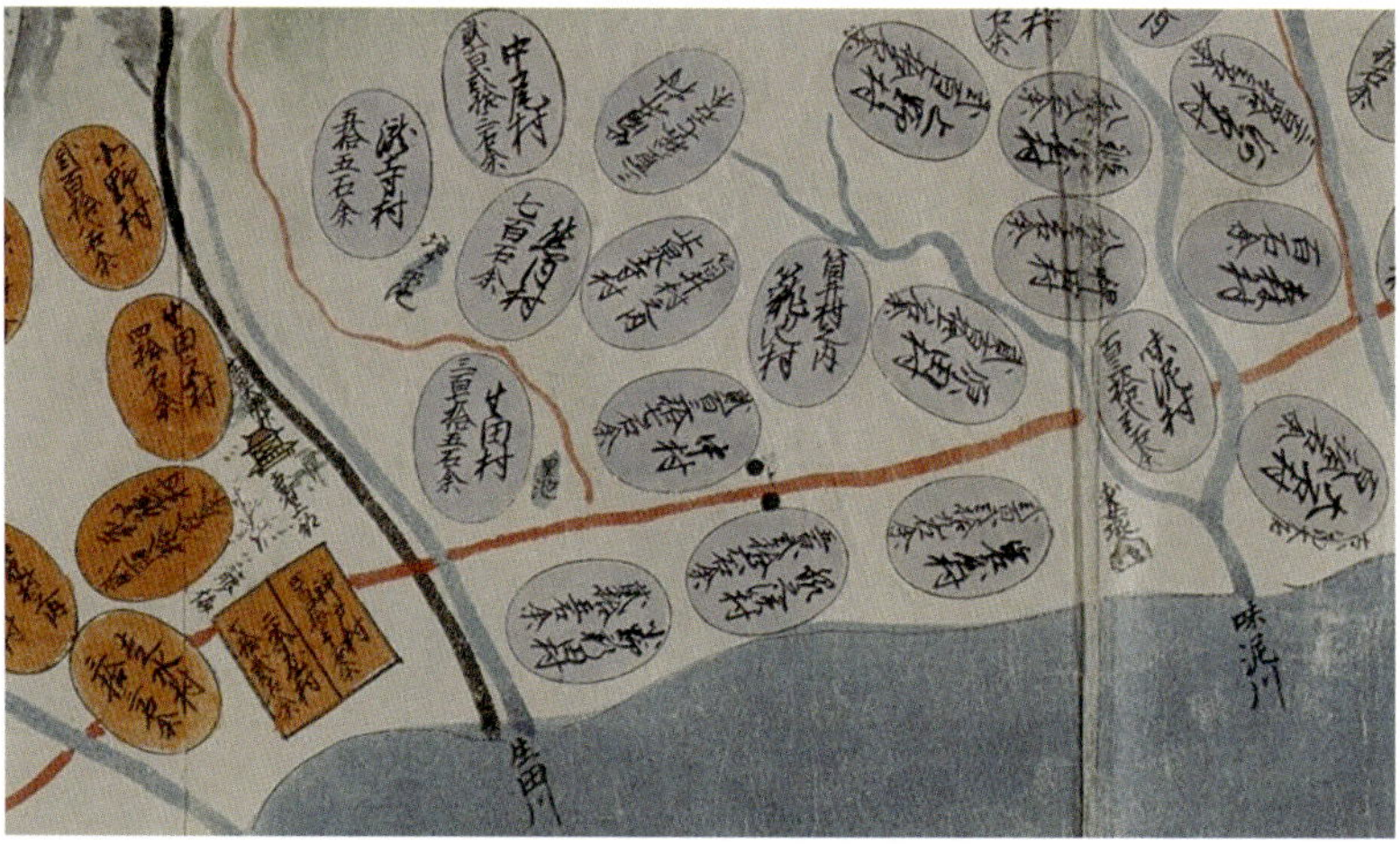

図6 「元禄摂津国絵図」大石〜走水村。神戸・二茶屋村が町場として描かれている

く生き残る。

◉黒丸が示す街道整備

一里塚は●で表記された。その変化から江戸幕府による街道整備の進展が読みとれる。「慶長摂津国絵図」では一里塚は、現在の神戸市内では走水村の西、トガ（都賀）川の東、そして御影川（住吉川）と田中村の間、3カ所だけだった。兵庫津の西には播磨国の国境まで一里塚がない。

ところが「元禄摂津国絵図」（103ページ）になると、西須磨村の西と西代村に2カ所新設され、走水村の西にあった一里塚は湊川を渡って兵庫津の入り口近くに移転。また都賀川の東から脇浜村と中村の間へ、田中村の西から石屋川東へ、それぞれ移動、計5カ所になっている。おそらく基点が変わり位置が変わったのに加え西に延長されたのだろう。さらに大きな変化は「慶長摂津国絵図」にはなかった内陸部にも一里塚が設けられている点である。「形」が道の盛衰を描いている。

◉色で幕府の権威発揚

「国絵図」の町と村は郡ごとに色分けされている。

「慶長摂津国絵図」では神戸市内は、三宮のフラワーロードを境に西部の八部郡はピンクに、東部の菟原郡《うばらぐん》は薄緑色、北部の有馬郡は薄ネズミ色だ。

「元禄摂津国絵図」になると、色使いは鮮やかになる。八部郡はオレンジ色、菟原郡は薄紫色、有馬郡が茶色だ。

「天保摂津国絵図」（本書58ページ）になると、色使いはさらに強くなる。八部郡は濃いオレンジ色、菟原郡は薄紫色、有馬郡が茶色である。

西摂地域はさまざまな領主が入り乱れているが、「国絵図」には区別がない。領主別より国郡の区別を優先したのである。「国絵図」は、一村ごとに村の生産高を書き上げた「郷帳」とともに作成され、将軍に提出された。中国の皇帝に倣い、郡と国を単位として将軍が国土を掌握していることを示したのである。

一郡全部が一色で塗りつぶされた「国絵図」の色は、私領主を超越した将軍の権威を示すのに一役買ったのである。

◉六甲山間道も広く周知

「慶長摂津国絵図」に描かれていなくて「元禄摂津国絵図」に描かれているものに深江の浜から有馬温泉に魚を運んだ魚屋道《ととやみち》がある（図7）。深江の山側の森村から六甲山を通って山中で二つに分かれ有馬温泉に至る。

京都から有馬に向かう道はさまざまあるが、宿場を経由しない六甲山を直行する山道は、間道として小浜（宝塚市）や生瀬・西宮宿（西宮市）から再三問題視された。1805年（文化2）に森村などが荷継ぎ場を整備して、小浜・伊丹・尼崎・生瀬の宿場町から訴えられた。赤い線は日陰者に市民権を与えている。

森村や深江村など9カ村は「道作りは公認されている」と主張。1786年（天明6）には、道の修復に協力することや、「奥筋揚ケ駄荷物」を運ぶ牛の数を定めた。牛数は9カ村合わせ189頭もいた。

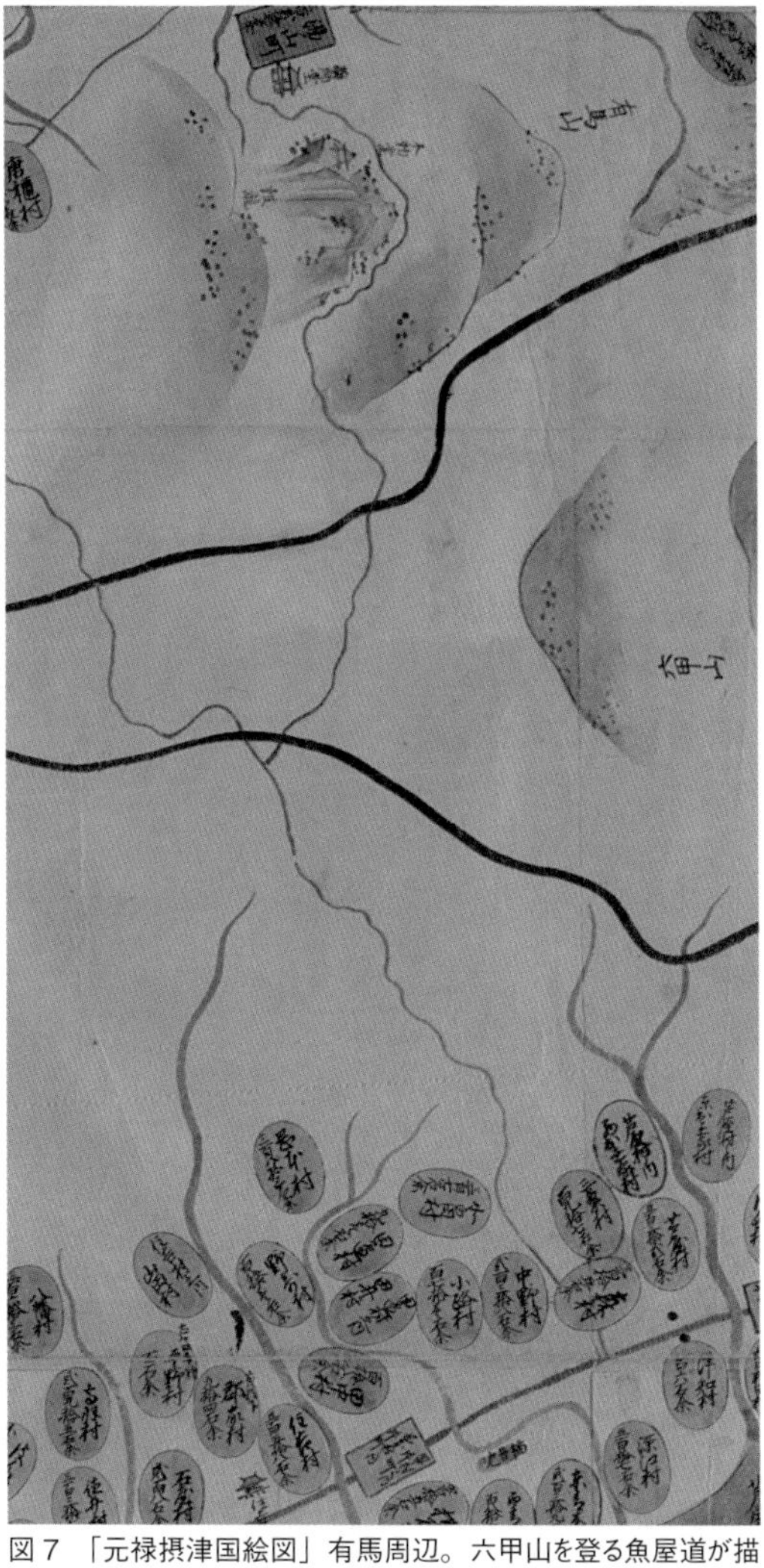

図７　「元禄摂津国絵図」有馬周辺。六甲山を登る魚屋道が描かれている

◉描かれた名所

「国絵図」には名所がさりげなく描かれているのも特徴の一つである。

「慶長摂津国絵図」では、播磨と摂津国境の境木、敦盛石塔、一の谷のテツカイ（鉄拐）峰、須磨寺と若木桜、月見松、月平松、御幸松、蓮ノ池、清盛石塔、ヒワ（琵琶）塚、和田笠松、築島と石塔、布引滝、摩屋（耶）観音、求女塚、ムハラ（茨）住吉（以上神戸市）、トウエイ（藤栄屋敷）と石塔（芦屋市）、夷宮（西宮神社）、荒夷宮（沖恵美酒神社）、広田大明神（西宮市）、琴浦明神（尼崎市）などである。

まだ大坂城には豊臣秀頼が65万石の大名として君臨し、多くの豊臣恩顧の大名の支持を集めていた時代。戦乱の空気が漂う中、「慶長摂津国絵図」には、名所めぐりの要素も意外に多く盛り込まれている。

１００年後の「元禄摂津国絵図」はどうか。新たに多井畑の松風・村雨屋敷、禅昌寺、板宿の飛松、再度山大龍寺、東明の乙女塚、御影森、雀松原（以上、神戸市）など、海岸線を中心に、描かれた名所が増えている。一方、難波村（尼崎市）にあった難波の梅が「慶長摂津国絵図」には描かれているのに、「元禄摂津国絵図」からはなくなっている。難波の梅は「仁徳天皇が都に移したところ難波村の方の枝にしか花を付けなくなり、難波村に戻すと元のように花が咲き出した」という伝説が残り「摂陽群談」などの地誌にも取り上げられている。

幕府の権威をかけ大名たちが作成した「国絵図」に観光の流行が反映している。

最高傑作の地図帳に描かれた街

「国郡全図」

◉宿場に準じる町を選別

名古屋・大曾根坂上の薬種商、市川東谿《とうけい》（1765〜1838）が1828年（文政11）出版したのが「国郡全図」である。国ごとに原則見開き2ページで上下2巻に編集した。江戸時代の日本総図を分割した地図帳の最高傑作といわれる。人気を博し1837年（天保8）大坂心斎橋筋北久太郎町の河内屋喜兵衛、名古屋・本町の東壁堂と江戸・本銀町に設けた出店の永楽屋東四郎らが共同刊行人になって再出版した。

市川東谿の自序によれば、当時水戸藩の儒官長久保赤水《せきすい》（1717〜1801）が作成した全国地図「改正輿地路程全図」があった。しかし一幅の地図で、村名などは載せてないものが多い。このため赤水の描いた国の形を参考に詳細な地図帳を作ったという。

凡例によれば城郭を■、陣屋を□、駅と宿駅並みを黄色い楕円、村を白色で区別した。青は峰・山岳、●は湊や船着き場、▲が陵・名所旧跡、朱は温泉である。

摂津国や播磨国は南を上に描き、川はさかさまに北向きに文字を入れている。兵庫津には当時幕府の大坂町奉行所の勤番所が置かれていて、方形で描かれている。また垂水区や西区は播磨国に含まれているが、明石城下は■の中に明石と書かれている。湯本町（有馬）も方形で描かれている。ただ、正式の村名と多少の異同がある。たとえば田中村（東灘区）の一角にあった片町は、岡本村に所属したが、独立した村のように描く。

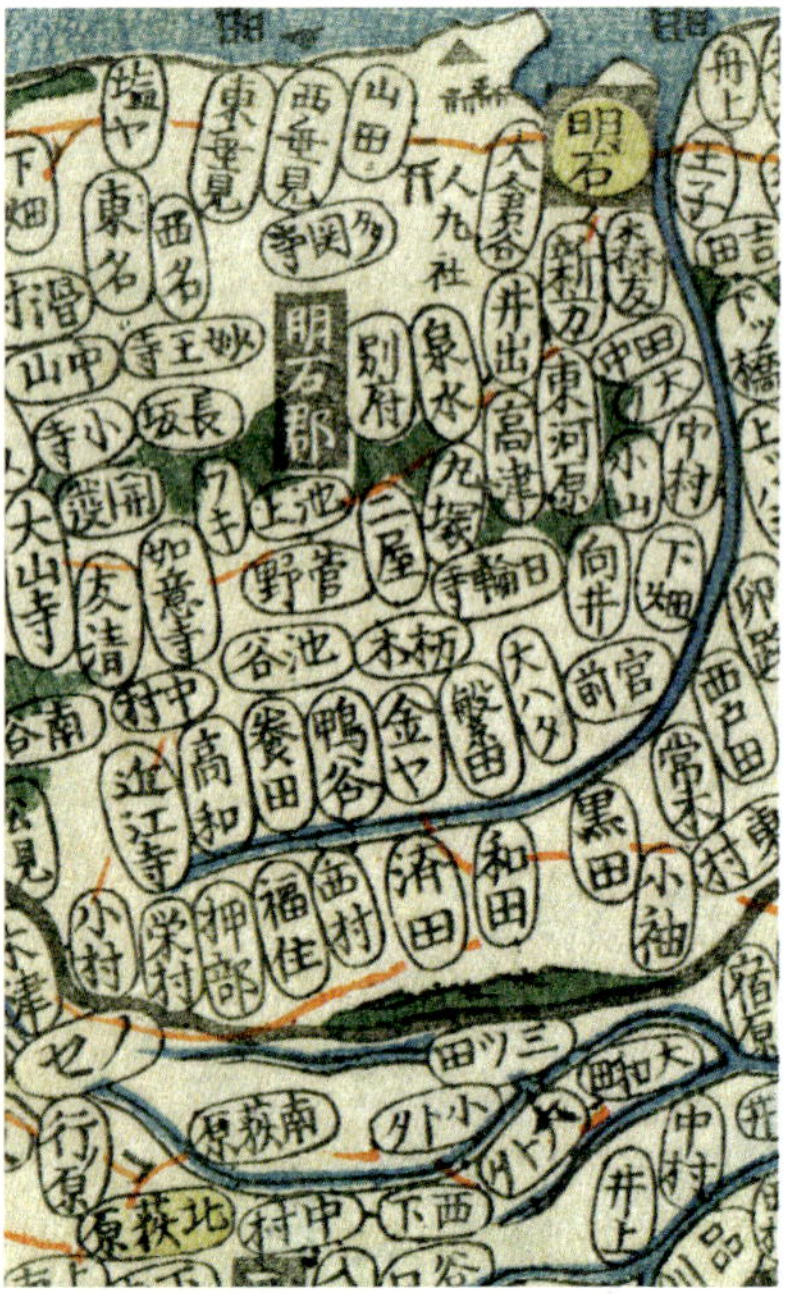

図1 「国郡全図　播磨国」。明石は■、黄色は北萩原村に着色されている

兵庫津の山側、夢野にあった氷室も古来有名だったが村ではない。ハマスマ（浜須磨）などもそうである。

◉黄色が表す繁栄ぶり

現在の神戸市内で黄色、す

なわち宿場並みとされるのは、ミカケ（御影）、生田、兵庫、田（多）井畑、湯本町（有馬）、小河（淡河）と廣ノ、「播磨国」では北萩原。廣ノは下谷上と福地村の間に描かれているから原野村の書き誤りだろう。御影・生田・原野などを宿駅並みとして黄色に着色しているのはどんな基準だろうか。

ただ神戸市内からは外れるが、交通の要衝だった舟坂も黄色く着色されている。内陸部の交通が盛んになっている証でもある。

時代とともに道も変わった。たとえば多井畑は「慶長摂津国絵図」（12ページ）では東須磨村と西須磨村から延びた街道が通っているが、「国郡全図」では、西代─板宿─追（大）手─妙法寺からの道と、坂本─車からの道が描かれている。

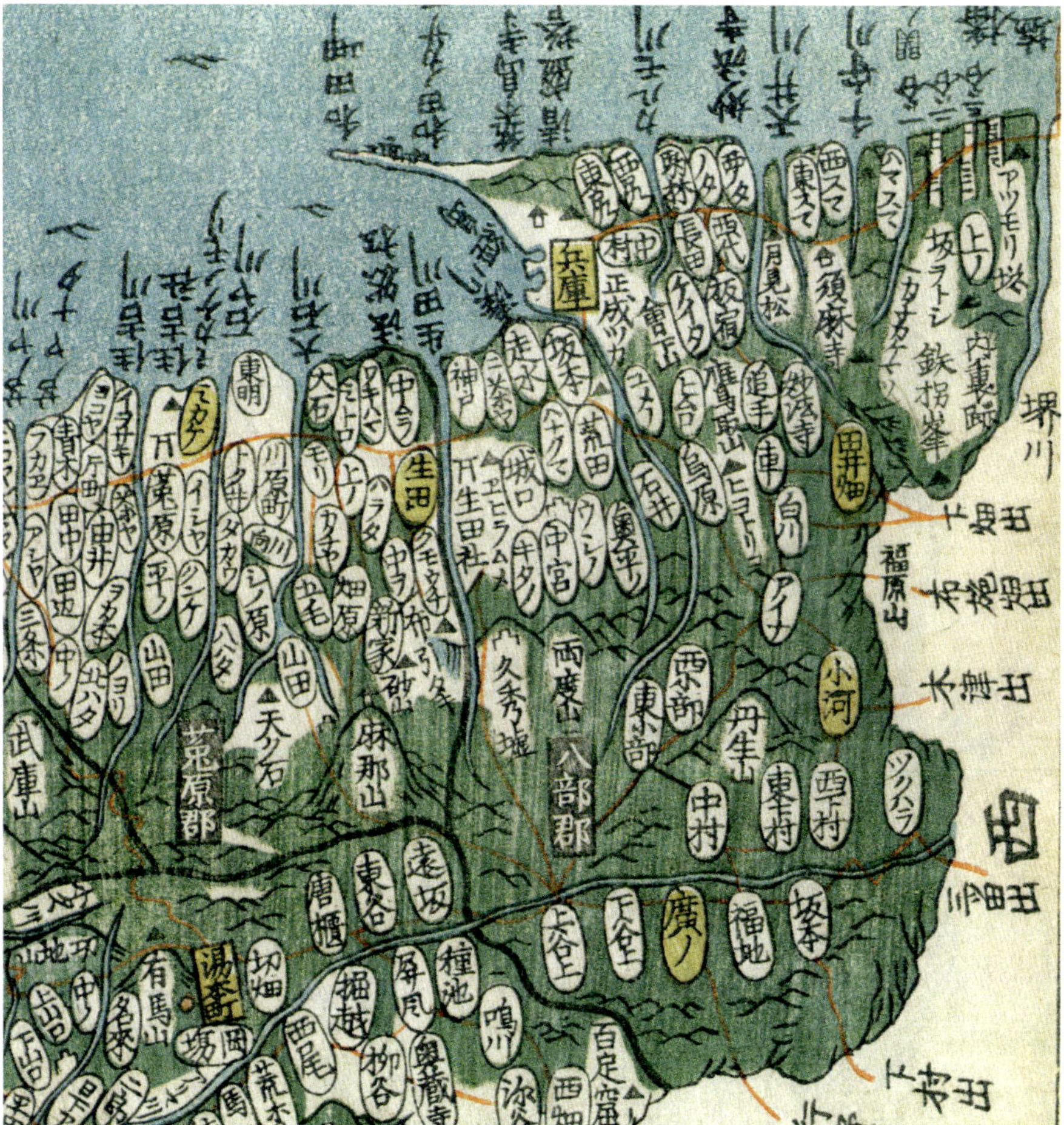

図２「国郡全図　摂津国」に描かれた神戸市域部分。▲は名所で、住吉神社・天狗岩・砂山・布引滝に加え、現在の兵庫区や須磨区には「平家物語」に登場する場所が描かれている

希代の地図考証家が描いた景観

森幸安の「摂津国地図」

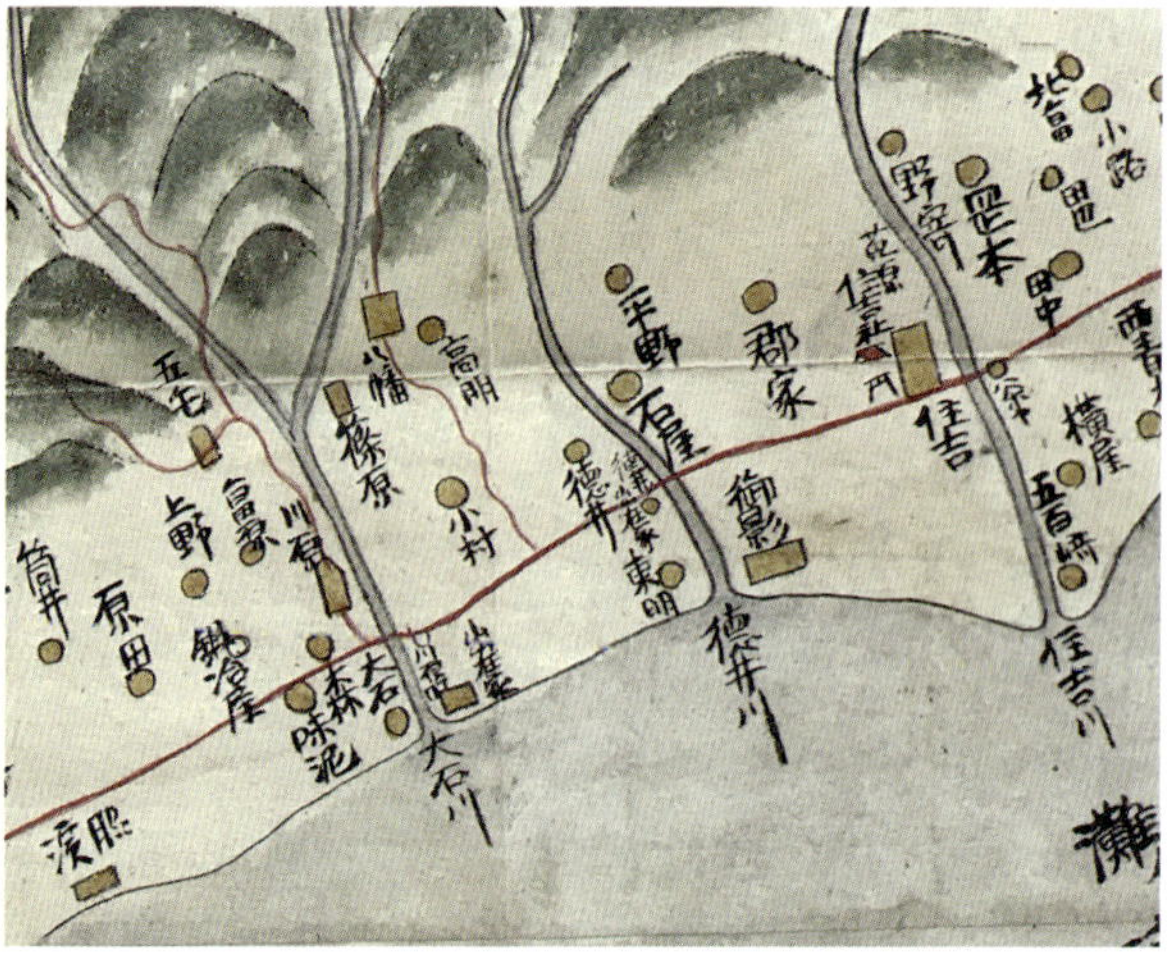

図１　「摂津国地図」（国立公文書館蔵）の六甲山南麓の村々。御影や住吉が町場として描かれている

◉天満宮神職から借用

森幸安《こうあん》は江戸時代の地図考証家で、天文図・世界図・日本図・日本各国図・神社仏閣図・名勝図・都市図など多様な地図や地誌を残した。１７０１年（元禄14）京都・京極高辻茶屋町に生まれ、大坂に住んだ。上杉和央氏の研究によると、叔父の香具屋《やし》を継ぎ、禁裏や院中、公家や武家を相手に商売をした。

10年足らずで隠居して大坂に住み、１７２９年（享保14）ごろから１７６１年（宝暦11）にかけ、地誌を作成。１７４９年（寛延２）ごろから本格的に地図を考証し模写した。その数は現存するだけでも４００枚近い、江戸時代最大の地図考証家の一人である。

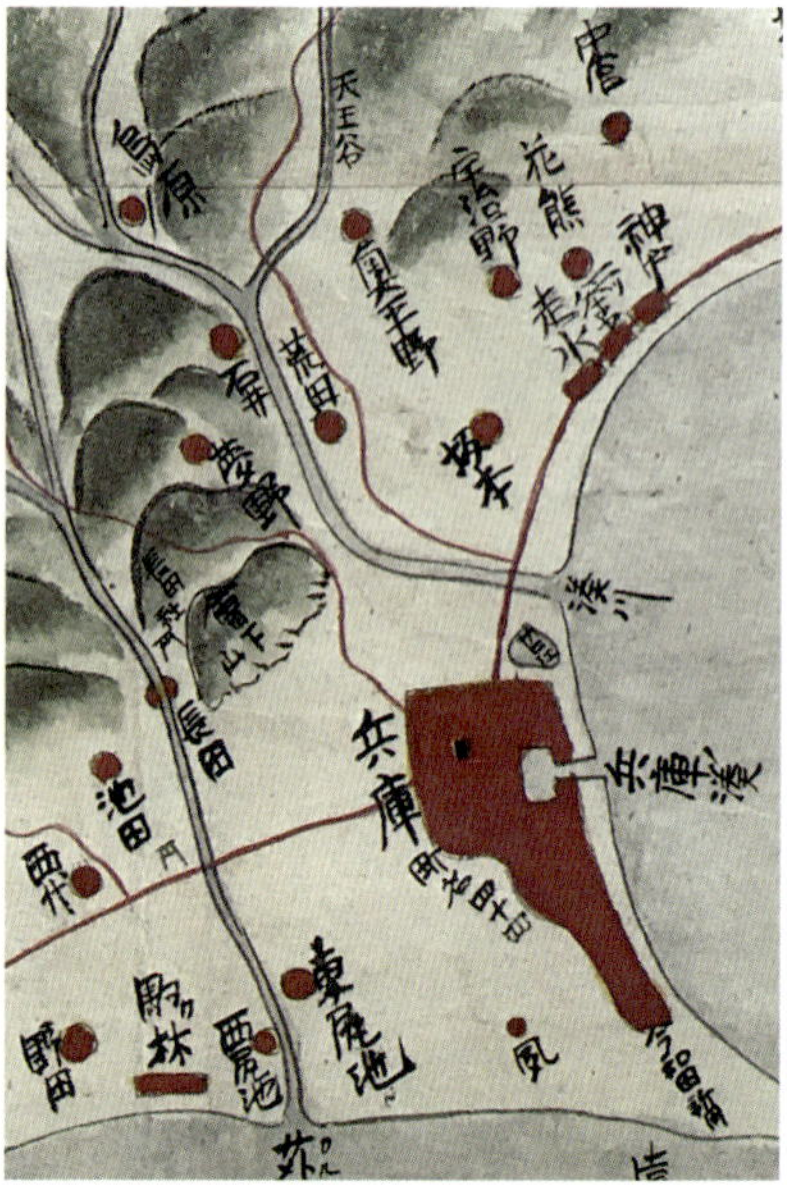

図２　「摂津国地図」の兵庫津。周辺の村と比べ規模が大きい

森幸安が残した「摂津国地図」（国立公文書館蔵）は、１７５４年（宝暦４）５月下旬に模写、翌年5月に校訂をおこなった。原図は大坂天満宮の祝部《はふりべ》渡辺吉賢から借りたとあり、原図は郷庄・山川・池塘・橋梁・神廟・仏刹・墓塚・

図３　「摂津国地図」の武庫郡、川辺郡部分

古跡・名所などが詳しく、そのまま模写は容易でなく略写したが、地理関係は正確に描いたと書いている。国会図書館にも複写が保存されている。

◉城下町をしのぐ兵庫津

森幸安は五畿内の風俗について、「水土は同じだが各々小異がある」として、山城は柔和で、大和は質朴、河内は耕作や職を好み、和泉は廉直であるとする。これに対し摂津は「業を喜び、意気闊然としていて奢侈で食味を好む。浮事を用い書学を好まない」と冷ややかに評する。

兵庫津については「豪富で高屋、商家は諸州に通用し、港は海船が集まる。風俗は大坂に似ている」という。

また大坂に向かう海船はまず兵庫津に停泊するため繁栄

図４　「摂津国地図」の芦屋～須磨部分

しているとも書く。「摂津国地図」に描かれた兵庫津は44町と注釈がつけられ周囲の村に比べて格段に大きく町場化している。伊丹や西宮はもちろん、城下町だった高槻や尼崎さえしのぐ。

村が○で描かれているのに対し、住吉・御影・八幡・篠原・川原・五毛・熊内・脇浜・神戸・二茶屋・走水・駒ケ林・東須磨・西須磨が方形で描かれている。

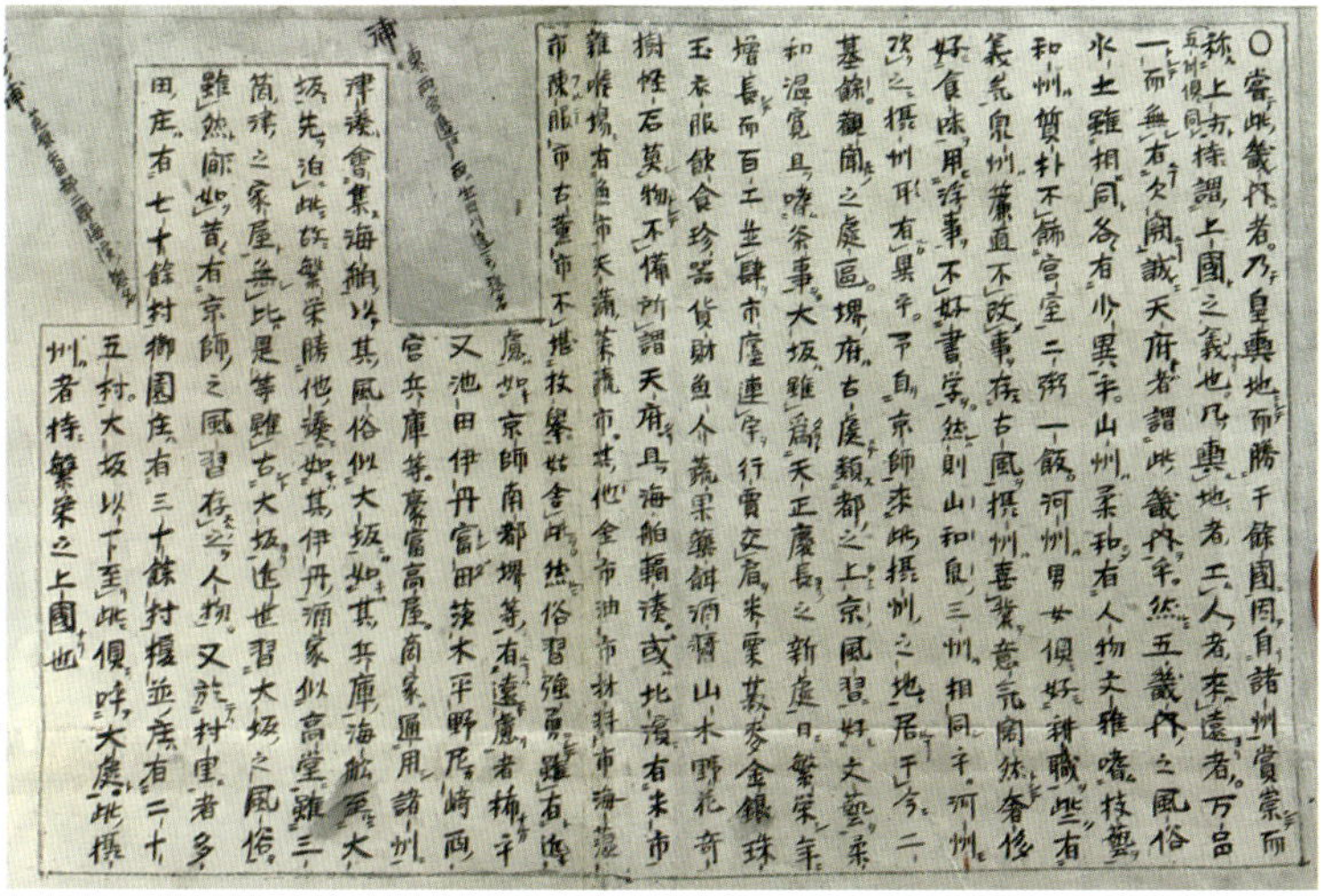
○嘗此畿内者乃皇輿地而勝于餘国、因自諸州賞崇而
称上方、猶謂上國之義也。凡輿地者二人者来遠者。万邑
一而無有欠闕、誠天府者謂此畿内乎。然五畿内之風俗
水土雖相同、各有少異乎。山州柔和、有人物丈雅、嗜技藝
和州質朴、不飾宮室、二粥一飯。河州男女俱好耕職、些有
義気。泉州兼直不改事、存古風。摂州喜業、意気闊然、奢侈
好食味、用浮事、不好書学。然則山和泉三州相同乎。河州
攻之、摂州形有異乎。予自京師来此摂州之地、居于今二
基餘、観聞之處區、堺府古座頼都之上京風習、好丈藝、柔
和温寛、且嗜茶事。大坂雖為天正慶長之新庭、日繁栄年
増長、而百工並肆、市廛連宇、行賈交肩、米粟菽麦金銀珠
玉衣服飲食珍器貨財魚介蔬果薬餅酒醤山木野花奇
樹怪石莫物不備、所謂天府、且海船輻湊、或北濱有米市
雑喉場有魚市、天満菜蔬市、其他金市油市材料市海藻
市陳服市古董市、不堪枚挙如舎乎。然俗習強勇、雖有遠
慮、如京師南都堺等、有遠慮者稀乎
又池田伊丹富田茨木平野尼崎西
宮兵庫等豪富高屋、商家通用諸州、
津湊會集海船、以其風俗似大坂、如其兵庫海舩至大
坂先泊、此故繁栄勝他湊、如其伊丹酒家似高堂、雖三
箇津之家屋無比、是等雖古大坂之世習大坂之風俗、
雖然、所如昔有京師之風習存之人物。又於村里者多
田庄有七十餘村、御園庄有三十餘村、榎並庄有二十
五村、大坂以下至此傾畔大底、此攝
州者殊繁栄之上國也

図５　森幸安は兵庫津について「商家は諸州に通用し、港は海船が集まる。風俗は大坂に似ている」と評した

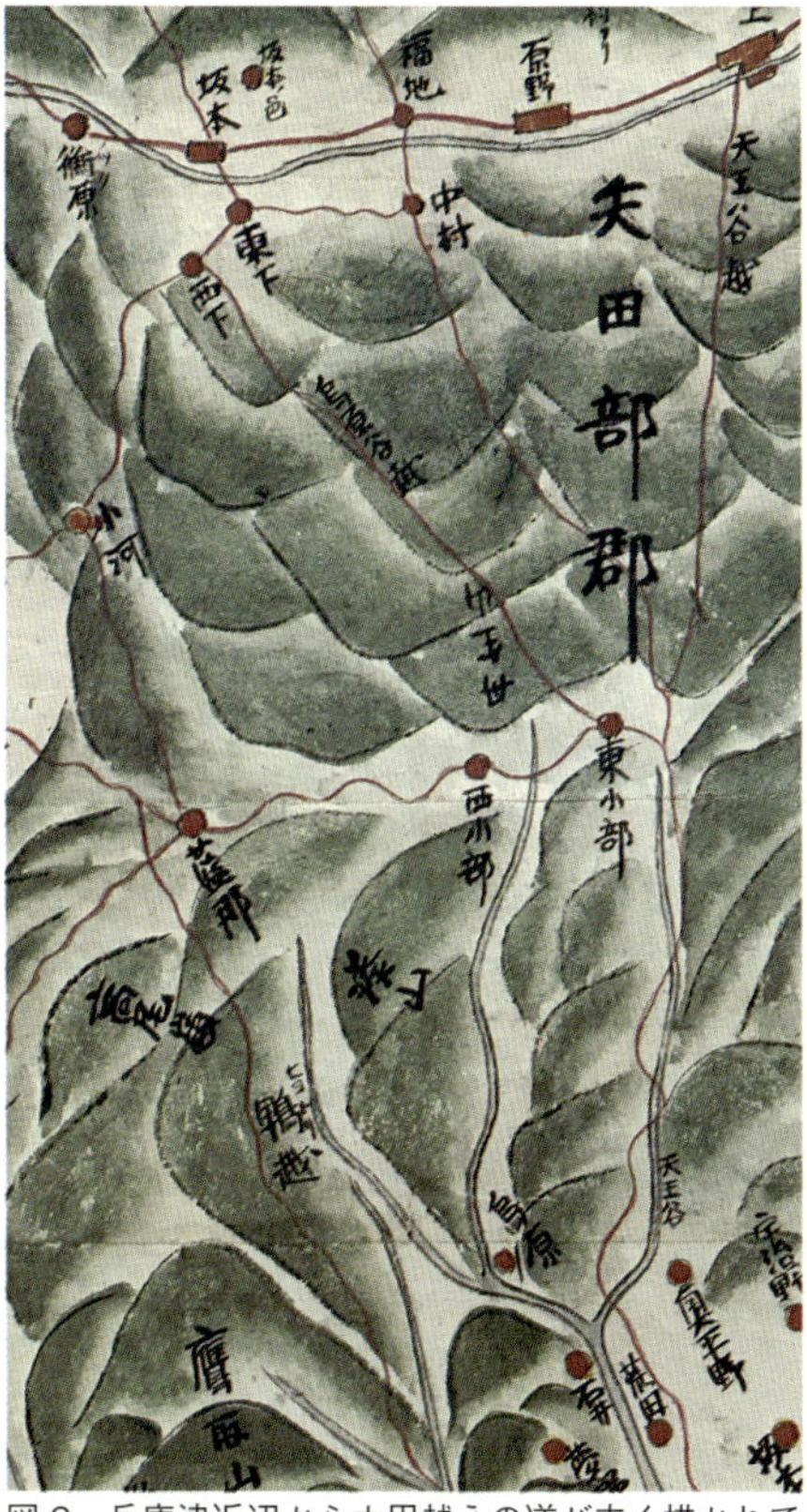

図６　兵庫津近辺から六甲越えの道が赤く描かれている

◉六甲山を縦断する街道

海岸線の村々だけでなく湯山は町名17。三田から丹生山を抜け播磨に向かう街道でも上谷上・下谷上・原野・坂本が方形で描かれている。

内陸の村々と海岸沿いの村々は間道で結ばれている。深江から湯山への魚屋道《ととやみち》、上谷上へは大石からと生田川沿いに上る道。湊川から天王谷越、兵庫津から鵯越…。幸安は「国中ノ間道・街路、尤モ多シ」と書いている。

摂津は中世城郭の宝庫

西宮から西、旧菟原郡、生田川から旧湊川付近にかけて、1836年（天保7）の「摂津国名所旧跡細見大絵図」（国立公文書館蔵）には、城跡を示す冂を重ね合わせた中世の山城が、10カ所も描かれている。

すなわち、図1には東から細川高国の越水城・鷹尾ノ古城、赤松範顕の山路ノ古城、荒熊興定城址（若林氏）、図5には北から赤松円心《えんしん》の摩耶ノ古城、松永久秀の滝山ノ古城と生田山の古城、赤松則実の多々部ノ古城と山路ノ古城、荒木村正の花隈ノ古城と、書かれている。

南北朝から戦国時代へ、山城は何度も改修され、あるいは位置を変え歴史の表舞台に登場し続ける。それだけこの地は争奪の場になったともいえる。

◉「太平記」に登場

山路城と多田部城は、「太平記」に1362年（貞治元）、赤松判官と信乃彦五郎兄弟が立てこもったと記載されている。山路城は、今は痕跡が残っていないが、図1には田中村と岡本村の間に描かれている。1735年（享保20）の「摂津志」に「田中村に在り。観応年間赤松範顕ここに拠る」とあることを踏まえた描写だろう。

「摂津国名所旧跡細見大絵図」

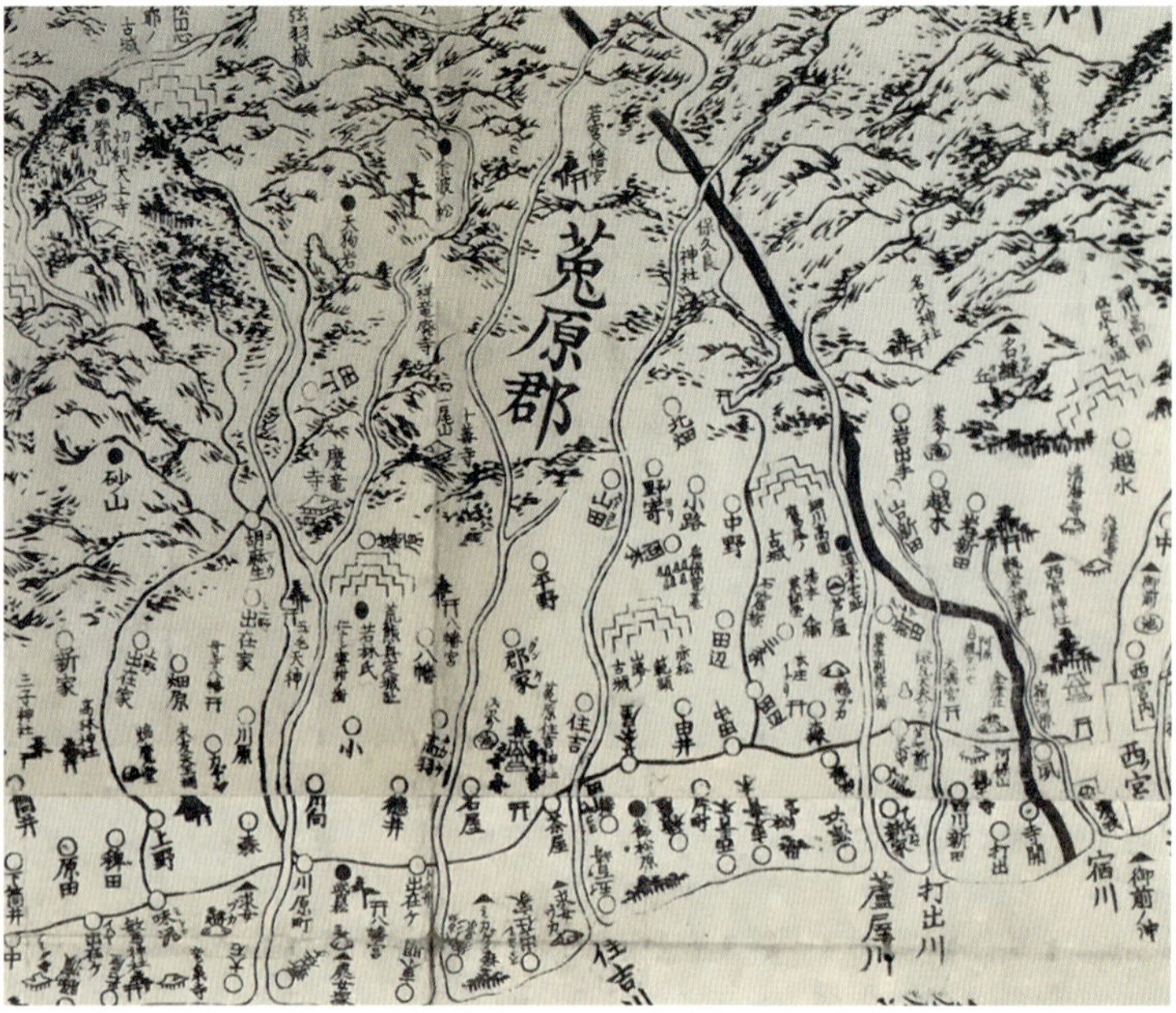

図1 「摂津国名所旧跡細見大絵図」（国立公文書館蔵）西宮〜筒井

「太平記」によると楠木方3000騎が神崎川から兵庫津まで移動したのに対し、山路城からは野伏、すなわちゲリラ戦法で遠矢を仕掛けたという。『本庄村史』で市澤哲氏は、この戦い方から山路城は多田部城同様、街道から遠いと推定。「摂津志」の記載する山路城は平時の居館で戦時の山路城はもっと山側にあったとする。

　摩耶ノ古城は「太平記」に赤松円心が1333年（元弘3）播磨国白旗山から摂津に入って築いたと記される。鎌倉幕府の六波羅軍5000騎を相手に円心が勝利、その後京に向けて討幕へ突き進んだ。ただ現在残る遺構は戦国時代のものだ。

　篠原（神戸市灘区）にある荒熊輿定城址は、「摂津名所図会」に、建武年間の城主は討ち死にし、孤児となった城主の娘を若林隼人佑勝岡が妻として家名を存続させたと記載する。いずれも山の上にある。

◉戦国時代に争奪合戦

　戦国時代になると堅固さに加え、交通の要衝も城の立地条件に加わってくる。室町幕府の管領家の一つ、細川高国に従っていた瓦林政頼が1511年（永正8）に築いた鷹

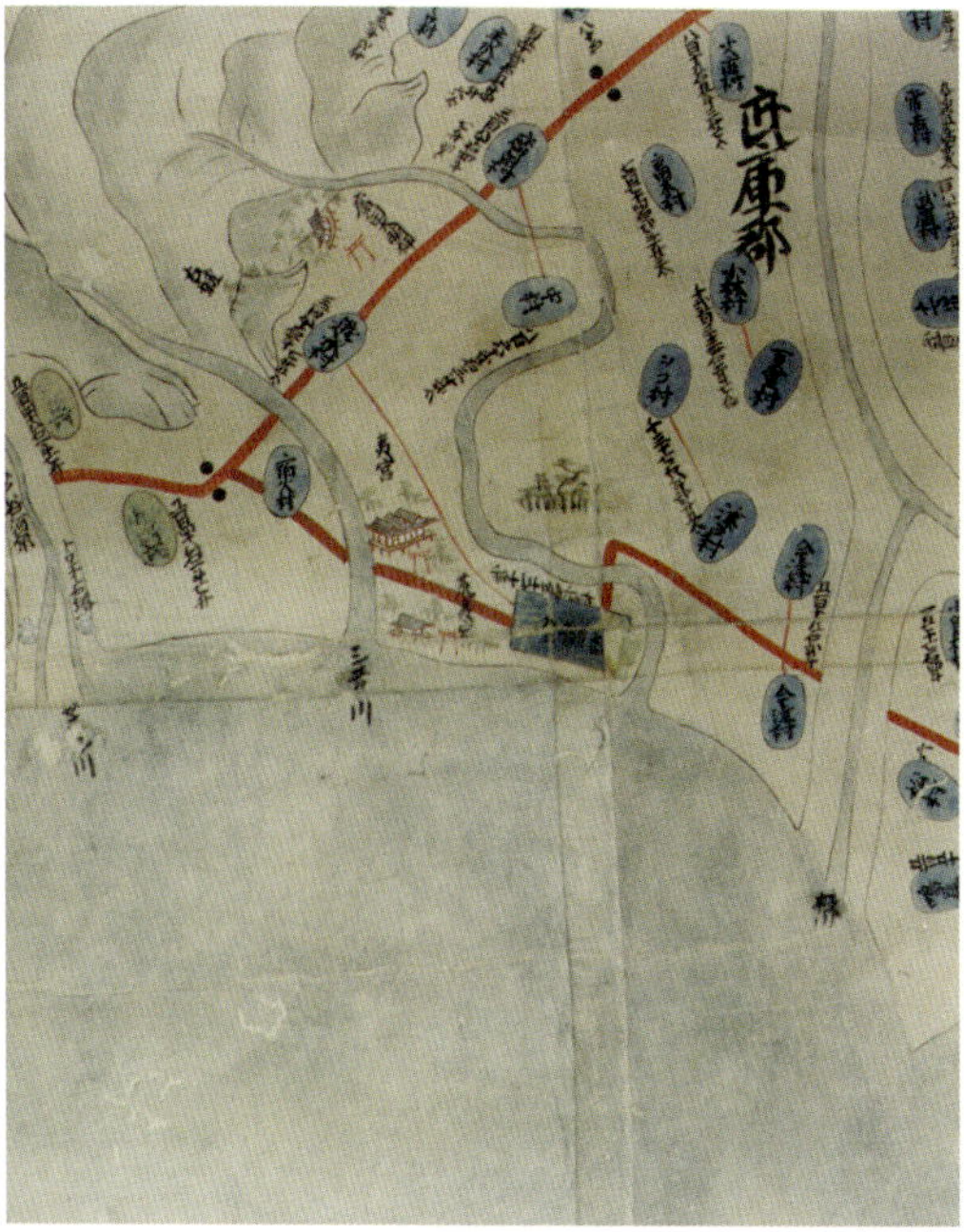

図２「慶長播磨国絵図」（西宮市立郷土資料館、にしのみやデジタルアーカイブより）の越水城付近

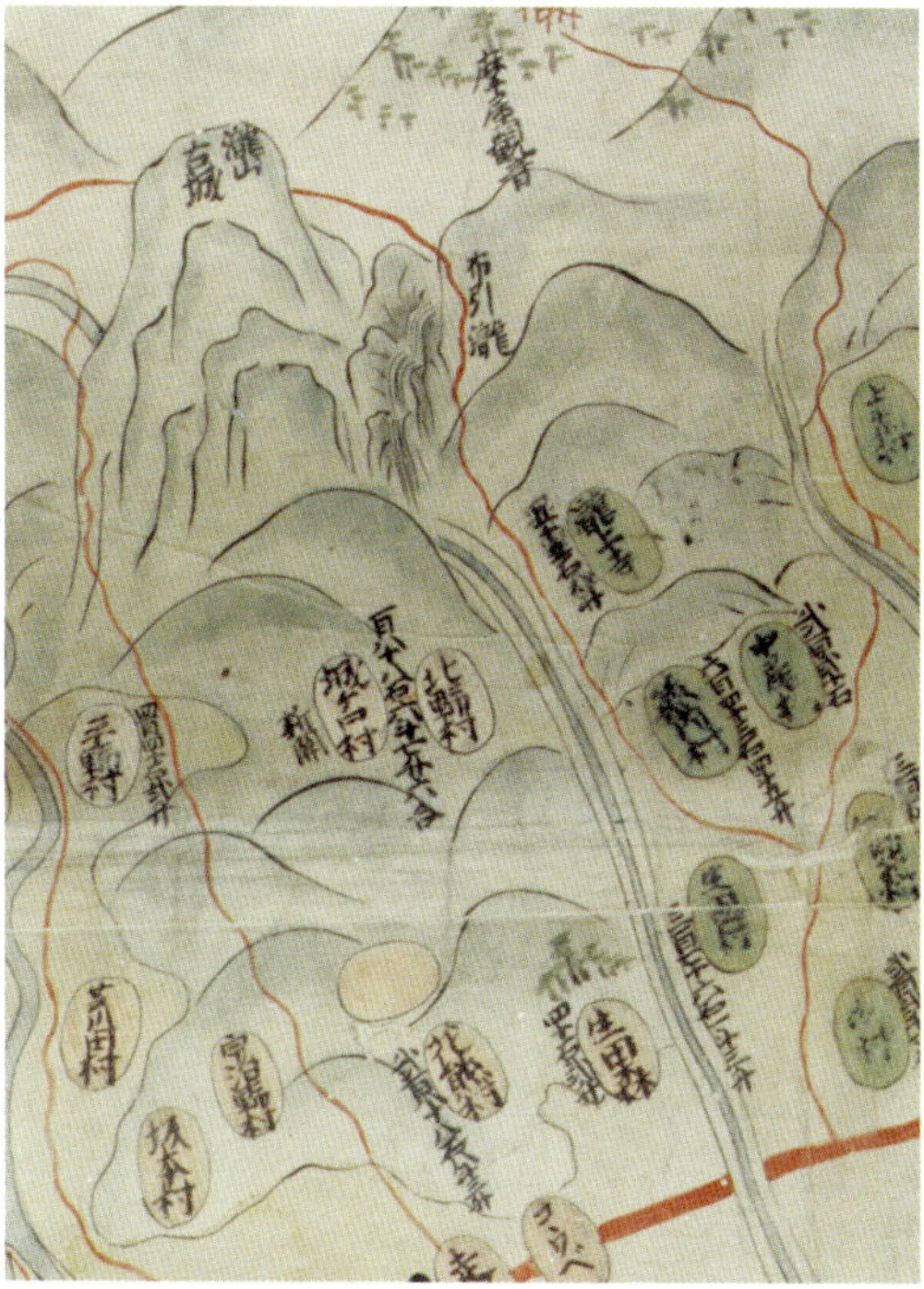

図３「慶長播磨国絵図」の滝山城付近

尾城やその東に設けた越水城がそうである。いずれも四国から京都に上ろうとする細川澄元の動きに対抗した築城である。図2の「慶長播磨国絵図」（西宮市立郷土資料館、にしのみやデジタルアーカイブより）では京への街道を抑える要地に立地している。

越水城の重要性は、いったん敗北した細川澄元が1519年（永正16）に再びこの城を攻め、瓦林政頼を敗走させたことからもわかる。越水城は落城後、細川澄元方の三好氏の配下に入ったようで、三好長慶が居城の一つとしている。

そのあと畿内を支配した松永久秀も支城として越水城を活用したが、1566年（永禄9）には松永久秀と対立した篠原長房が越水城を攻め落とした。激しい争奪戦に巻き込まれ続けたのである。

松永久秀が本拠としたのが滝山城である（図3）。滝山城は京都・東福寺の良覚による1333年（元弘3・正慶2）の見聞記「正慶乱離志」に登場する生田の布引の城が前身で、赤松円心が籠った。「細川両家記」に、戦国時代に松永久秀が大改修し1556年（弘治2）に三好長慶を堺から招き千句連歌、観世太夫の能でもてなしたと記載されている。

◉近世への胎動

滝山城に代わってこの地の拠点として、織田信長の命で築城されたのが花熊城である（図4）。築城年代については信長の上洛直後の説と本願寺との対立が深まった天正初期

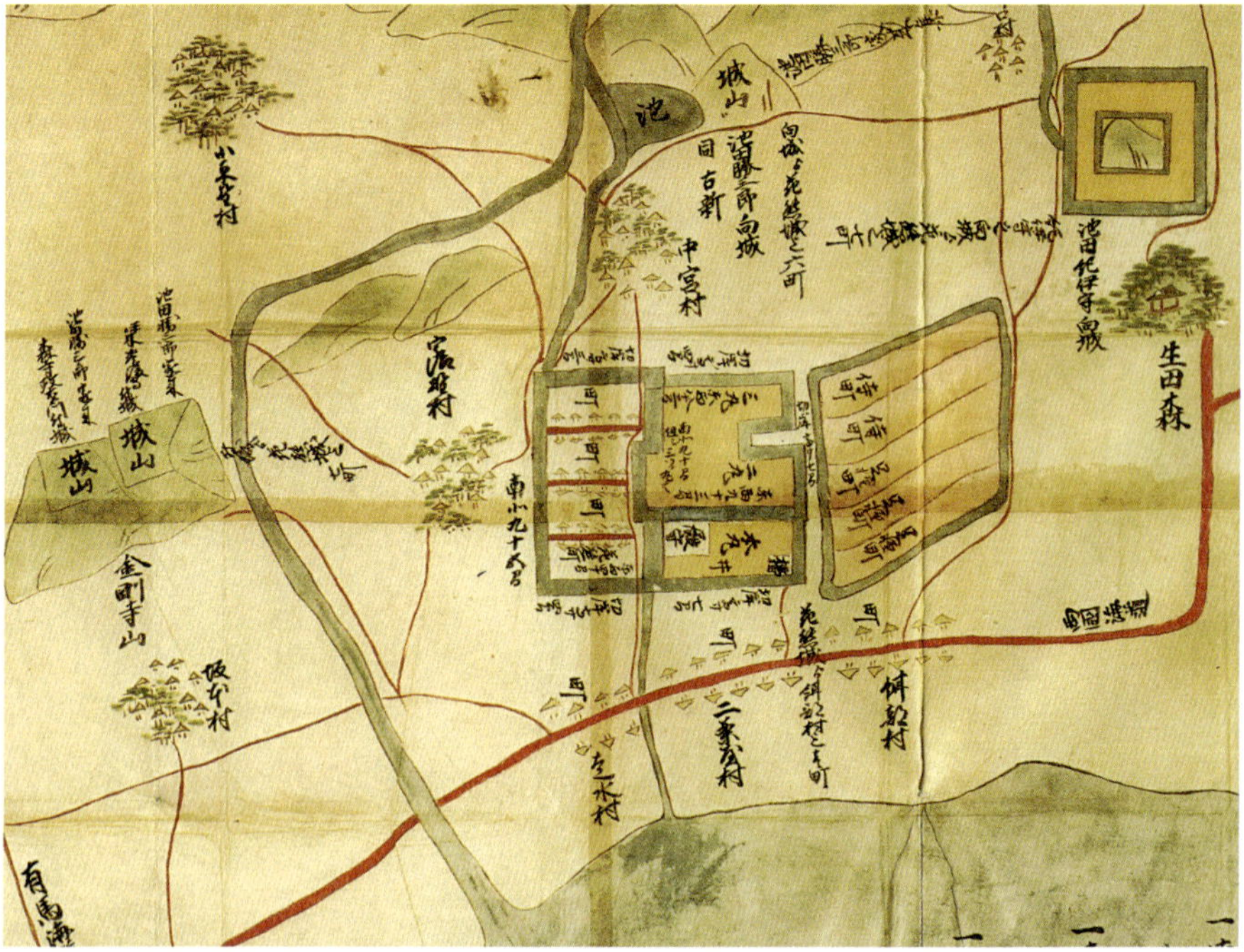

図４　「花熊城図」（岡山大学附属図書館池田文庫）

などの説があり、明確ではない。筆者は絵図の描かれ方から自然地形を利用した侍町・足軽町と、百姓町まで取り込んだ惣構えの城の部分に時代差があり、段階的に整備されたと考えている（『古地図で見る神戸』）。「摂津国名所旧跡細見大絵図」では同じような表現にとどまっているが、それまでの山城と花熊城とでは城の構造は明らかに違っている。

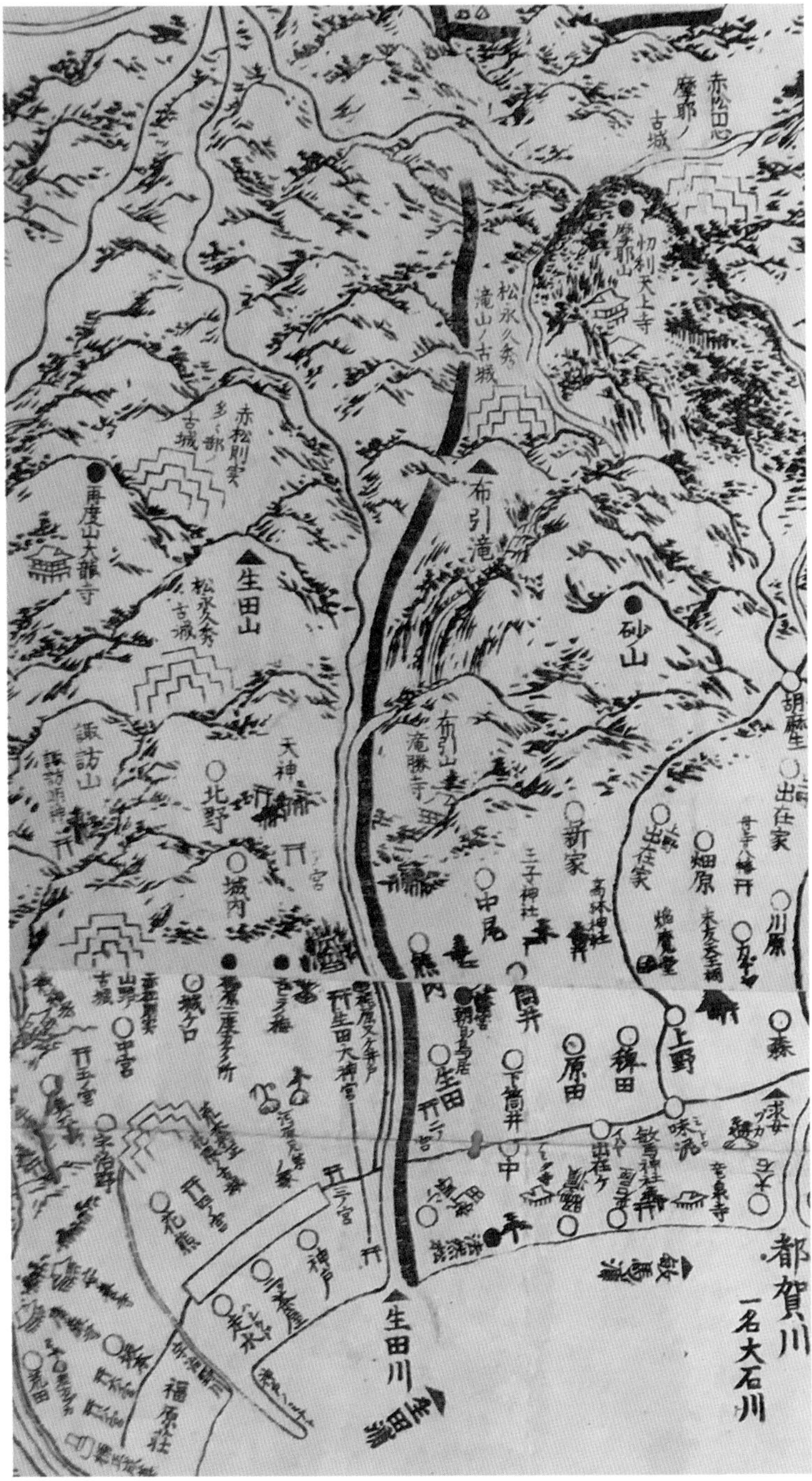

図５「摂津国名所旧跡細見大絵図」の摩耶～神戸

二人の殿様、色で示す支配地

「中野村絵図」

●銅鐸出土地と古墳

この絵図は菟原《うばら》郡中野村（東灘区本山北町・中町・南町などの東部）の絵図である（神戸大学文学部蔵 芝切義寛氏文書）。図1が西国街道より南部分、図2が北側である。

図2の北端に「字いこま（生駒）」とあり、ここで1964年（昭和39）ほぼ完形の銅鐸が出土した。現在は神戸薬科大学の構内になっている。この辺一帯には数多くの古墳があったが、今では大学構内の生駒古墳がほとんど唯一の現存古墳となった。生駒古墳は横穴式石室をもつ後期古墳で、6世紀後半から7世紀前半ごろの築造と考えられる。南向の山の斜面を背にした不完全な円墳で、横穴式石室の羨門は南に向かって開かれている。脇には池と社が描かれている。集落から離れており、小屋池と荒神だろうか。

●領主の違いを示す

古墳のすぐ南には集落があり「竹垣三右衛門御代官所　松平遠江守御領分　入組居屋敷」とある。竹垣三右衛門とは竹垣直温か竹垣直道のことで1788年（天明8）から1793年（寛政5）まで直温が、1839年（天保10）から1848年（嘉永元）までは直道がこの地の代官を務

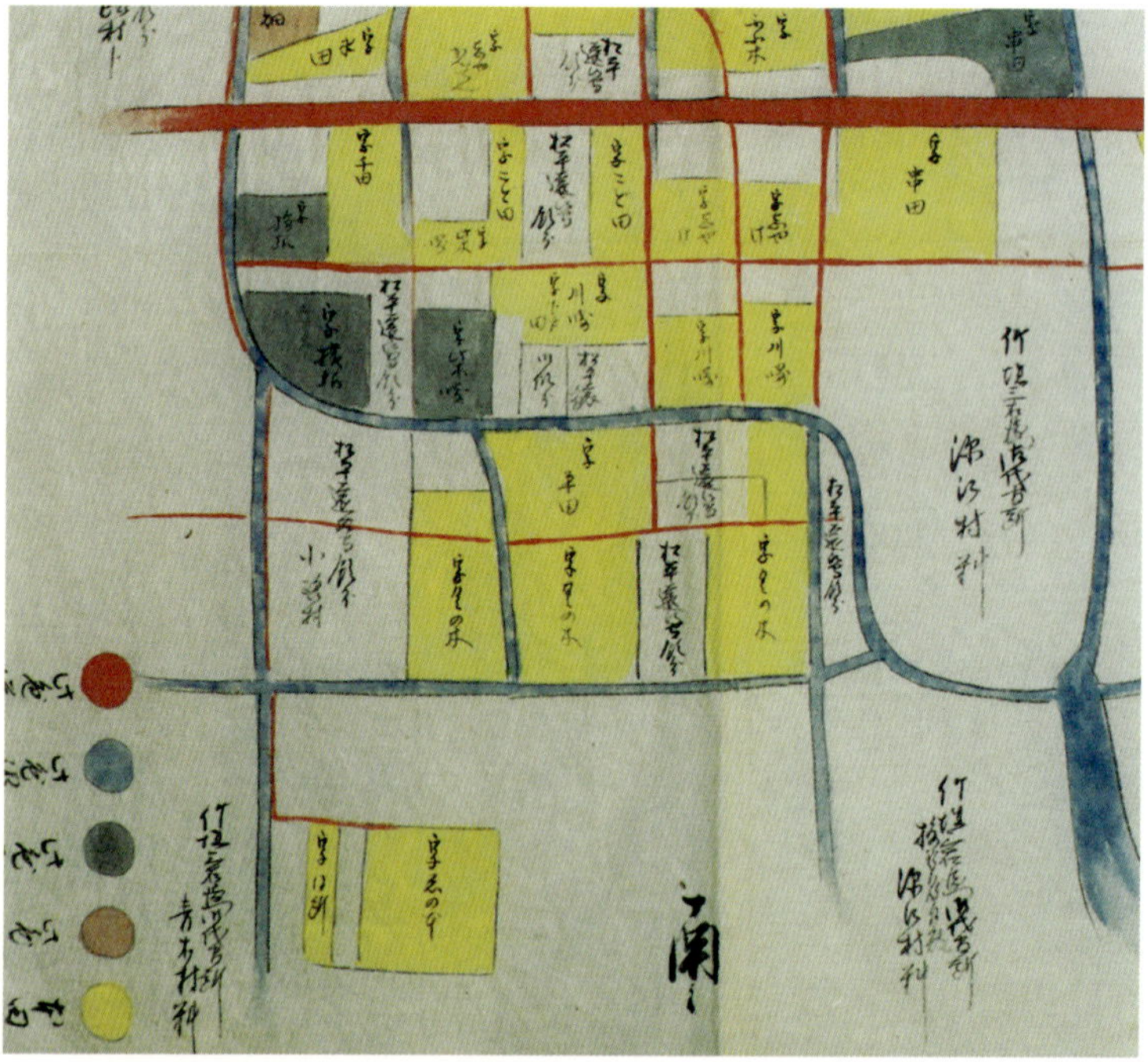

図1　「中野村絵図」（神戸大学文学部蔵 芝切義寛氏文書）の南部

めた。また松平遠江は尼崎藩主のことで、領主が入り組んでいることが記載されている。

田んぼに関しては黄色いところには小字名が書かれているだけなのに対し、白地のところには「松平遠江守領分」とあって、この絵図は幕府領側の視点で村内を描いていることが判明する。

◉村の中の別の村

一点、中野村の成り立ちを考えさせられる記載がある。図2の中央付近には、村のほぼ中央部分に「松平遠江殿領分　森り村」とも書かれており、森村の飛び地があることである。なぜ中野村の中に森村の敷地があるのだろうか。

中野村のこの耕地を森村の百姓が売買などで取得したという単純なことではない。田畑を他村の百姓が売買で取得した場合でも、中野村の境界までは変わらない。こうした場合、年貢は中野村の庄屋が村外の所有者から取り集めそれぞれの領主に納めたからだ。

ではここが森村になっている理由は何か。中世にはこの辺一体は森村も中野村も併せて本庄という惣村だった。越水城主瓦林政頼と戦闘をするほどの武装集団でもあった。近世初頭に森村や中野村など9カ村に分かれたが、それ以前からこの場所が森村との深い由緒があり、森村の敷地として残ったのだろう。

遠い中世の痕跡を抱えたまま村人の暮らしは続いたのである。

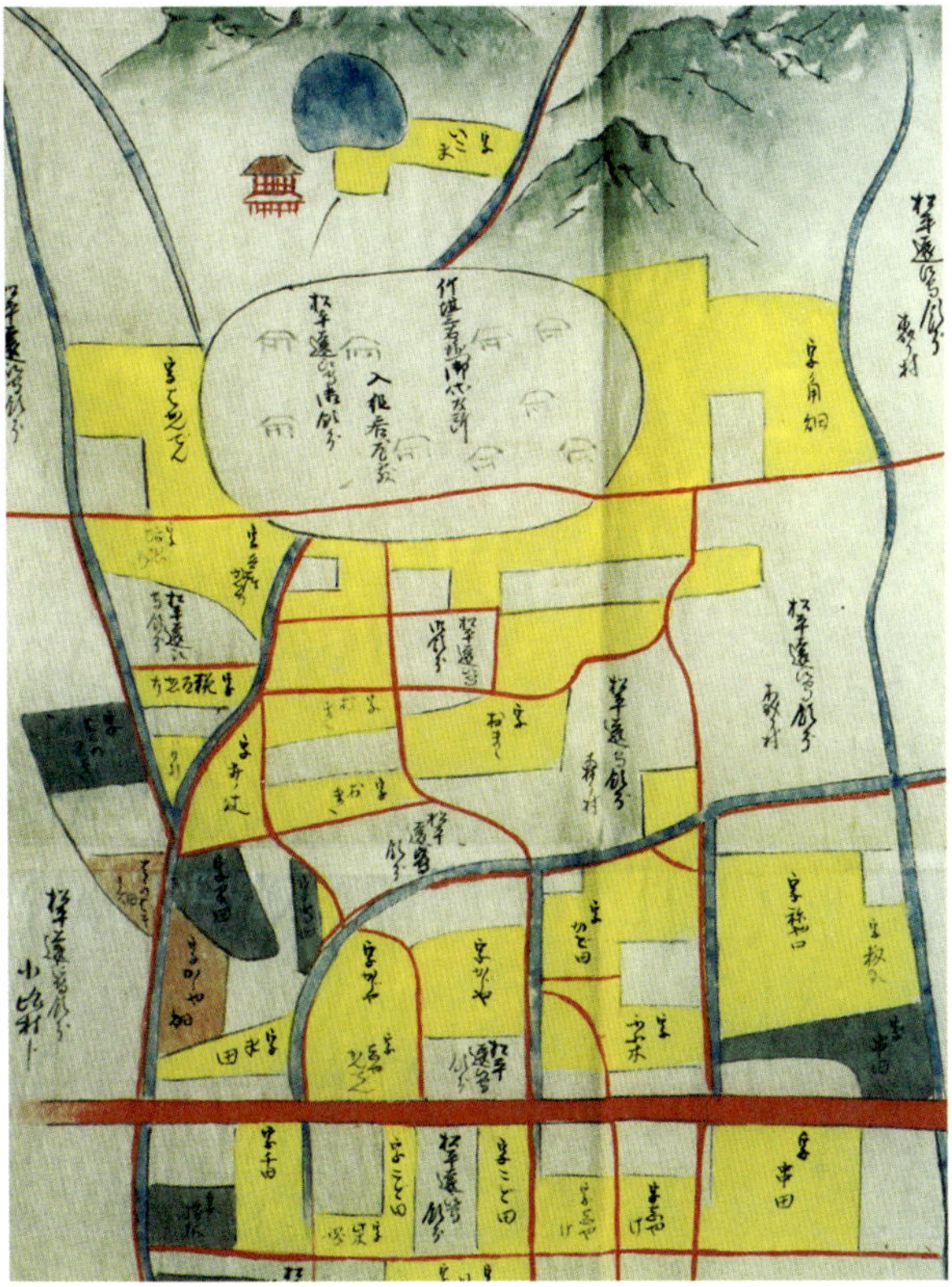

図２「中野村絵図」の北部

色で表す寺社、北部に街並み

「摂津国矢田部郡福原庄兵庫地図」

◉自衛力示す木戸の記号

江戸時代中期の地図考証家、森幸安が1751年（宝暦元）に作成した「摂津国矢田部郡福原庄兵庫地図」（国立公文書館蔵）である。大坂・玉造の能勢東岐が所蔵し、大坂天満宮の社家渡辺吉賢が写したものをベースに、森幸安が須磨の山などを増補した。

その翌年、渡辺吉賢に求められ森幸安が作成した「摂津州兵庫地図」が大阪歴史博物館に所蔵されており、本書112ページに北部を掲載している。

両者を比べると色使いはかなり異なっている。国立公文書館本は神社と陣屋・役所は赤、寺院はピンク、町はネズミ色、街路は白で色分け。これに対し大阪歴史博物館本は街路をオレンジジ色にして、強い印象を与える。両絵図とも町の名前と通りの距離を記載、測量したことがうかがえる。

中心部の町の通りに赤い「・—・」の記号がある。これは図1の東川崎町など新しい町にはなく、中世の伝統を引き継ぐ木戸ではないかと考えている（拙稿「森幸安の兵庫地図をめぐって」『兵庫津の総合的研究』）。

中世の町衆は通りを挟んだ両側で同じ町を形成し隣の町

図1 「摂津国矢田部郡福原庄兵庫地図」（国立公文書館蔵）の西出町・東出町・東川崎町付近

図２　「摂津国矢田部郡福原庄兵庫地図」に描かれた兵庫津北部

図３　「摂津国矢田部郡福原庄兵庫地図」に描かれた兵庫津南部

との間に木戸を設けて自衛した。江戸時代の前半でも兵庫津内は兵庫城時代の門が多く残り、行き来が不便で商いに差し支えたという記録もあり、絵図はそんな暮らしと自衛力を描く。

◉広がる町並み

それでも町並みは江戸時代を通じて変化した。

図1は川崎町から西出町・東出町、そして旧湊川の対岸に新たにできた東川崎町の様子を描いたものである。川崎町には小渡海船役所が赤く描かれている。兵庫津に入港した廻船から小規模な渡海船に積み替え大坂の川を遡る。その検査をおこなう役所だろう。そ佐比江の船入を挟んで西出町があった。浜先は船底に付いた蓼《たで》を焼く場として利用されるなど、北前船と結びついて発展。もう少し後の時代になるが、高田屋嘉兵衛が住むことになる。

湊川を挟んで対岸は東川崎町で、1696年（元禄9）の「摂州八部郡福原庄兵庫津絵図」（個人蔵）にはないが、1718年（享保3）の「官要録」に名前が見える新しい町だ。

発展する北浜に対し図3は陣屋から南の南浜を描いた部分である。南浜は西国の外様大名の浜本陣などが置かれ、また朝鮮通信使が新在家に上陸した。ただ図4の幕末維新期の「兵庫神戸図」（金沢市立玉川図書館近世史料館蔵）をみると、陣屋が左端に偏り、南北の発展の違いが明瞭である。ただこれはややデフォルメしすぎている。

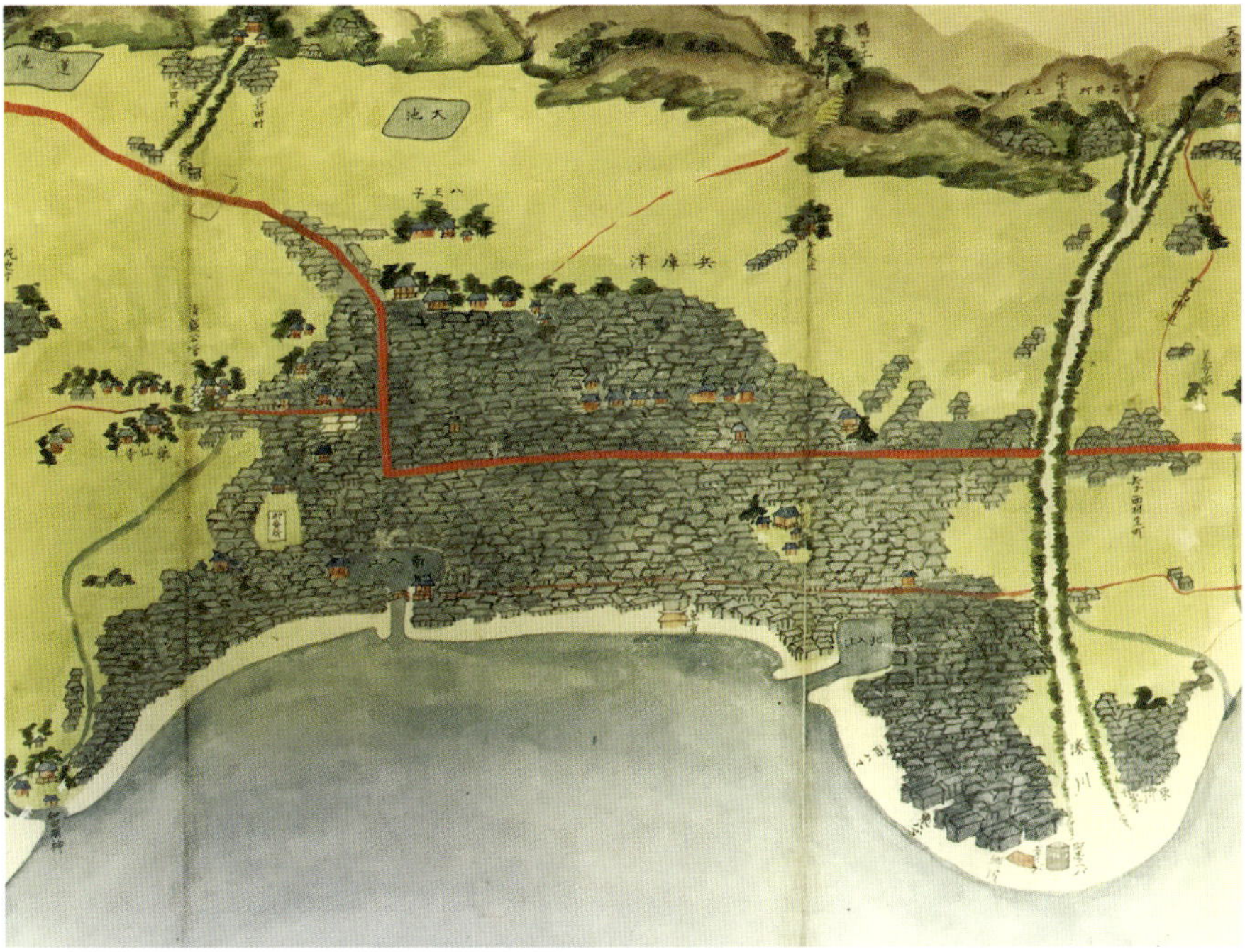

図4　「兵庫神戸図」（金沢市立玉川図書館近世史料館蔵）

変わる西国街道や有馬道

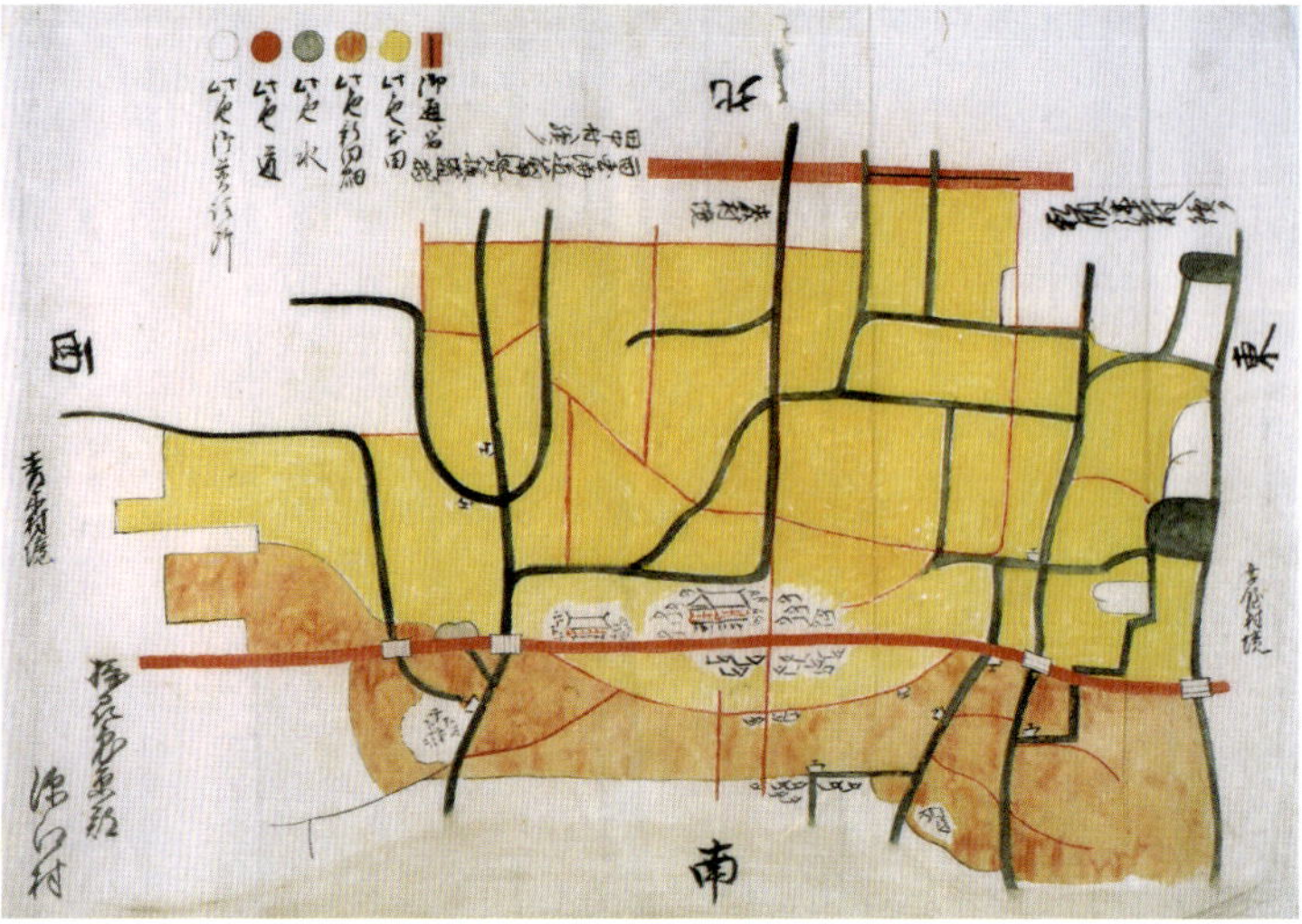

図１　「深江村絵図」（神戸大学文学部蔵 御影村文書）

図２　1884 年「仮製地形図」（陸地測量部）

深江と住吉の「村絵図」

◉酒が変えた国道の地位

図１は１７８８年（天明８）ごろと推定される「深江村絵図」（神戸大学文学部蔵 御影村文書）である。北の赤い線は西国街道で、これに対し深江村の集落を通るのが浜街道。西国街道には「御巡見様御通り筋」とあり浜街道より太く立派に描かれている。西国街道は古代からの山陽道であり、公家の日記などにも登場する。巡見使が通る正規の街道という情報が、太さという形に込められている。

ところが１８８４年（明治17）測量の陸地測量部の「仮製地形図」（図２）では、西国街道と浜街道の地位が逆転、深江の集落を通る浜街道の方が太く描かれ、「街道」と記載されている。浜街道沿いには酒造地帯の灘五郷が江戸時代後期に発展、交通量が逆転していた。『武庫郡誌』によれば、西国街道は打出（芦屋市）から山手を通り深江などの北を通っていたが、1889年に打出から浜辺を通って神戸に向かう浜街道が国道に編入され、国道の地位が変わったという。しかし1927年（昭和2）国道の位置が再び逆転、北の旧西国街道が国道2号になり、南の旧浜街道は旧国道となった。のち浜街道のすぐ南に国道43号が設けられた。

図3 「深江村絵図」集落部分

　なお深江集落周辺と北部は黄色で本田畑、南は赤くなっており新田畑である。図3は集落部分の拡大で、集落は2カ所に分かれ、南は漁村集落である。漁村集落のすぐ北側には樋が描かれ、用水と排水の管理をしている。こうした水の管理ができて新田開発が進んだ。

　本村にある大きな建物は右が道場とも呼ばれた正寿寺、左が大日霊女《おおひるめ》神社。高橋川を渡って村外れにあるのが、踊り松で、枝振りの立派な松があった。

◉有馬への間道の起点はどこ？

　深江が歴史上有名なのは、六甲南麓の灘から有馬への魚屋道の起点だからである。深江の浜で捕れた新鮮な魚を天秤棒で担いで六甲山越えをして有馬の湯治客に提供した。しかしこれは正規の宿場を通らず物資や湯治客を運ぶことであり、小浜（宝塚市）・西宮・生瀬（西宮市）・昆陽（伊丹市）の各宿場にとっては営業妨害であり、訴訟にもなったことはよく知られている。

　では深江からの魚屋道はどこが起点か。現在は大日霊女神社の西側の南北通りの稲荷

図4 「本庄五ケ村用水井堰井路筋墨引絵図」（神戸大学文学部蔵 芝切義寛氏文書）

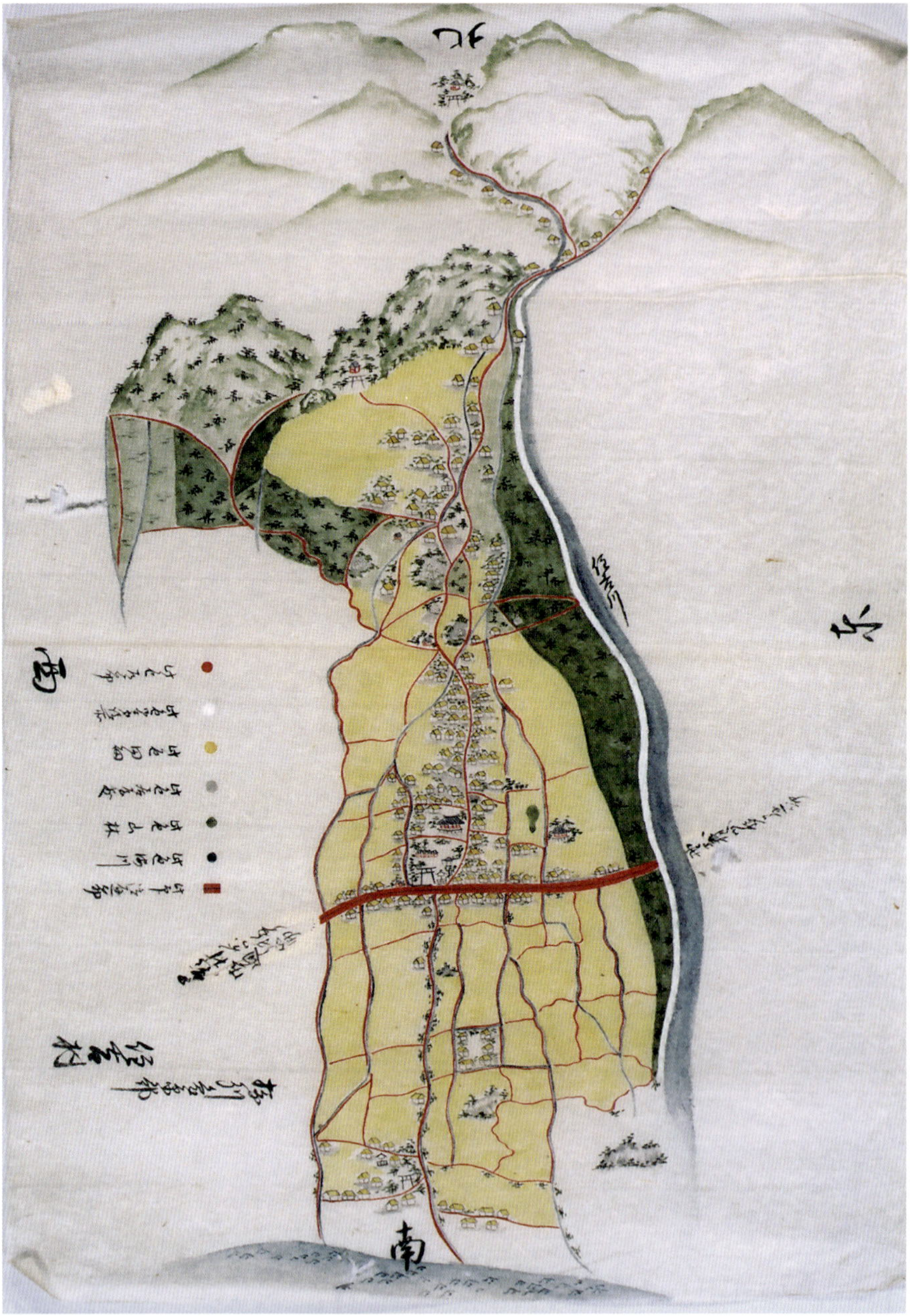

図５　「住吉村絵図」（神戸大学文学部蔵 御影村文書）

筋が駅前通りで、かつて「深江銀座」と呼ばれていた。神社の脇には魚屋道の石碑もあることから、この稲荷筋を魚屋道と思う人も少なくない。

しかし、図3を見ても江戸時代、神社は村の西外れにあり、稲荷筋は、江戸時代には描かれていない。図4の「本庄五ケ村用水井堰井路筋墨引絵図」（神戸大学文学部蔵 芝切義寛氏文書）でも海に注ぐ高橋川に沿った稲荷筋は描かれていない。

改めて図3を見れば浜辺から南北を貫く通りはもっと東にある。浜街道との交差点に高札場があったため、札場通りと呼ばれた南北通りであり、現在も札場通踏切が残る。本来の魚屋道はこちらだろう。札場通りが浜辺に行き着いたところには、かつて浜えびす神社や魚市場もあった。

◉住吉村からの有馬道

図5は「住吉村絵図」（神戸大学文学部蔵 御影村文書）である。村のほぼ中央を東西に走る西国街道が最も太く描かれ主要街道になっている。南北通りはいくつも描かれているが、住吉神社の東側にある南北通りが村を貫き山越えで北に向かっている。現在は国道2号脇に石碑が建つ有馬道である。

しかし、図6「正保摂津国絵図」（国立公文書館蔵 松平乗《のり》命《とし》本）をみると、有馬への間道は、西国街道から森村で分岐している魚屋道だけが描かれている。その西に描かれているのが住吉川、さらにその西岸に住吉村があるが、有馬道は描かれていない。ただこの時代の魚屋道は難所で牛馬の往来はできず、多くの牛が行き来するのはもう少し後の時代である。

西国街道も有馬道も時代とともに変遷を重ねている。

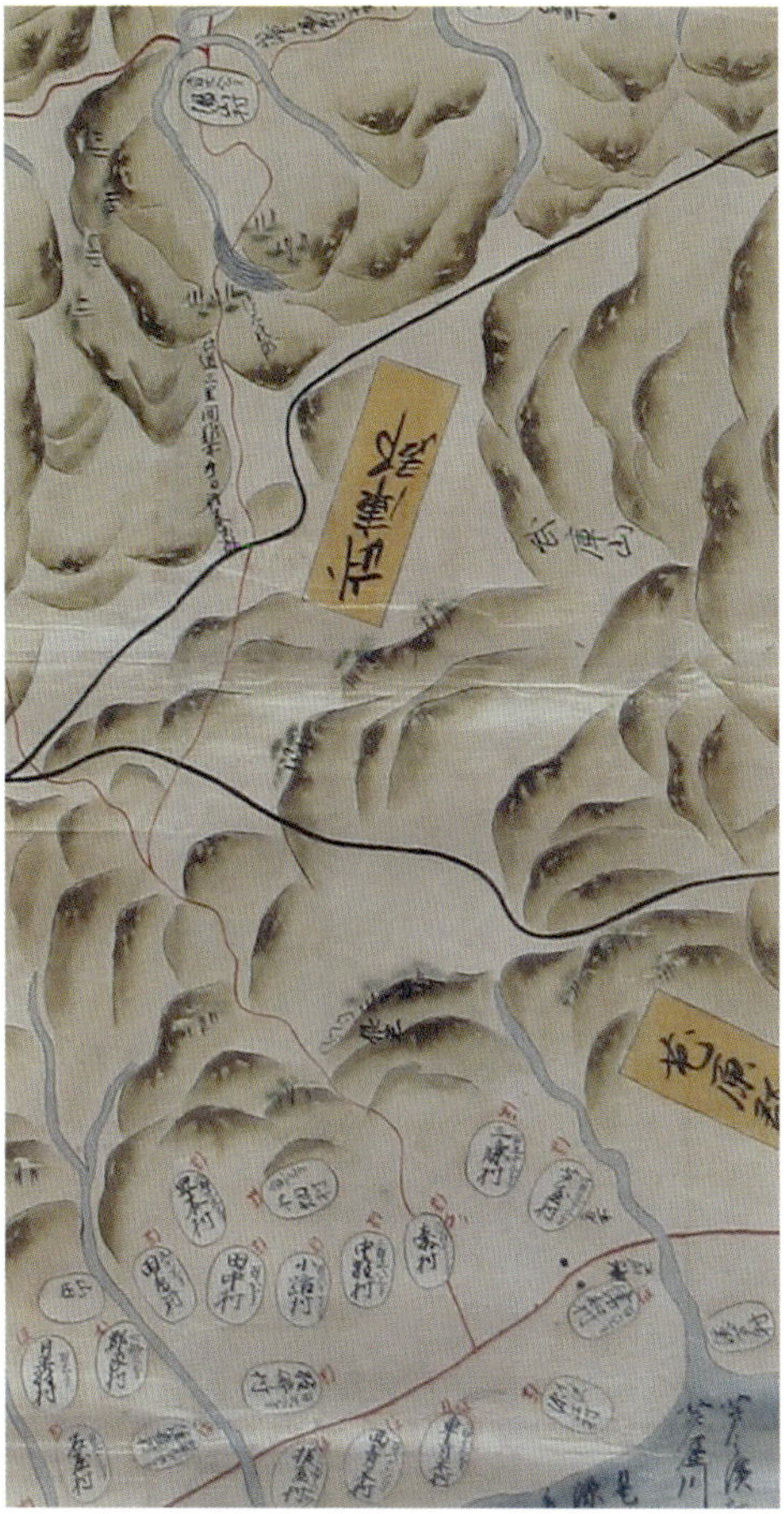

図6 「正保摂津国絵図」（国立公文書館蔵 松平乗命本）の深江～有馬

転用される温泉街地図

「摂津州有馬郡湯山図」

図1は、江戸時代中期の絵師、橘守国（1679年～1748年）が描いた「摂津国有馬山勝景図」（国立公文書館蔵）である。

橘守国は、大坂の人で、有税ともいい、後素軒と号した。狩野探幽の弟子である鶴澤探山に学び20冊を超える絵手本や画譜を発行した。当時の狩野派では画を学ぶ者は師匠から粉本と呼ばれる手本を与えられ、それを筆写して技法を学んだ。享保年間（1716～36年）に絵手本として刊行され、こうした習得方法が狩野派以外にも広がった。その先駆けの一人が橘守国で、これが原因で狩野派を破門されたと伝える。

「摂津国有馬山勝景図」の有馬温泉部分は左下に高橋があり、これを渡ると一の湯・二の湯、その右手に薬師堂、極楽寺、さらに右手に愛宕山が描かれている。川沿いには「みだう（御堂）」とあるがこれは林渓寺。1753年（宝暦3）に火災に遭い、現在地に移った。右には一の湯用水、左手奥には二の湯用水の掛樋が描かれている。

絵に続いて有馬温泉の由緒や名所旧跡と古歌・入湯法・土産・距離を紹介。温泉には夜灯があり灯明銭を入れるようになっていること、入湯中は酒は飲んではならない、養

図1　橘守国「摂津国有馬山勝景図」（国立公文書館蔵）

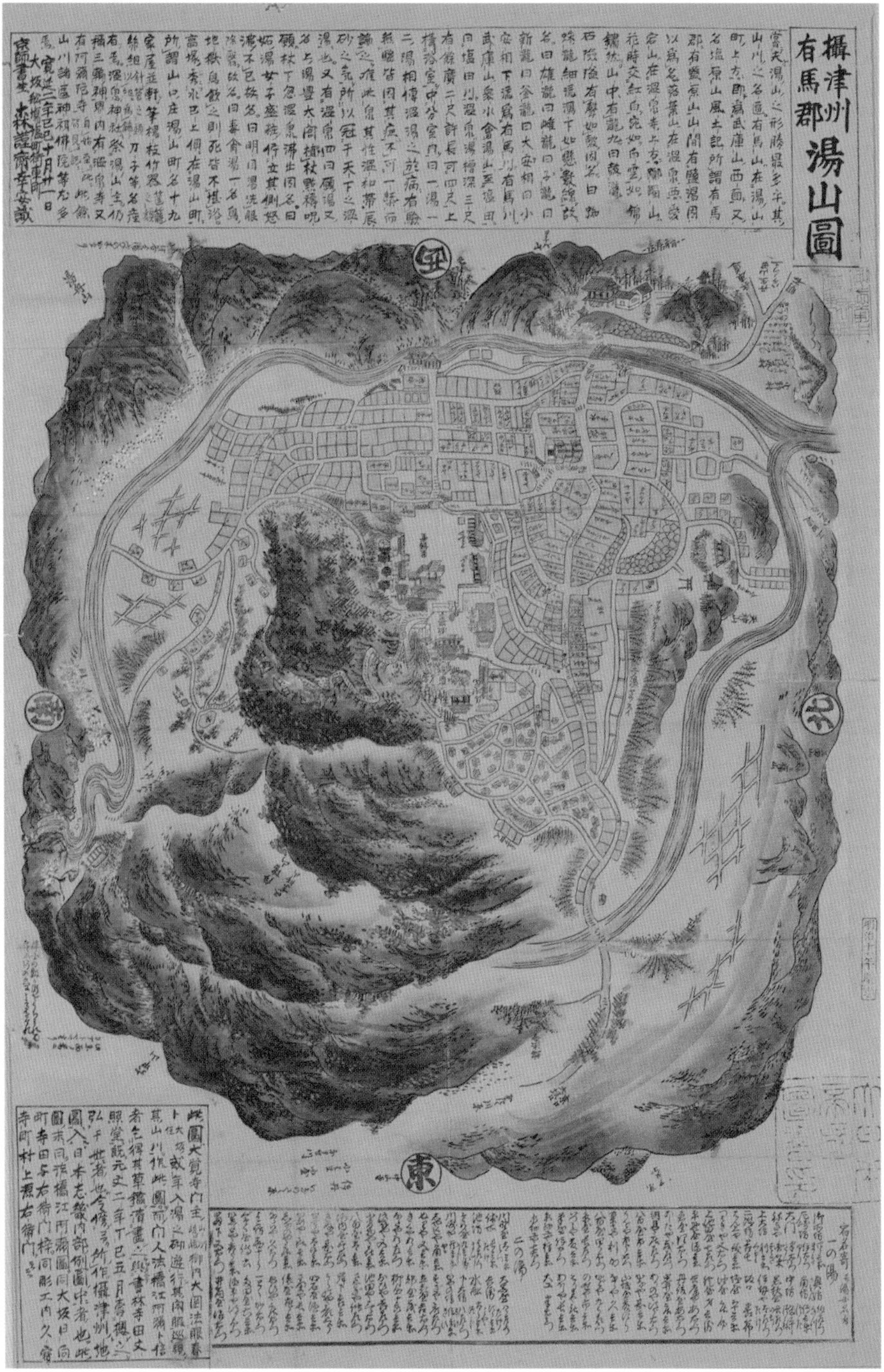

図２　森幸安「摂津州有馬郡湯山図」（国立公文書館蔵）

生以外の肉食や飽食、お灸もいけないと心得を記述している。土産物としては竹細工を筆頭に、竹籠細工・楊枝・木地挽物・筆・糸細工・鍛冶・紙を挙げている。

図３　「摂津州有馬郡湯山図」部分。中央に一の湯、二の湯、左下に薬師寺

図2は、森幸安の「摂津州有馬郡湯山図」（国立公文書館蔵）である。上部にはこの絵図の成り立ちが書かれている。大覚寺門主の御内で狩野派の絵師大岡春卜が有馬を訪れ絵を描いたこと、これを門人法橋江阿弥卜信が清書し、寺田文照堂が1737年（元文2）に木版で「摂州有馬細見図独案内」（神戸市立博物館蔵）として刊行。これを転用したと由来を書いている。原図は拙著『古地図で見る神戸』で取り上げたが、両者を比較すると、図版の部分は全く同じである。下段には一の湯と二の湯を利用する宿とその経営者、小湯女の名前が彫られているが（図5、6）、全く同じ内容、書体で絵図部分以外も転用していることがわかる。

変更したのは、元図の上の表題「摂州有馬細見図独案内」を削除し代わりに「摂津州有馬郡湯山図」という表題に変え、有馬の名の由来を記述した。また落葉山・愛宕山・鼓が滝や蜘蛛の滝など九つの滝・有馬川・塩田川など周囲の自然景観の地名の由来、一の湯・二の湯の効能、筆・楊枝・竹器などの名産、温泉神社や温泉寺などの名所を加筆している。さらに左下には法橋江阿弥卜信が出版の経緯を記した刊記を削除し、森幸安自身が経緯を書き直している。

町数は19とある。有馬の町数は時代によって変遷があるが1720年（享保5）までに16となった。上之町・中之町・寺田町・薮内町・上谷町・下谷町・北之町・瓢箪町・上道町・札之町・大蔵町・天神町・下菩提町（筆屋町）・鍛冶

図4　「摂津州有馬郡湯山図」薬師堂部分

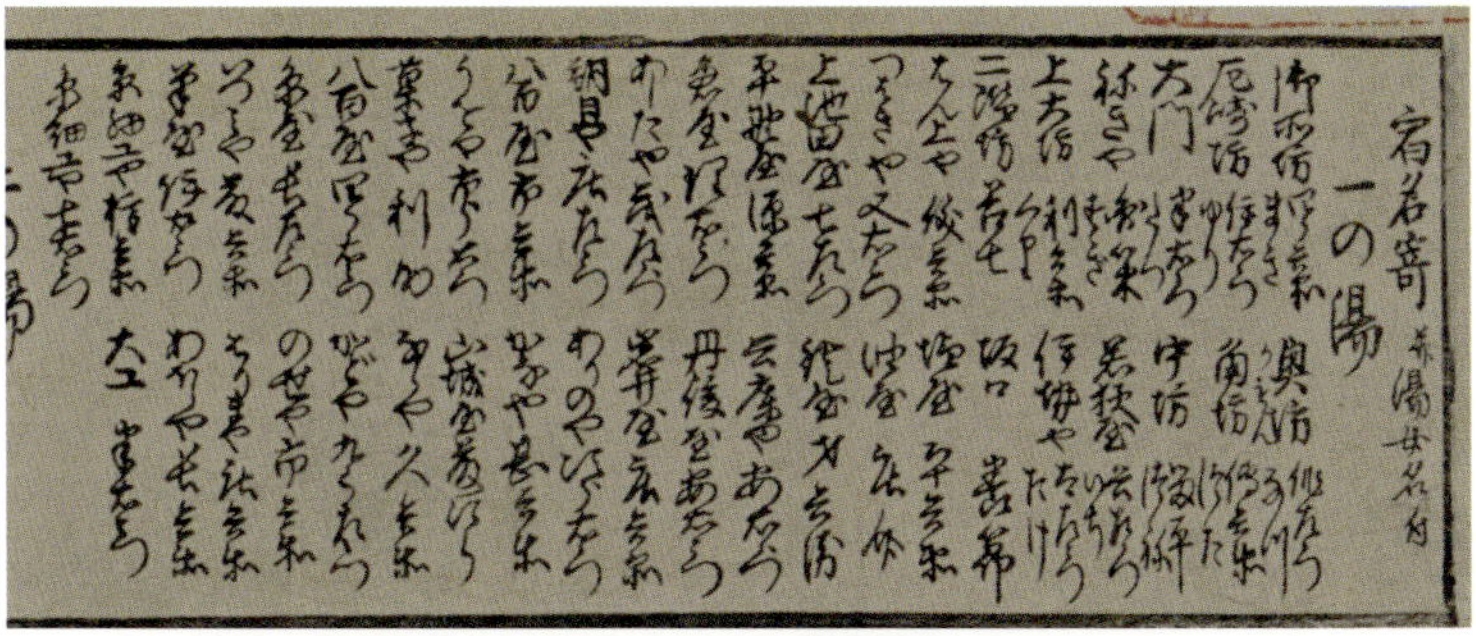

宿名寄
一の湯

図5　「摂津州有馬郡湯山図」に記載された一の湯の宿

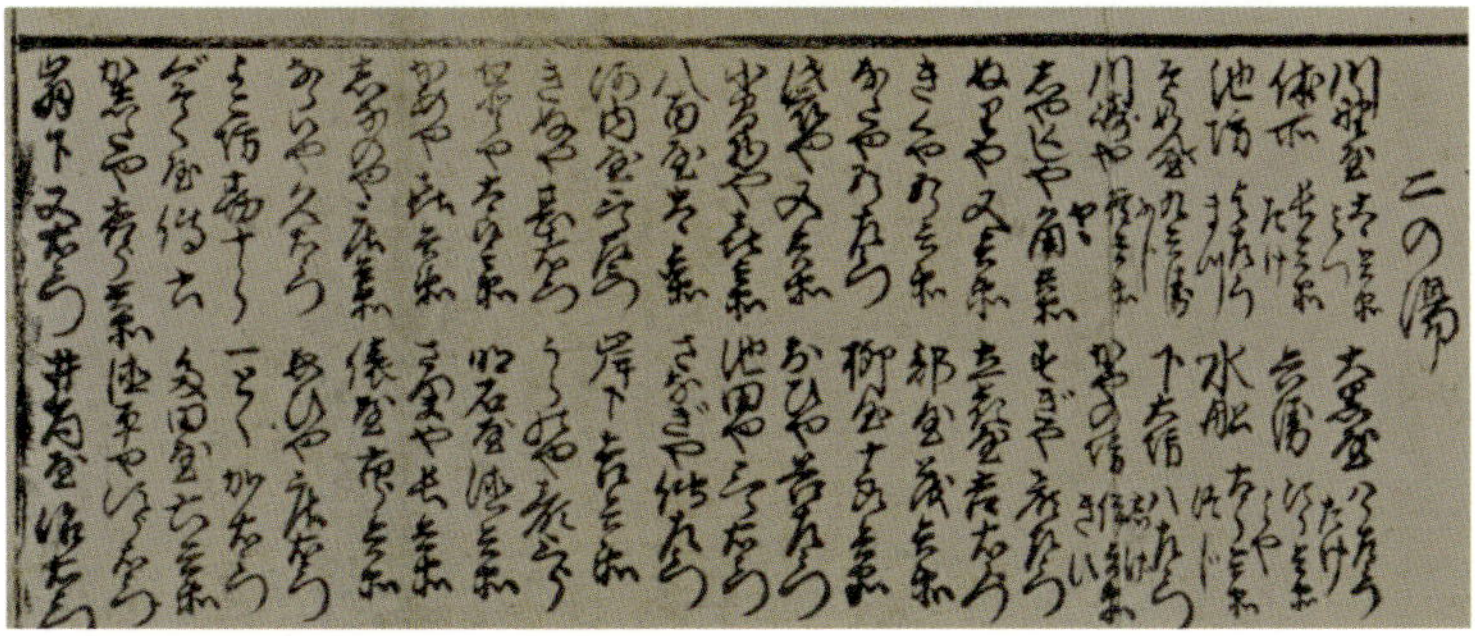

二の湯

図6　「摂津州有馬郡湯山図」二の湯の宿

町・上菩提町・馬場崎町である。しかし「摂州有馬細見図独案内」にはカゴヤ丁など通称名を記載しており、森幸安は丁数に加えている。「摂州有馬細見図独案内」はその後も転用された。1810年（文化7）和泉国中筋村の南権太夫正会はこれを原図に新しい情報を盛り込んで「有馬郡湯本町之図」を作成、1848年（嘉永元）に筆写された。東京国立博物館に現存している。

学び舎の進出待つ高台の新田

◉見慣れぬ地名

毛利藩の絵師が参勤交代する藩主のために1764年（明和元）ごろ描いた「行程記」（図1、山口県文書館蔵）に見慣れない村名が記載されている。現在の灘区徳井町から八幡町にかけての山側にある「迫」である。西国街道から離れ山際に集落が張り付いている。筆者はこれを高羽村と解釈している。

サコとタカハではかけ離れているように思われるかもしれないが、1605年（慶長10）の「慶長摂津国絵図」は高羽村はタコ村と表記しており、1702年（元禄15）の「元禄郷帳」ではタヲとルビがある。1748年（寛延元）「摂津国名所細見之図」（国立公文書館蔵）や1836年（天保7）「摂津国名所旧跡細見大絵図」（同）でも高羽村にタカウとふりがなをつけている。近世はタコウと発音したことはほぼ間違いないだろう。それを土地勘のない毛利家の家臣がサコと聞き誤り、「迫」の漢字を当てたのだろう。

◉採石産業の名残

図2は江戸時代の高羽村・八幡村の山側、大土ケ平の南側の山間部を描いた「水車新田絵図」（神戸市文書館寄託若林泰氏文書）である。

図1　「行程記」（山口県文書館蔵）の高羽村付近

「水車新田絵図」

絵図で描かれているのは六甲谷川と一ケ谷川が合流する場所で、この川名は今も使われている。川に沿って赤く塗られたのは石出し道で、「海際迄三拾五、六丁」とあるから、花崗岩を切り出しこの道をまっすぐ下って海岸まで運び、船で輸送したことがわかる。現在の阪急六甲から神戸

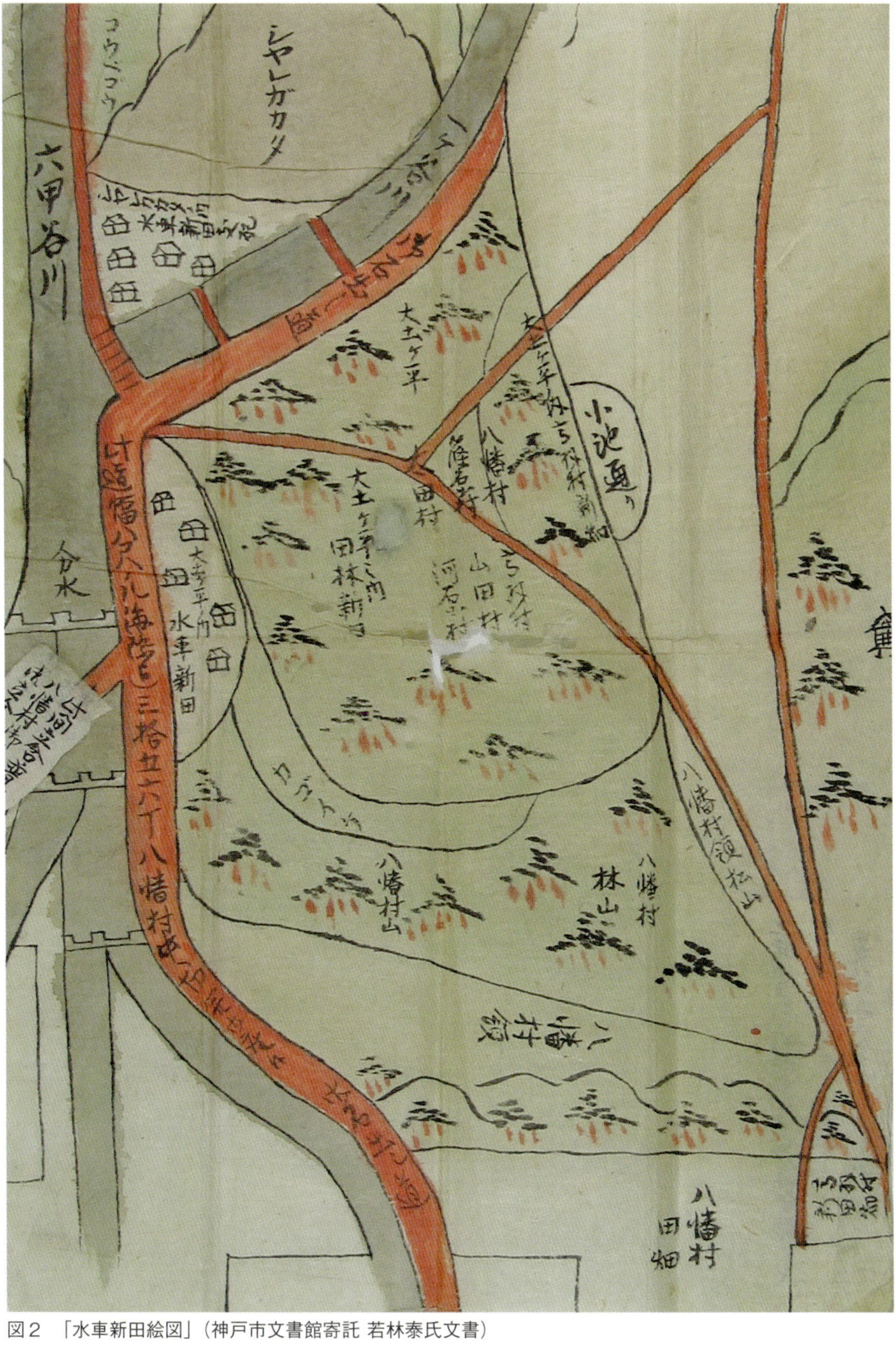

図２　「水車新田絵図」（神戸市文書館寄託 若林泰氏文書）

大学本部へ向かうバス道がこれに当たる。

道の東側は水車新田と田林新田、さらにその東側に高羽村新畑がある。水車新田は紀伊国野中村の田林勝右衛門が1724年（享保9）水車を業とする特殊な新田村の開発を願い出てできた村である。田林新田にも勝右衛門の姓を残している。

田林新田の南にはカゴイケとあって、漏水のしやすい池があった。高台での新田開発は天水が頼りで、用水には苦労しただろう。

図３　1941 年「最新実測 大神戸市街地図」（国立国会図書館蔵）

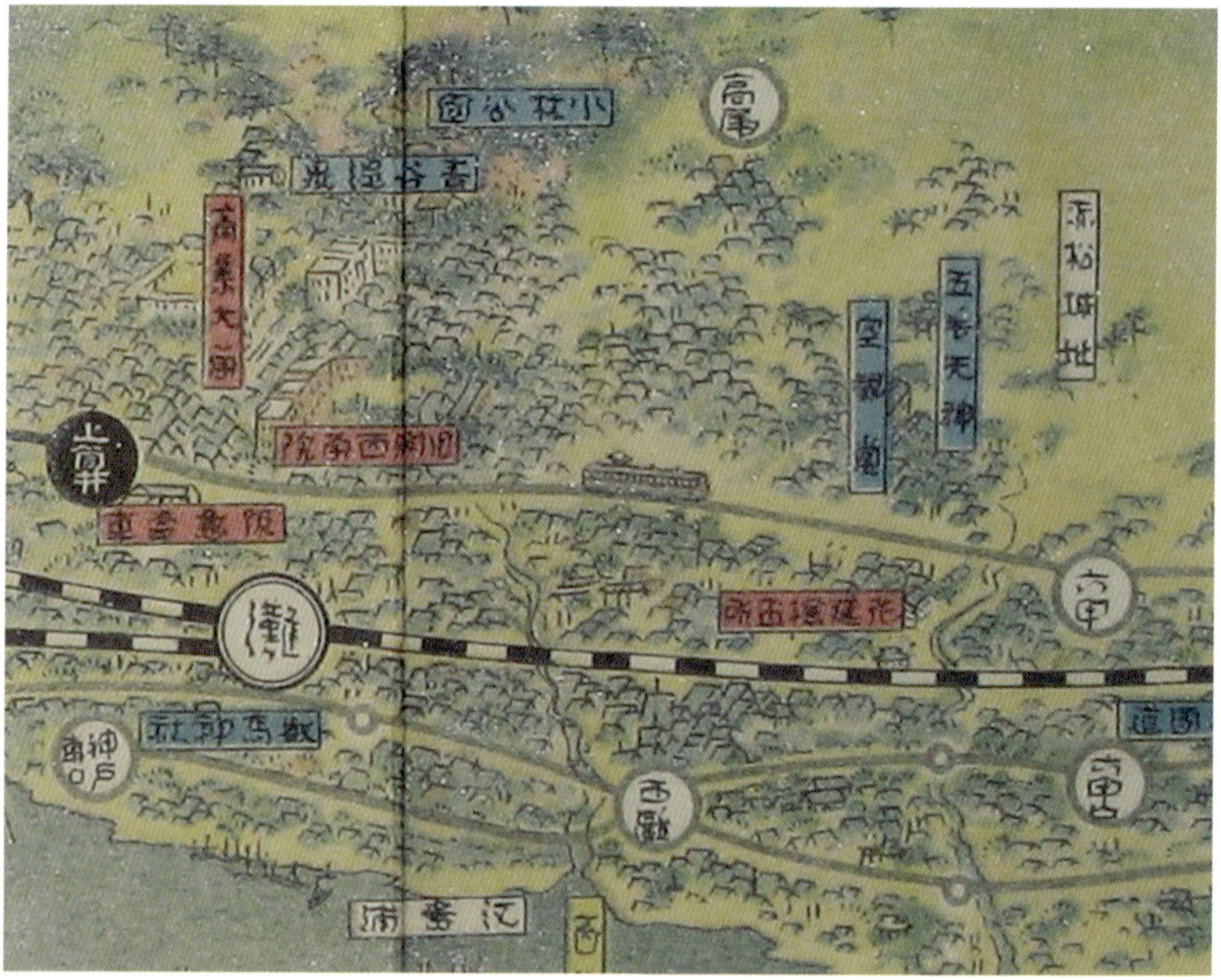
図４　「神戸市案内図」（神戸深江生活文化史料館蔵）。上筒井の北に商業大学があった

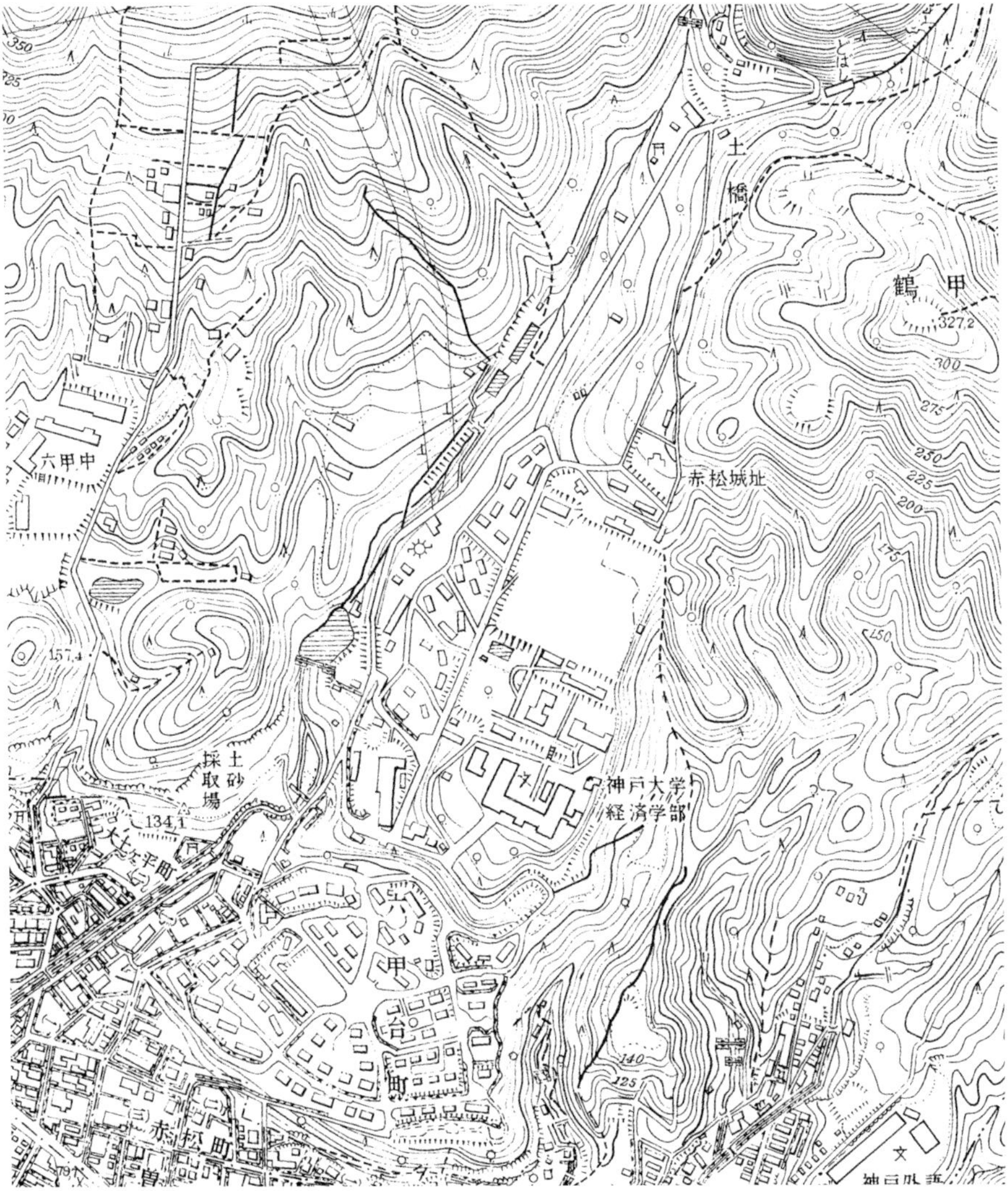

図5　1957年「神戸市街地図」（神戸深江生活文化史料館蔵）

◉昭和に大開発

高羽村に嘉兵衛新田がありこの地に上筒井（中央区）から神戸商業大学が移転、1935年（昭和10）竣工式がおこなわれた（図3）。神戸商業大学は、全国で2番目に設立された官立高等商業学校が1929年大学に格上げされた。44年神戸経済大学と名前を変え、49年神戸大学になった。六甲台の現在地に移転する前は図4のように上筒井（中央区）にあった。

図5は57年の「神戸市街地図」（神戸深江生活文化史料館蔵）の神戸大学近辺。大学整備は道半ば。赤松城址が記されている。背後の標高327mの鶴甲山《つるかぶとやま》が開発され団地になるのはこの10年後である。

段々の田園が異人館街に

「摂州神戸山手取開図」

●日本で2番目の競馬団体

図１は１８７２年（明治５）６月の「兵庫神戸実測三千分箇之縮図」（国立公文書館蔵）で、兵庫県測量掛の山内博正が測量した。鉄道より南部が第1部で、こちらはこの年の3月官許を得て出版されたのに対し（本書51、52ページ）図1は第2部で、結局出版されなかった。

両図は新生田川から旧湊川までを範囲にしているが、生田神社から北野にかけての部分を掲げた。図の下部中央の靴底のような形をした部分が競馬場である。１８６８年（明治元）のクリスマスに神戸居留地開設1年を祝って競馬がおこなわれ、翌年横浜に次いで2番目の競馬主催団体としてヒョーゴ・レース・クラブが創設され、同年秋に生田神社の東に競馬場が設けら

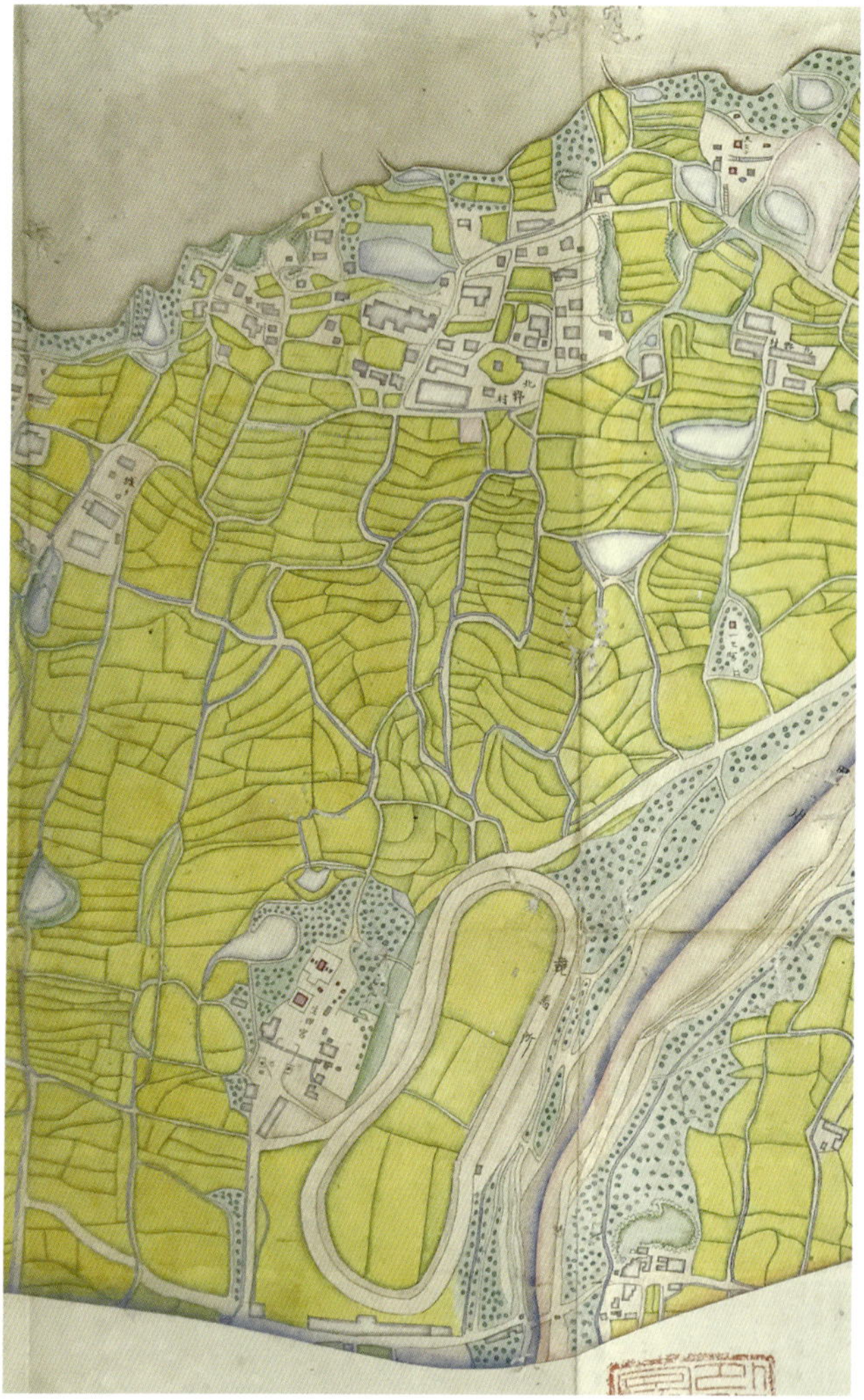

図１　「兵庫神戸実測三千分箇之縮図」（国立公文書館蔵）の生田神社〜北野村

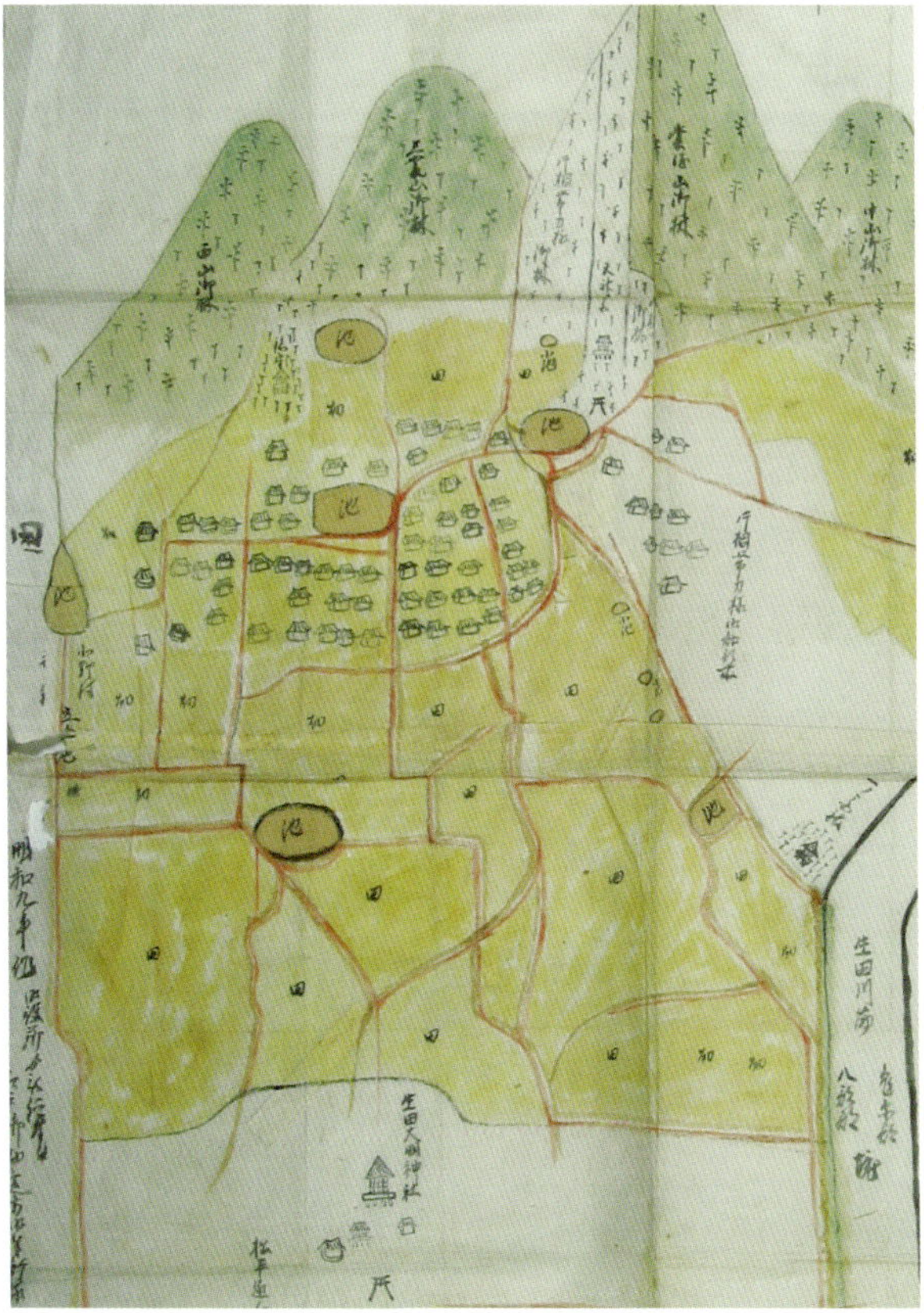

図2　「北野村絵図」（神戸大学文学部蔵 西脇家文書）

れた。

競馬は当初人気を博したが、コーナーがきつく水はけが悪く、移転計画が持ち上がったが移転先が鉄道用地になるなどして、計画は中断。景気悪化もありヒョーゴ・レース・クラブの会員も減少、74年を最後に競馬も開催されず77年にクラブは解散。跡地に商店が立ち並び生田東門商店街となった。東門街がS字になっているのは、競馬のコースの名残である。地図からはそんな明治の息吹が感じられる。

●丘陵地に広がる耕地

競馬場とその西の生田神社の北側に広がる田んぼ。田んぼの中を縫うように里道が走り、里道に沿って水路がめぐらされている。北野村の集落にかけては丘陵なので畑かと思いがちだが、図2の「北野村絵図」（神戸大学文学部蔵西脇家文書）を見ると、集落より北にも田んぼがある。池を使った灌漑が行きわたっている。

北野村の大部分は当時幕府領で、図2は1772年（明和9）に江戸幕府の勘定方の奉行が巡見することになり役所から提出を命じられた「北野村絵図」（同西脇家文書）である。ただ巡見は中止になり、不要になって村に残った。

図1の明治時代の測量地図には及ばないがそれでも里道の配置や旧生田川との位置関係、集落の形など、村の骨格はよく似ている。近世の村役人の測量や絵図を作成する技術は相当高かったことがうかがえる。

北野村の一部は大和小泉藩片桐氏領を経て、1627年（寛永4）から分家の旗本片桐氏領になった。図2の右側に白くなっている部分がそうで「片桐帯刀様知行所」とある。領地はまとまっているようで、「中野村絵図」（本書26、27ページ）のように複雑な入

図３　「摂州神戸山手取開図」（横浜開港資料館蔵）

り組み状態とはかなり様相が異なっている。

◉外国人と雑居の町に

図1の測量を受けて、山手の開発が始まる。図1からわずか2カ月後の1872年8月に出版されたのが図3の「摂州神戸山手取開図」（横浜開港資料館蔵）である。

72年2月に大蔵省に提出された山手の街路工事の願書によれば、「内外の人民が追々山部へ家宅を設け、馬車や人力車が通行しとても在来の道路では狭隘」と書かれている。図3によれば、山手に多くの外国人居住地が生まれている。

また生田神社の北に東西通りがあり新北本町通、南の東西通りが新南本町通と書かれている。新北本町通が中山手

図4　「兵庫測量地図」（国立公文書館蔵）

通、新南本町通が下山手通である。また中山手通の北に上山手通、さらにその北に山本通が開かれるが、図3にはまだ記載がない。

　南北通りとしては三ノ宮筋通・諏訪筋通・四ノ宮通り・再度筋通・宇治野筋通の名称が書かれている。三ノ宮筋通の西に城ケ口村から南に伸びる城ケ口筋があるが、まだ命名されていない。

『神戸開港三十年史』によれば着工は1872年12月なので、図3は完成した様子を描いたのではなく、計画段階の地図ということになる。

　南部には江戸時代から町場が形成されている。大手町・松屋町・城下町・八幡町・市場町と書かれ、海岸沿いには神港雑居所とあり、外国人と日本人の雑居が進んでいる。

新街路の名称が決まるのは翌73年11月で、74年東西通りがそのまま町名になった。ただ上山手通だけはいったん町名になったが間もなく山本通と中山手通に吸収された。また南北通りの四ノ宮通りは最終的に通り筋の名前にならなかった。

　図4は「兵庫測量地図」（国立公文書館蔵）で、内題には「湊川以東新生田川実地三千分箇之一図」とある。73年5月に下山手通に移転した県庁が描かれている。図3の新北本町通は中山手通、新南本町通は下山手通と書かれている。しかし上山手通や山本通はまだ描かれていない。明治初期の神戸はめまぐるしく変わっていく。

地図にみる明治の改変と温存

◉色で示す神戸村の範囲

図1は「生田川ヨリ二茶屋図」（神戸市立中央図書館蔵）という表題がついているが、うり二つの絵図が神戸市立博物館に所蔵されていて、拙著『古地図で見る神戸』に「神戸村絵図」という名称で掲載した。

両者を比較すると、たとえばほぼ中央に描かれている池は、図1の絵図には新池と名称があるが、市立博物館本には記載がないなど、文字情報にわずかな違いがある。しかし画像はほとんど同じであり、どちらかをベースに精密に筆写されたことは明白である。

白色が神戸村の集落、こげ茶色が神戸村の田畑で、黄色が他村となっている。図1の凡例にある「他村」という表現や、他村は集落と耕地を区別していないなどから、神戸村の絵図であることは明白である。

この絵図から、山手の神戸村の境界が明らかになる。西国街道の両側は生田筋から二茶屋村との境界までが神戸村。境界は境川という名称になっている。現在の元町通3丁目と4丁目の境にあたる。北部は少しずつ東西の距離が短くなっていること、境界は直角で区切られた階段のような形状になっていたことはこの絵図の色分けによって判明する。

◉池の位置と形を考える

前著で紹介した通り、地蔵池・しもと町池・新池・追谷池・清水谷池・西山池・花熊池・塩ノ池・井垣池の名称が記載されている。

この池の形や位置関係はどれほど正確なのだろうか。

それを示すのが1871年（明治4）の「神戸港測量地図」（図2、国立公文書館蔵）である。外題は「神戸居留地図」で内題と異なっているが、手書きで「神戸港測量地図」と訂正している。刊記には「実測三千分箇之一縮図」という名称と兵庫県測量掛山内博正らの名前がある。明治初期の一連の兵庫県作成の地図の一つとわかる。

「神戸港測量地図」

この地図と見比べると、江戸時代の「生田川ヨリ二茶屋図」も池の位置や形がある程度正確に描いていることが判明する。

里道についても三宮神社の西側を通り73年に名称がついた三ノ宮筋は、両絵図ともほぼ直線で描かれ、江戸時代からあった里道を広げたと判明する。一方その西側の鯉川筋は、鉄道の北でS字に曲がって池の脇を通って城ケ口村へ向かっている。この道は直線に付け替えられたことがわかる。二つの絵図は江戸時代の痕跡と改変も明示する。

図１　「生田川ヨリ二茶屋図」（神戸市立中央図書館蔵）

図２　「神戸港測量地図」（国立公文書館蔵）の旧神戸村付近

連続する民家、元からの町

「二茶屋村・走水村絵図」

◉色分けされた混在する村

図1は現在の元町通・栄町通・海岸通の4~6丁目付近を描いた「二茶屋村・走水《はしうど》村絵図」（神戸市文書館蔵 辰巳家文書）である。黄色が二茶屋村領、紫が走水村領だが、民家を絵画風に描いているのは二茶屋村だけである。二茶屋村が描写の対象であり、古文書目録では「二茶屋村絵図」が表題となっている。走水村は二茶屋村に囲まれ、西側には二茶屋村と走水村の入り組み田地が白色で描かれる。人家はまとまっているが田畑は混在するという、一風変わった村の形態を示す。

東西に走る太い通りが「往還筋」とあって西国街道、現在の元町商店街である。その南側が「中ノ道」、さらに南側が「浜通筋」と貼り紙がある。西国街道の北側にある斜めの道には「上通」と貼り紙がされている。

南北通りは、走水村の東端を南北に通るのが現在の花隈中央通である。この絵図によると花隈村から降りてきた道は西国街道から一筋西に移り、ここが二茶屋村との境界になっている。この道は今も元町通5丁目に健在だ。

◉高浜岸壁ゆかりの新田

中ノ道と浜通筋に囲まれた

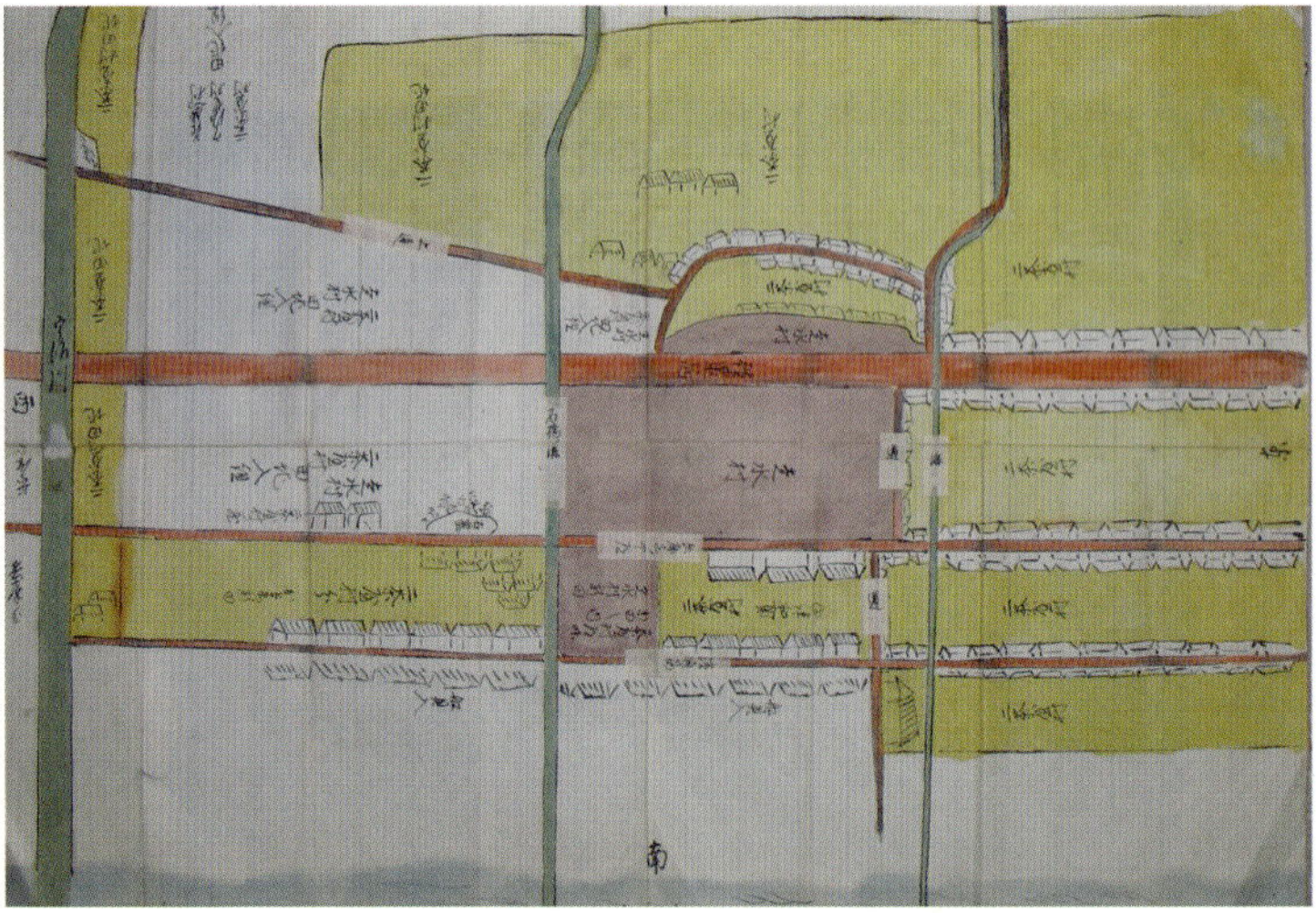

図1　「二茶屋村・走水村絵図」（神戸市文書館蔵 辰巳家文書）

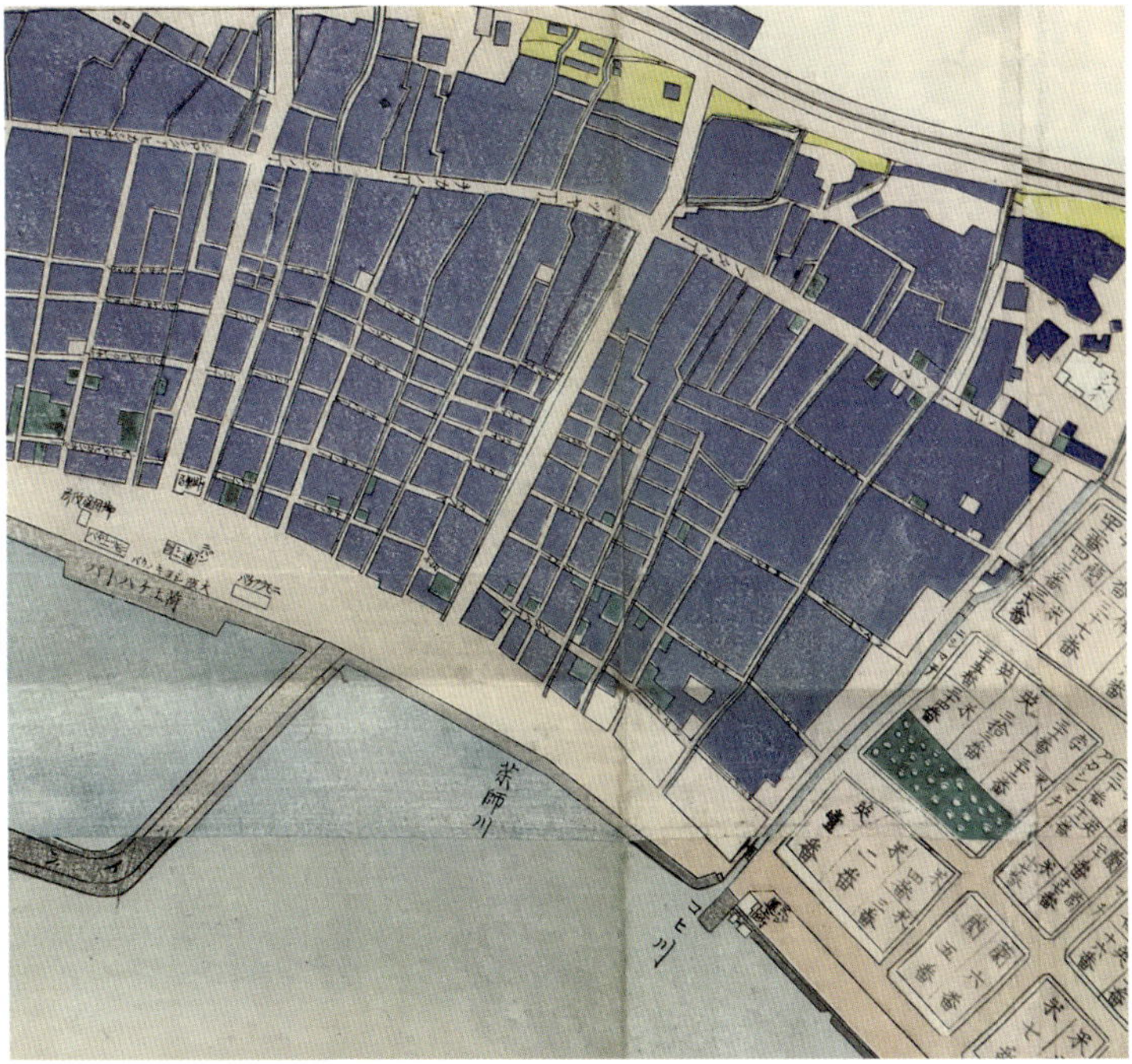

図２　「三千分箇之一　神港実測図」（国立公文書館蔵）

部分は東側が二茶屋村、西側が走水村だがいずれも道味新田になっている。道味は高浜伊左衛門といい、脇浜村（中央区）の出身。初代は浄薫と号して、二茶屋村市場町に住み、18軒の二茶屋村草分け百姓の一軒である。浄薫の孫の道味が1711年（宝永8）まで尼崎藩主だった青山氏の時代に湊川尻で新田開発をした。これを賞され高浜という姓を与えられ、新田は高浜新田とも道味新田ともよばれた。「二茶店村改正旧家撰」（『神戸市史』資料二）によれば、天和・貞享年間（1681〜88年）には伊左衛門は茶屋という屋号で廻船4艘を持つ船主となり、続く宝永・正徳年間（1704〜16年）に繁栄した。道味は今は忘れられたが、高浜岸壁は神戸港の主要な波止場の一つとなり、今も神戸っ子には馴染みが深い。

ただ高浜岸壁の場所はこの絵図に描かれた場所から離れた東川崎町にある。また湊川尻での開発というのも、元町通5丁目ではいささか遠い。道味の開発した新田は湊川尻だけではなく、ほかにもあったことがこの絵図から判明する。

●村の中の町名

二茶屋村と走水村は1868年（明治元）神戸村と合併して神戸町となった。この年に発行された「開港神戸之図」（早稲田大学図書館蔵）ではすでに現在の元町商店街に大手町・浜町・札場町・松屋町・中町・西町・城下町・東本町・西本町・八幡町・市場町の11の町名が記載されている。ただ読み方は記載されていない。また西国街道の南側の個々の町域はわからない。

幕末維新期の神戸の町名の読み方や範囲をより正確に知りたいときに頼りになるのが図2、3の「三千分箇之一神港実測図」（国立公文書館

図３「三千分箇之一　神港実測図」（国立公文書館蔵）

蔵）である。兵庫県測量掛山口博正らが測量し、1872年3月に許可を得て出版した。

この地図にはヲ、テ丁・ハマノ丁・フタバ丁・マツヤ丁・ナカノ丁・ニシノ丁・シロシタ丁・ヒカシホン丁・ニシホン丁・ヤハタ丁・イチバ丁とカタカナで町名が記載されている。城下町はジョウカではなくシロシタ、八幡は八幡神社に由来し町名はヤハタと呼んだことがわかる。

また西国街道のヲ、テ丁の南の通りもヲ、テ丁と書かれていて、町名は西国街道から海辺まで基本的に同じ町名となっている。江戸時代から明治初期の町は南北に細長い短冊状の形をしていたことが裏づけられる。東西に細長い元町通・栄町通・海岸通の新町名が付けられるのはこの地図が作られて2年後だった。

●海岸通に中国人居住

図2、3では旧居留地はピンク色、日本人の人家は青色、田畑は黄色で色分けされている。居留地の北側はまだ人家がない。

その青色の中に混じって緑色が現在の海岸通などにポツポツ描かれている。凡例では「支那人」とあり、居留地に土地を所得できない中国人が居住していることがわかる。興味深いのは、固まって住んでいないこと、また居留地に最も近い現在の南京町には1区画があるだけで、まだ中国人の本格的な居住が始まっていないことである。

図2の居留地の北西角の対面に、白い建物が描かれている。芝居小屋である。1868年（慶応4）の「開港神戸之図」では三宮神社の境内に芝居小屋が描かれていたが、1872年の「三千分箇之一　神港実測図」では三宮神社にはなくなっている。

[Part2] 海と山と川の風景

大国正美

1922 年（大正 11）「山陽道パノラマ地図」（神戸市立中央図書館蔵）

海中の軍事情報が満載

「正保摂津国絵図」

◉明治政府への献上品

「慶長摂津国絵図」、「寛永摂津国絵図」に続いて、1644年（正保元）に幕府が作成を命じた「正保摂津国絵図」の写し（国立公文書館蔵）がある。原本は残っていないが、複写絵図がいくつか残っている。

ここで取り上げたのはその中でも最も詳しく文字情報が掲載されている松平乗命《のりとし》本と呼ばれる写しで、美濃国岩村藩主だった松平乗命が明治政府に献上したものである。この松平乗命本「正保摂津国絵図」の特徴は、海中の情報がとても詳しいことである。

図1は芦屋川から住吉川までの海岸で、打出・芦屋・深江・青木・魚崎の浜について、場所によって多少の違いはあるが、おおむね沖合100m余りまで90～120㎝程度の遠浅で、沖合は10～12m程度の深さがあると記載。「大船は岸に着船しがたい」と書いている。

◉大型船が入港可能

図2は住吉川から脇浜村まで。御影・遠目（東明）・大石・岩屋・脇浜について、沖合はいずれも12mほどの海深があるが、浜辺近くは1mほどだとしている。

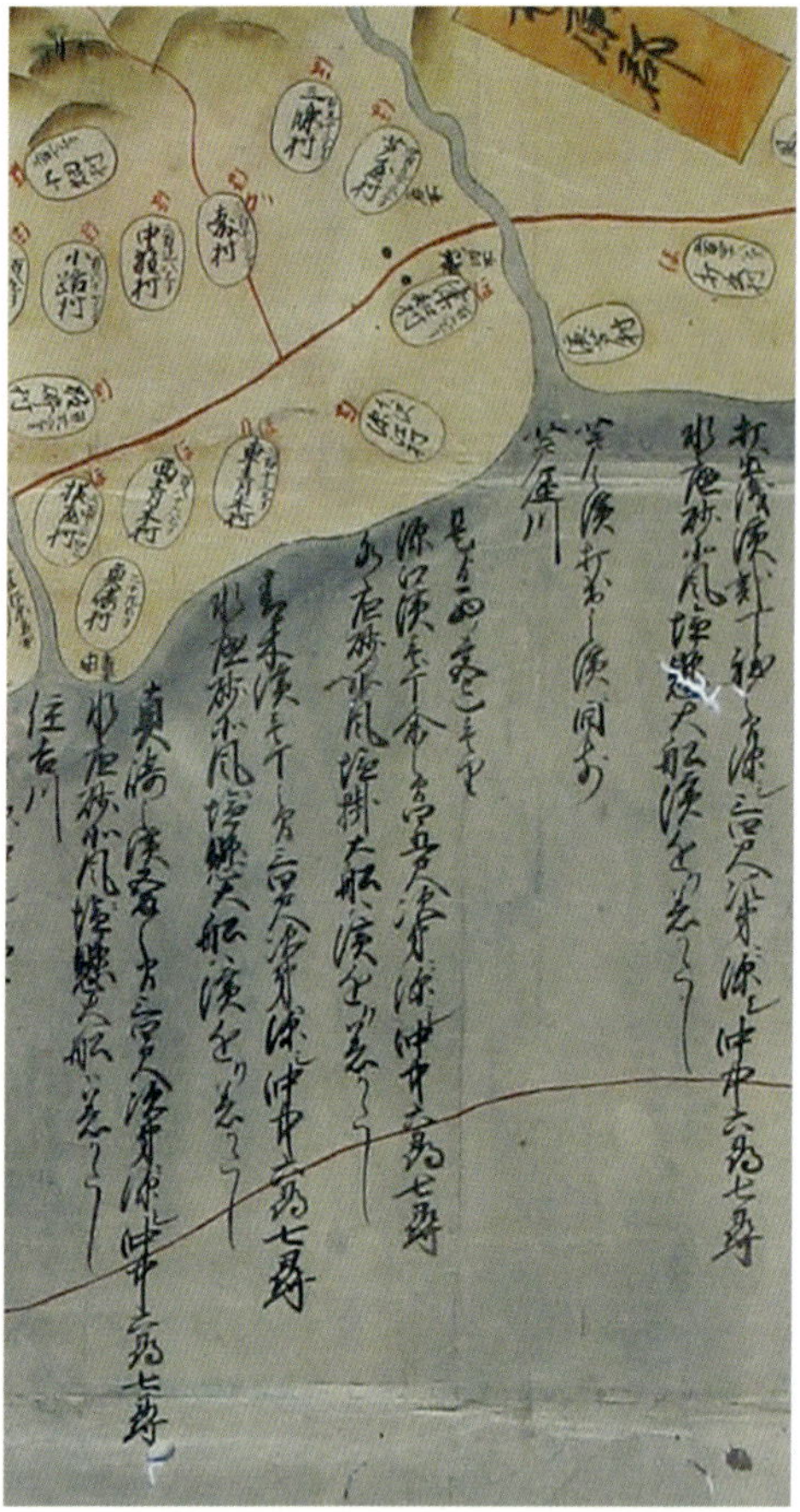

図1　「正保摂津国絵図」（国立公文書館蔵 松平乗命本）芦屋川～住吉川

図2　「正保摂津国絵図」住吉川～脇浜

岩屋と脇浜がほかの浜と異なっているのは「大船も浦近く着き申し候」とあって巨大な廻船などが近づけるところにあった。それは岩屋や脇浜で「沖合100m余りまでが遠浅が続く」という記述がなく、すぐ深くなっていたためである。

平安時代に編纂された「延喜式」によれば、敏売崎《みぬめのさき》と難波館で、海外からの使節に神酒を給う儀礼をおこなっていたとの記載がある。

「延喜式神名帳」に登場する「汶売《みぬめ》神社」は旧生田川（現在のフラワーロード）以西にあった八部郡に所属している。このため兵庫津の前身の大輪田泊と敏売浦を同一とする見解もある。これに対し八部郡と東側の菟原郡との境界は一時東に移動したという説がある。このため岩屋村の高台の先端にある敏馬《みぬめ》神社が、敏売崎というのが多くの支持を得ている。

岩屋と脇浜の沖が急に深くなって大船が浦近くまで近づけたという「正保国絵図」の記述も、この説を補強している。

●元禄以降は記述簡略化

図3は岩屋から兵庫津の和田岬まで。旧生田川の辺りはまた遠浅になっているが、その西、神戸・二茶屋村の沖は再び「大型船が浦近くに着船できる」と書かれている。江戸時代を通じて兵庫津よりも二茶屋村の方が大型の廻船数が多かったことや、1868年1月1日（慶応3年12月7日）に急転直下、開港場になったのはこうした自然地形に恵まれていたこともある。

続いて旧湊川から兵庫津のうちの北浜まででは、「西風・北風でも船掛かりができる」とある。また南浜の沖合に波止のための捨石が埋められている。「西風・まぜ（真風）の際に船繋ぎによく、大船でも入港できる」と書かれている。南浜も同様で、「西風・まぜに船掛かりがよく、大船も浦近くまで着く」という。真風は西風・南風・西南風・東南風の意味があるが、

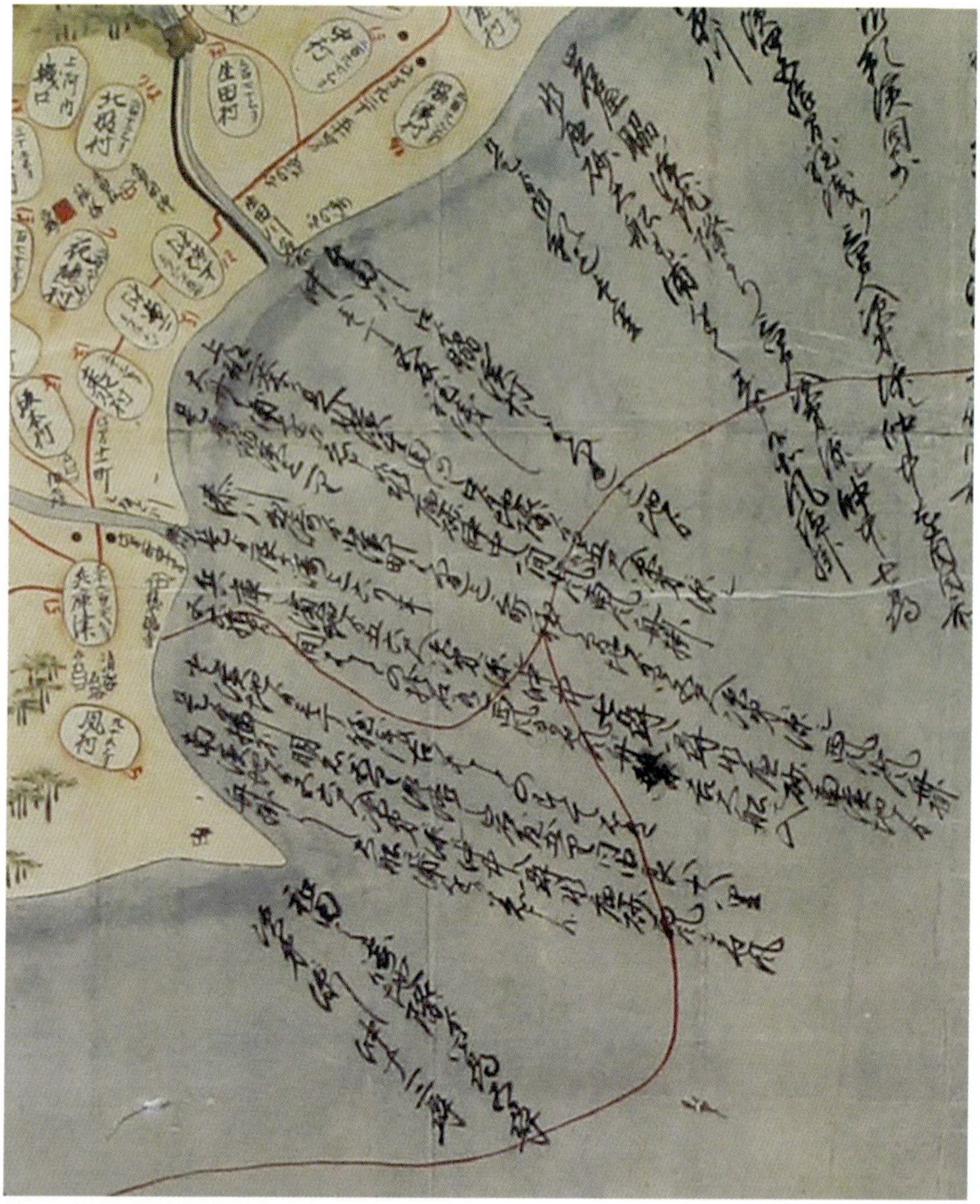

図３　「正保摂津国絵図」岩屋〜和田岬

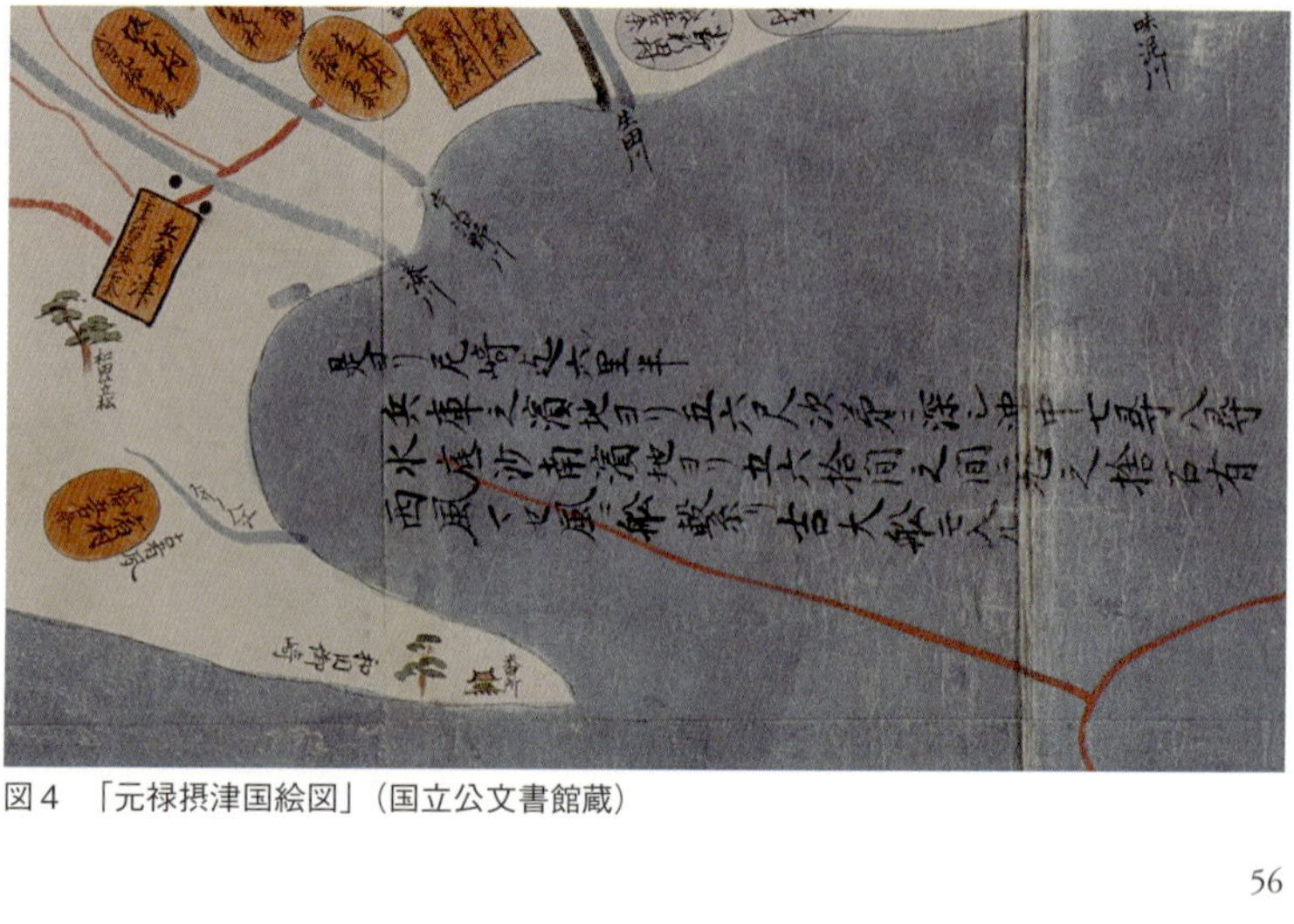

図４　「元禄摂津国絵図」（国立公文書館蔵）

ここでは西南風だろうか。

図5は尻池・駒ケ林・野田・須磨の浜が取り上げられている。須磨は「潮が速いが大船が着き、片浜に船掛かりがある」としている。

このように松平乗命本の「正保摂津国絵図」では浦ごとに海底の様子を事細かに書いているが、図4の「元禄摂津国絵図」になると海中情報は極めて簡素化された。尼崎から兵庫津までの途中の浦の海中情報はすべて省略。兵庫津の情報も北浜や南浜の情報はなくなり兵庫津として一本化されている。

「正保摂津国絵図」の段階ではまだ軍事情報として、どの浜に大船が入港できるかが重要だったのだろう。

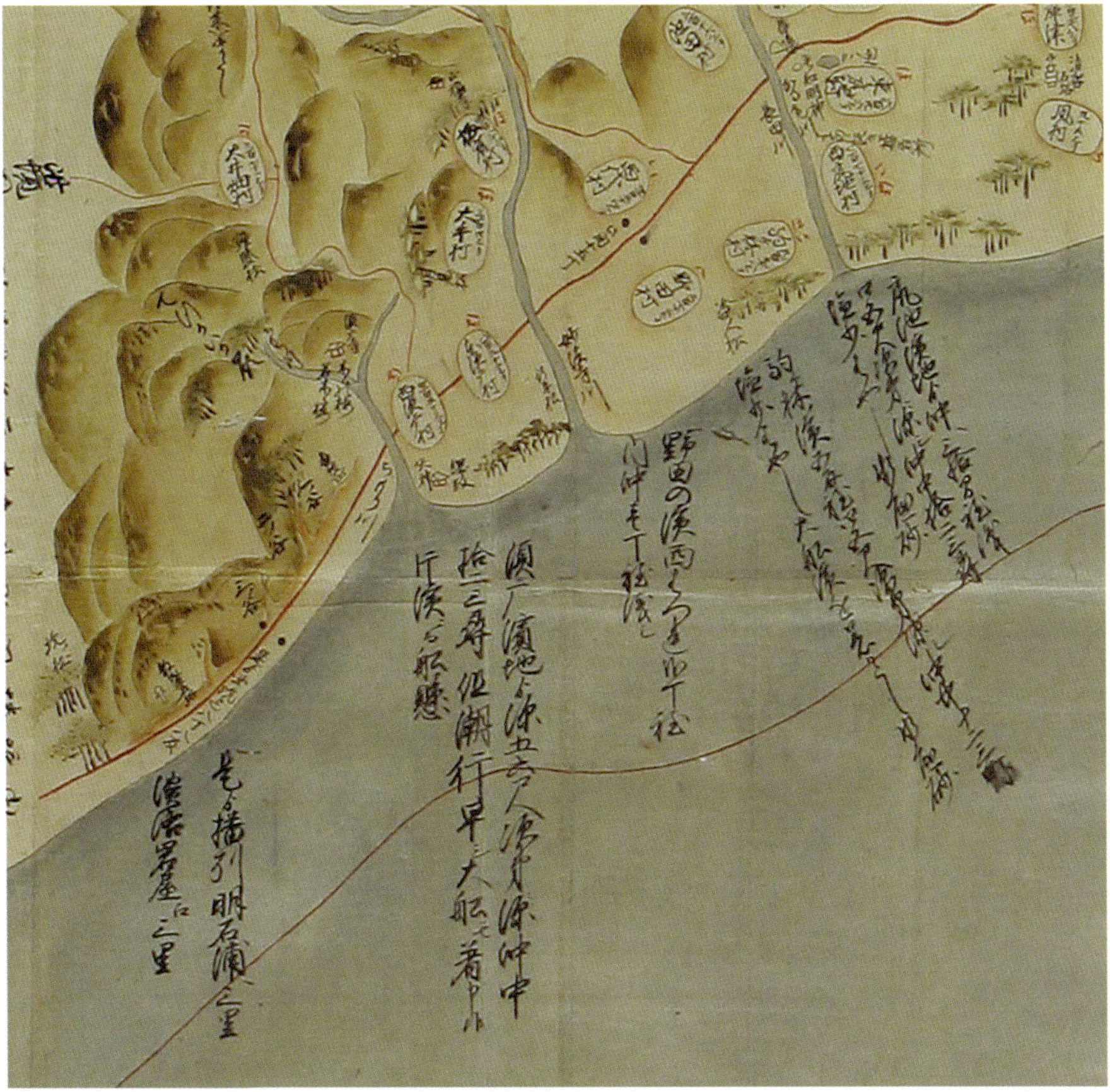
図５　「正保摂津国絵図」尻池〜須磨

六甲山中にも一里塚

一里塚は1604年（慶長9）徳川家康が、江戸日本橋を起点に、東海・東山・北陸の3街道に整備を命じた。のち3街道以外にも整備を進め、諸藩もこれに倣った。

西国街道には「慶長摂津国絵図」から一里塚が見られたが、内陸部の六甲山中などには描かれていない。これに対して「正保摂津国絵図」（国立公文書館蔵）以降の国絵図には、山中の道にも一里塚を示す黒い点がいくつも描かれ、一里塚が整備されたことがうかがえる。

●変わる有馬街道

「天保摂津国絵図」（国立公文書館蔵）は1835年（天保6）から改訂作業が始まった。図1は湯山（有馬）から唐櫃《からと》・上谷上で、下谷上を経て原野（いずれも北区）へ向かう街道である。唐櫃と上谷上の間に2カ所も一里塚が見える。

興味深いのは、上谷上から天狗岩・烏帽子岩の間を抜ける杣谷越に一里塚が描かれていることである。これは杣谷峠を越えて都賀川沿いに南下、新在家と大石（いずれも灘区）に出る現在のハイキング道であろう。正式な街道ではなく、六甲山の間道だが、こんな道にまで一里塚が設けられている。

図1　「天保摂津国絵図」（国立公文書館蔵）湯山～上谷上。上谷上から南下する杣谷越にも一里塚がある

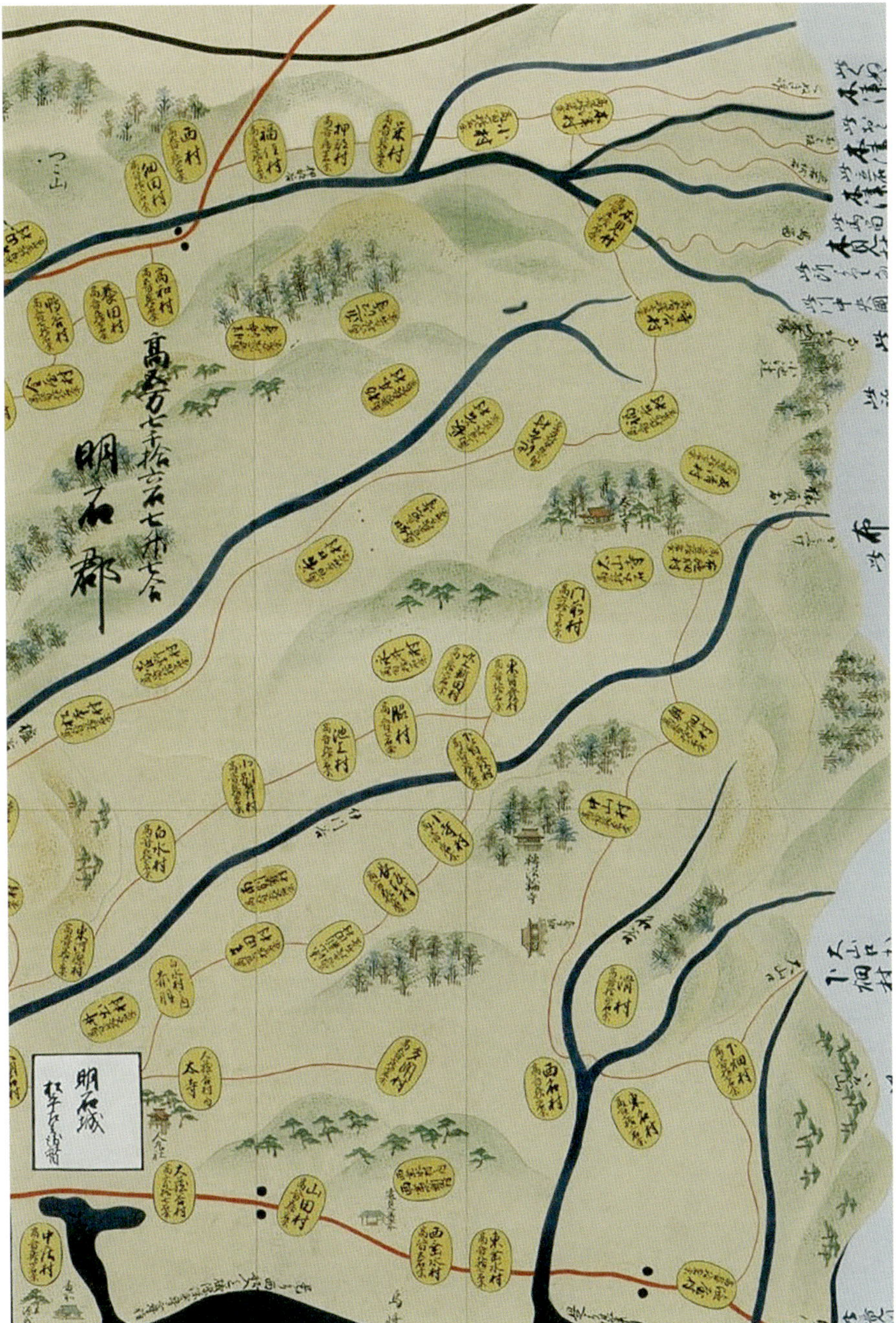

図２　「天保播磨国絵図」（国立公文書館蔵）明石の北は伊川谷、櫨谷、押部谷

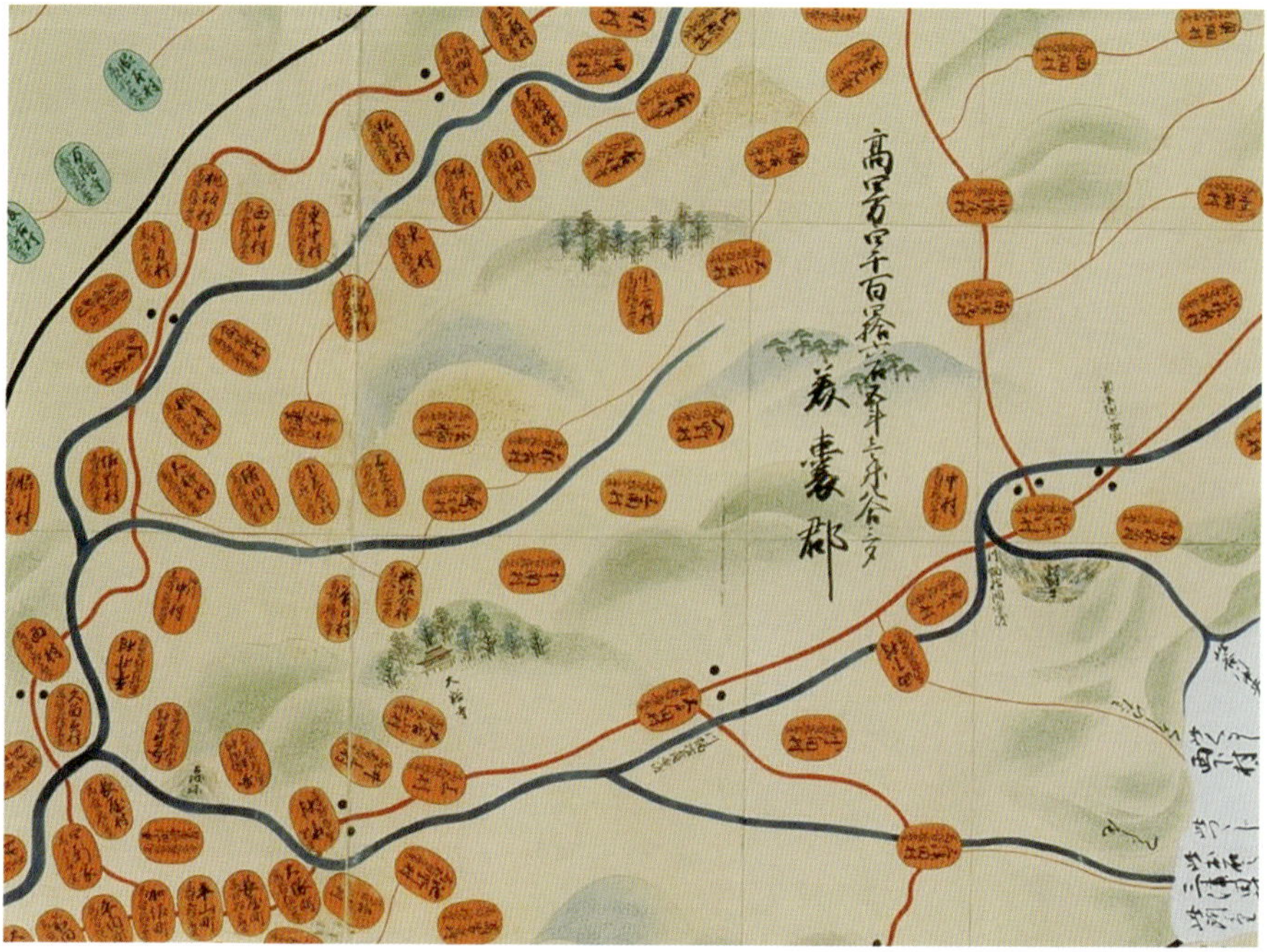

図3　「天保播磨国絵図」美嚢郡

その一方で、下谷上から東小部を経て奥平野から荒田に至る現在の有馬街道には一里塚がない。有馬街道はいくつもあったが、当時と重要度が異なっているのだろう。

●淡河に二つの一里塚

図2は「天保播磨国絵図」(国立公文書館蔵)である。明石城の北に北東に伸びるのは伊川谷、その北は櫨谷《はせたに》だがその沿道には一里塚がない。これに対して、図3は「天保播磨国絵図」のその北側部分で、図左下の三木へ向かう2本の街道が描かれているが、特に南側の摂津国付物から播磨国野瀬・淡河《おうご》(以上いずれも北区)を通って三木に向かう街道が重要だった。

淡河は有馬と姫路を結ぶ拠点で、二つの街道の合流地点にあり、街道を挟んで南側に古城跡が描かれている。古城は淡河城跡で、城主淡河氏の先祖は1222年(承久4)淡河荘地頭職として補任されたという。淡河氏は鎌倉幕府の執権北条氏の一族で、この地がいかに重視されたかがわかる。

淡河城は1600年(慶長5)の関ケ原の戦い以降、一国一城令によって廃城になるが、淡河町は近世も在郷町として栄えた。

図3を見ると、淡河のすぐ東に一里塚があるだけでなく、北の南僧尾へ向かう道にも一里塚がある。街道の太さもほぼ同じに描かれていて、淡河が結節点になっていることがうかがえる。

山の恵みで生きる

「本庄・山路庄全図」

◉戦国武将との戦いの基盤

本庄山は、六甲山のうち神戸市の東端の一角にある山で、中世の惣村《そうそん》本庄が所有した山である。

戦国時代にはこの地に本庄衆と呼ばれる地侍の武装集団がいて、1511年（永正8）細川高国方に属した瓦林政頼の鷹尾城（芦屋市）を攻めたことが「瓦林政頼記」に記載されている。本庄山は下草など貴重な肥料を獲得する場であり、武装集団を抱えた惣村の農業生産を維持するうえで欠かせないものだった。

本庄は、江戸時代は三条・津知（以上芦屋市）・森・深江・中野・小路・北畑・田辺・青木（以上東灘区）の9カ村に分かれたが、本庄山の共有や祭祀などは9カ村が共同して維持管理した。

図1～3は1879年（明治12）の「本庄九ケ村山路庄三ケ村全図」（神戸深江生活文化史料館蔵）に描かれた本庄山の南部分である。

明治政府が進めた地租改正で本庄と山路庄との間で境界争いが起き、その確定のために作成された。図2の海岸沿線の村は東から黄色・鶯色・肌色に色分けされているが、黄色が深江、鶯色が青木、肌色が西青木で、青木と西青木の間を北上、長方形の福井池を分断して北上する南北線が境界である。図3は山中の境界線に双方が押印して境界を確認した部分の拡大図である。山に対する長い伝統と当時の人々の強い思いがにじみ出ている。

◉山は水の源

本庄山は下草刈りなど肥料

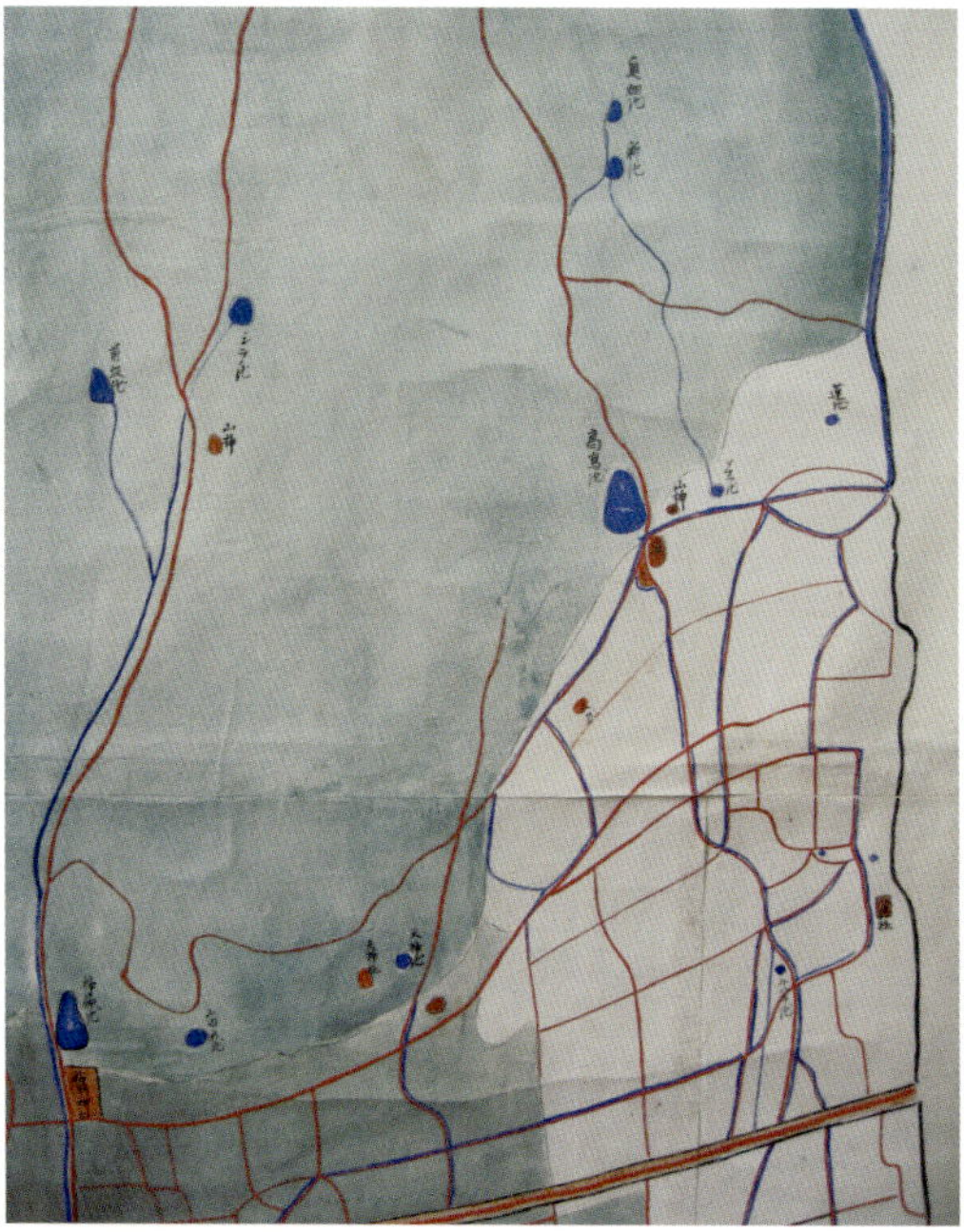

図1　「本庄九ケ村山路庄三ケ村全図」（神戸深江生活文化史料館蔵）森～三条

図２　「本庄九ケ村山路庄三ケ村全図」の集落部分

を採集するだけでなく、山中に多くの池があり、用水を確保するのにも役立った。

図1はその東南端部分を拡大したもので、ピンク色が三条村、その西の緑部分は森村である。左下端の赤色が森稲荷神社。この神社の西側をまっすぐ北上するのが深江から有馬へ向かう魚屋道である。

山道に沿って水路と赤色の山神があり、その北にシヲノ池、西側に前坂池が描かれて

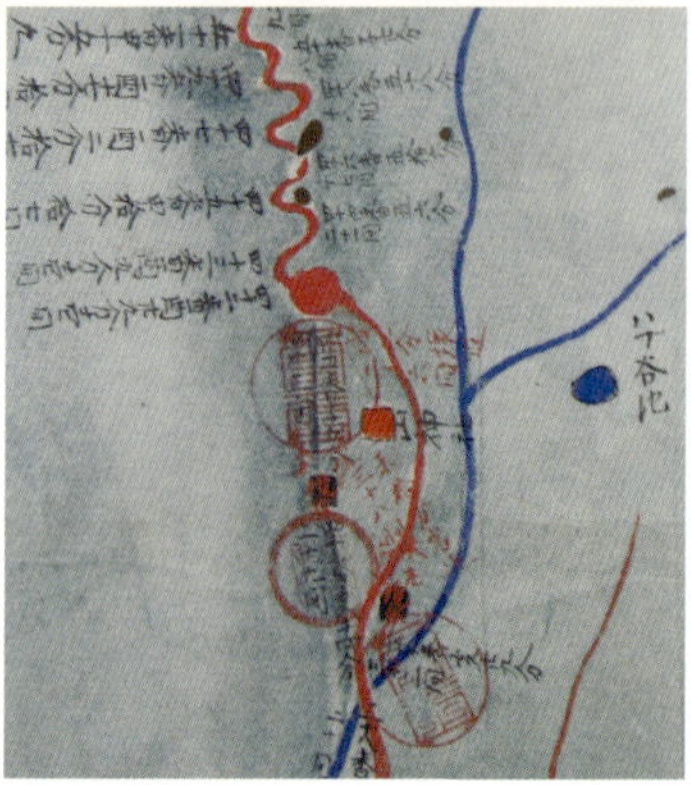

図３　「本庄九ケ村山路庄三ケ村全図」の境界部分

いる。この山神は「深江の山ノ神」と呼ばれ、深江の村人は日照りが続くと雨乞いで参拝した。石の祠の中に丸石が祀られ１８５８年（安政５）の銘文が彫られている。２００４年に深江の大日霊女《おおひるめ》神社境内に移された。

図１ではその東、三条村の山側にも奥畑池・新池・高嶌池・タコツ池・蓮池が描かれている。１８８４年（明治17）「三条村誌」には北方の池として奥畑池・新池・西畑池・東畑池があるだけで、高嶌池がない。三条村の１７７５年（安永４）「寺社池川其外委細控帳」には字高嶋に高嶋池があるが、高嶋という小字は明治時代になくなり西畑になっており、高嶌池は西畑池と名前が変わったとみてよい。池の名前の変遷がこの地図から判明する。

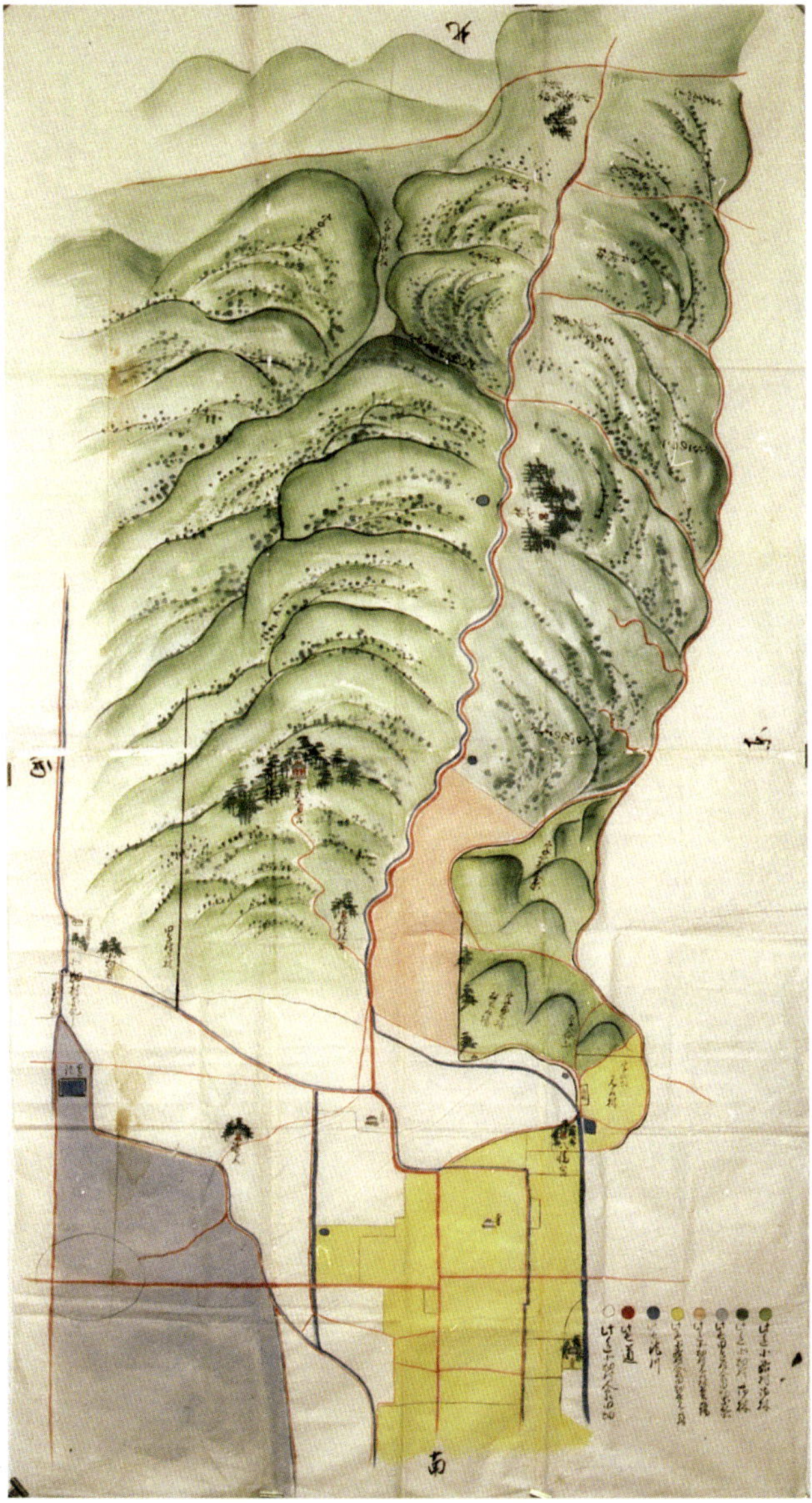

図４　「小路・田辺・北畑村絵図」（辻雅三氏文書）

図４は本庄山の西半分を描いた「小路・田辺・北畑村絵図」（辻雅三氏文書）である。黄色が小路、紫が田辺、白が北畑の集落で、各村の山も色分けされていた。

北畑村から山中に延びる道は権現宮の脇を通って有馬につながる山道である。赤い道に沿って青い水路が描かれている。やはり貴重な水を里にもたらす「水の道」でもあった。

山の共有と分割を描く

「六甲谷川上流部絵図」

◉重要さ際立つ石出し道

図2は六甲谷川（現在の六甲川）、一ケ谷川の上流にある山々をふもとの高羽・八幡・篠原・河原・山田の各村がどのように山を分割して、あるいは共有して利用していたのかを描いた「六甲谷川上流部絵図」（神戸市文書館寄託 若林泰氏文書）である。本書41ページの「水車新田絵図」（同文書）のさらに奥の六甲山までを描いている。

中央に赤く太く描かれているのは石出し道。山中の御影石と呼ばれた花崗岩を切り出して、荷車で海岸線まで運んだ重要な道だった。周囲の村からも道が伸びているが、石出し道との太さの違いは歴然で、石出し道は八幡村の六甲八幡宮の東を通って南下している。

加えて印象的なのは山の奥、六甲山の峰通りを越えてその北も同じ太さで道が描かれていることである。この道がいかに重要だと認識されていたかを物語る。

◉六甲山の谷々から水源

石出し道が一本なのに比べ途中までほぼ並行して流れる六甲谷川は、杣谷川と合流して都賀川となり大石の海岸に注いでいる。上流は実に多くの支流から成り立っている。

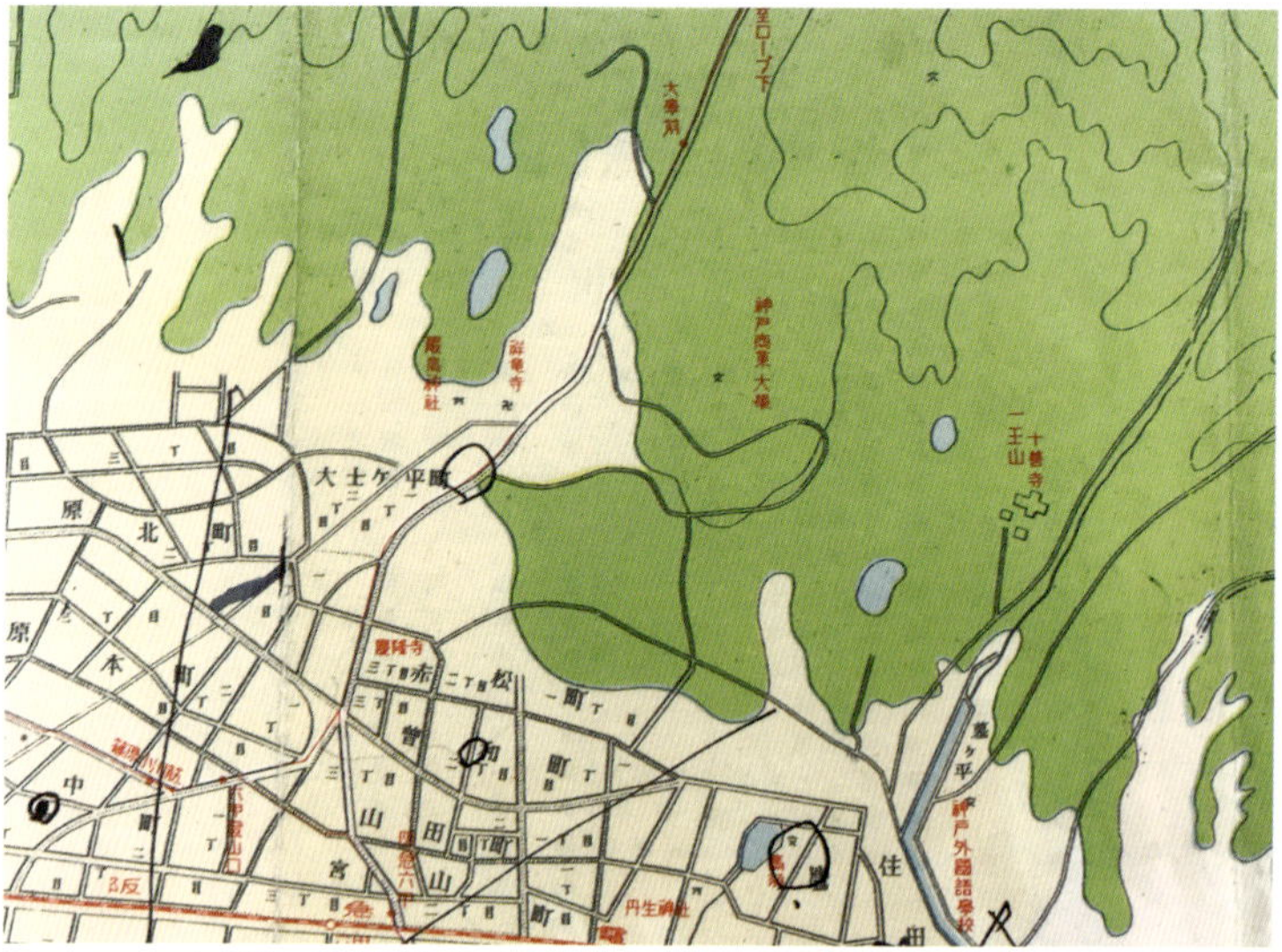

図1　1954年「神戸市街図」（国立公文書館蔵）の大土ケ平付近

もっとも大きいのが一ケ谷川。大土ケ平の北で合流している。六甲山の六甲ケーブル六甲山上駅付近から広い範囲の地名が六甲山町一ケ谷で、それが川の名称になった。

●村が持っていた共有山

この絵図は一つ一つの山の名前と利用者が書き込まれている。山田村の山側は山田山、篠原村の山側は篠原山。篠原は「しのわら」と書かれている。これらは村のすぐ裏側で口山とも呼ばれた。

これに対し、山田山や篠原山のさらに山側には河原山が山奥まで続いている。海辺近くにあった河原村の山で、村から外れた奥山である。村から離れた山を利用しているのは、荘園や惣村として広域の村が広く山を利用し、近世になって村が分村したものの、山を利用する権利は残った証だろう。また六甲谷川の左には「三ケ村立会」「五ケ村立会」もあって、分割されないままの山もあった。また「皮多村」とあって被差別民も山を利用する権利が認められていた。

六甲谷川の東はタコ山。これは本書40ページに書いた通り高羽だろう。また北からアマガ谷・トビリ谷・ヲリガサブ谷・ヒル谷・ロガサフ谷・シャレガカタなど聞きなれない谷の名前が書かれている。山や谷の通称名が近世は異なることもうかがえる。

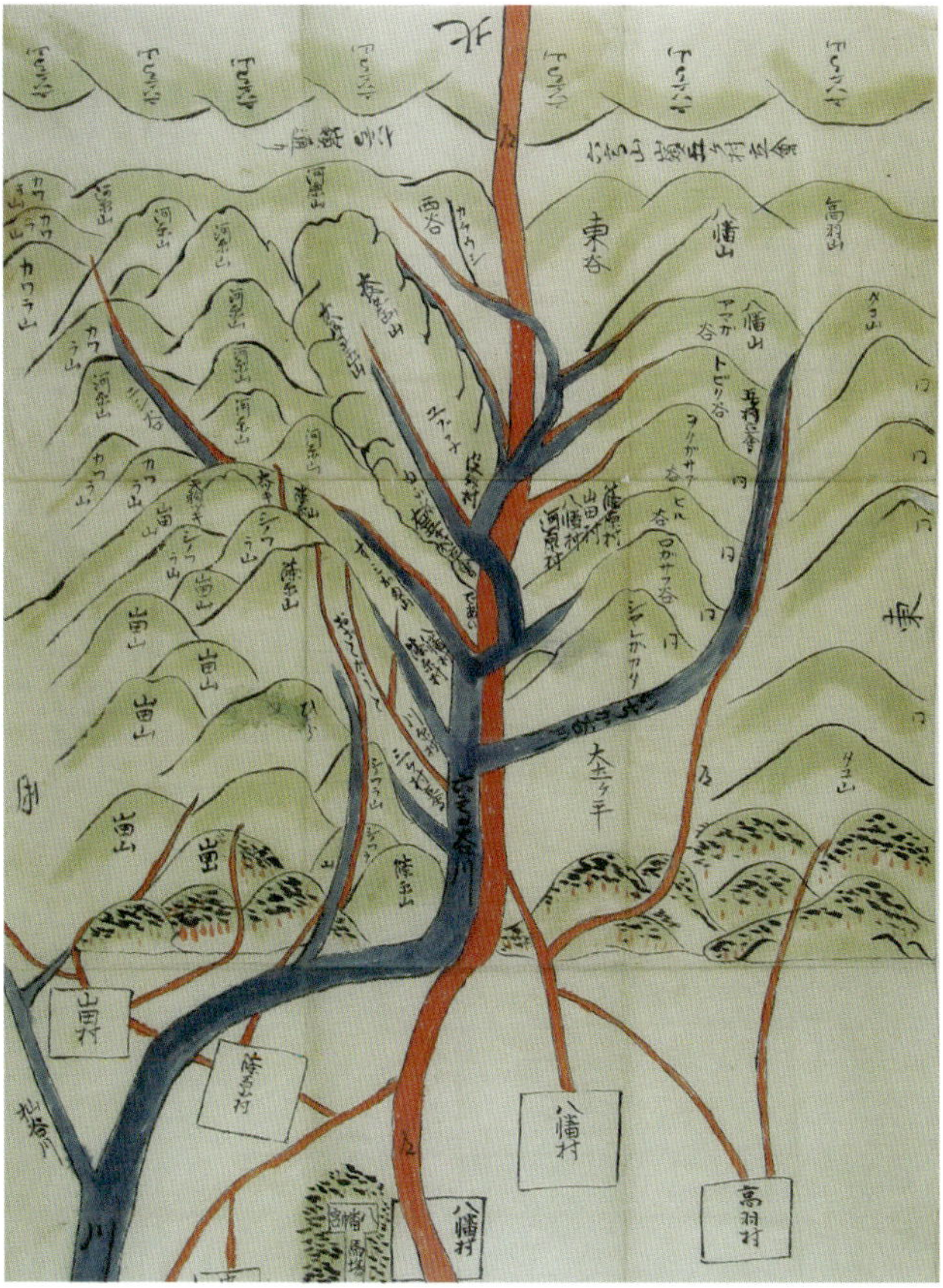

図２ 「六甲谷川上流部絵図」（神戸市文書館寄託 若林泰氏文書）

レジャーと共存の密教拠点

「行程記」

◉町場化進む河原村

摩耶山《まやさん》は集落に近い密教の拠点だった。

毛利藩の絵師有馬喜惣太が、参勤交代で江戸と萩（山口県）を往復する藩主のために1764年（明和元）ごろ描いた「行程記」（山口県文書館蔵）のうちの河原村から摩耶山を見上げたものを図2として次ページに掲げた。

摩耶山天上寺は大化年間（645～50年）にインドの法道仙人によって創建されたといい、中世の最盛期には周辺の村々にあった子院も含めると塔頭は300あったと伝える。江戸時代半ばには普門院・本光院・慈眼院・福生院・王蔵院・大乗院・蓮蔵院・明王院の8院となった。

摩耶山の麓には五毛村と五毛天神、その南には河原村が描かれている。東を流れる川は都賀川で、河原村は川の両岸に張り付いていた。東岸には「有徳ノ百姓」、街道の南には「河原丁」とあって、現在の灘区下河原通付近にあたる。幕臣で天明年間（1781～89年）を代表する文人だった太田南畝《なんぽ》が、道中記「革令紀行」に「人家あり。河原町といふ」と、町場化が進んでいることを記載している。

都賀川の西は大石浦、西郷

図1　「大都市神戸市を中心とせる名所鳥瞰図」（東浦町郷土資料館蔵）

川を挟んで岩屋村。龍泉寺や敏馬浦が描かれ「酒屋多し」と書かれている。

◉戦争、水害を乗り越え

天上寺は明治になって明王院が岡本に移転するなどして蓮華院・王蔵院・大乗院の3院となり、塔頭の数は激減するが、観光の拠点としては整備が進む。図1は1930年（昭和5）に吉田初三郎が描いた「大都市神戸市を中心とせる名所鳥瞰図」（東浦町郷土資料館蔵）の摩耶山から布引の滝辺りである。

摩耶山に登る摩耶ケーブルの起点は高尾駅となっている。1925年（大正14）摩耶鋼索鉄道として開業した当時の駅名で、上野村の小字高尾から取った。駅の名称は73年摩耶ケーブル下駅、2001年から摩耶ケーブル駅となった。到着駅は摩耶駅になっているがこれも開業当時の駅名で、2001年から虹駅となり「虹の駅」を通称として使っている。

摩耶ケーブルはこの間、1938年の阪神大水害に遭い、戦時下の44年には「不要不急線」として施設が撤去されたが苦節10年、55年から営

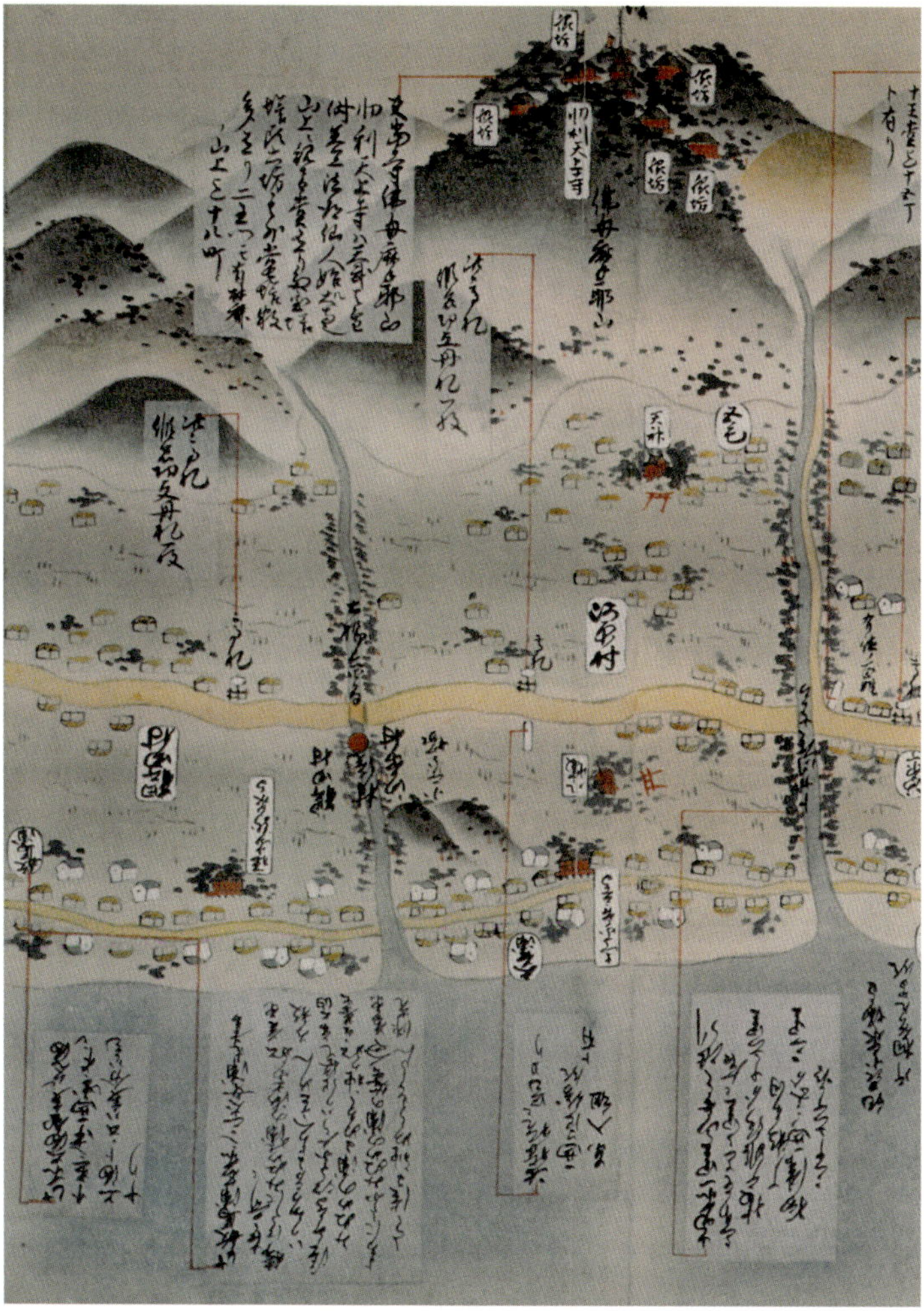

図2　「行程記」（山口県文書館蔵）河原村付近

業を再開した。その後も95年の阪神・淡路大震災などでも運休したが、そのつど復旧をしている。

ケーブルの途中には摩耶ホテルが描かれている。もともと摩耶鋼索鉄道の福利施設として29年に建設、摩耶観光ホテルなどと名前を変え、通称「マヤカン」だが、吉田初三郎は開業当時の名前で記載している。

手前には布引の滝の雄滝・雌滝と茶店、さらにその近くには徳光院が描かれている。徳光院は、神戸川崎財閥の創設者川崎正蔵が1887年から1905年にかけて建立した。寺は新しいが、元は役小角《えんのおづぬ》が創建したという修験道の大道場であった滝勝寺の跡地である。

図3は57年の「神戸市街地図」（神戸深江生活文化史料館蔵）の摩耶ケーブル付近。ケーブルが再開しホテルは摩耶ホテルという名称になっている。天上寺は76年に火災で焼失しており焼失前の寺の様子がわかる。図4は布引の滝付近。滝山城跡も記入されている。

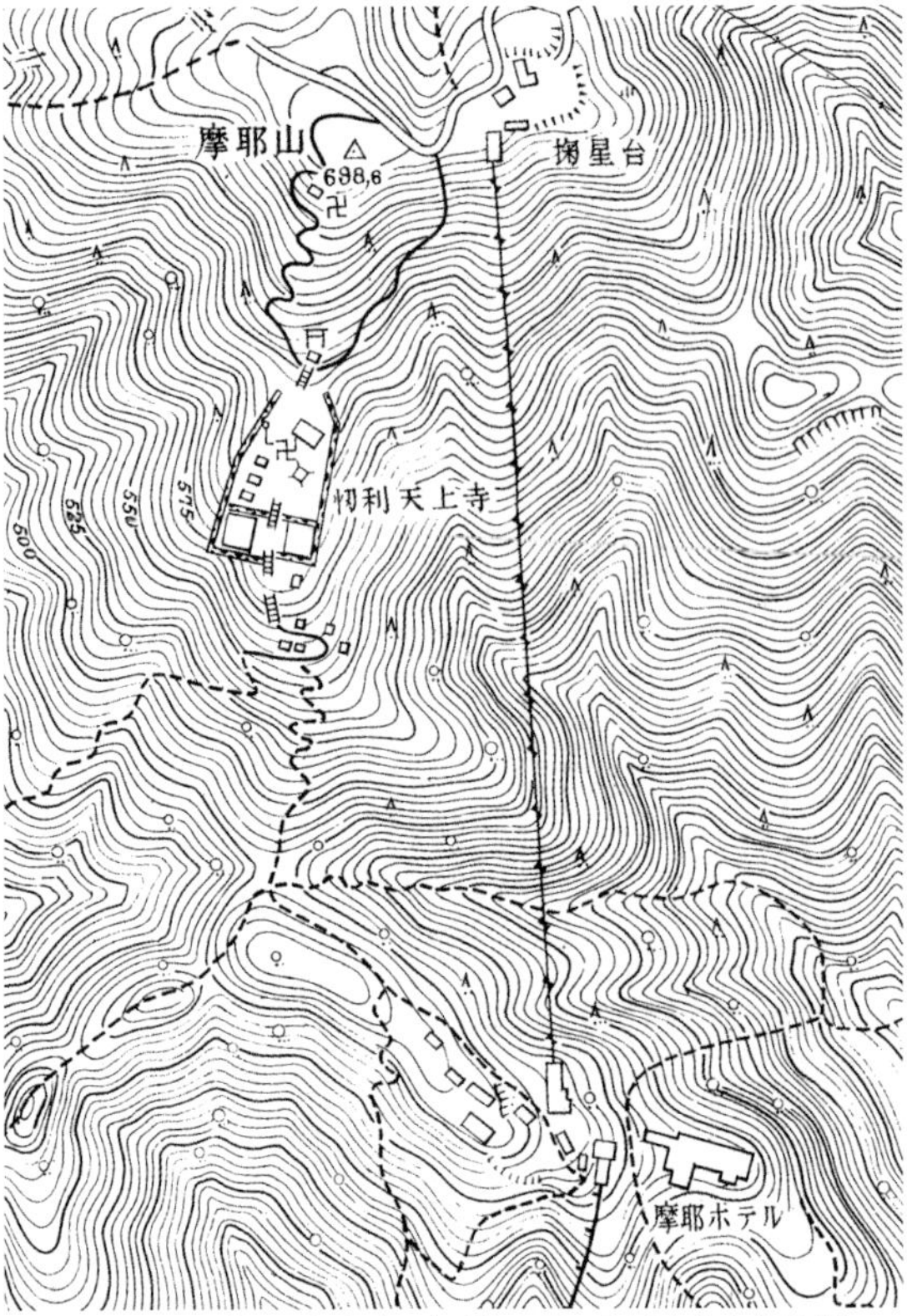

図3　1957年「神戸市街地図」（神戸深江生活文化史料館蔵）の摩耶ケーブル付近

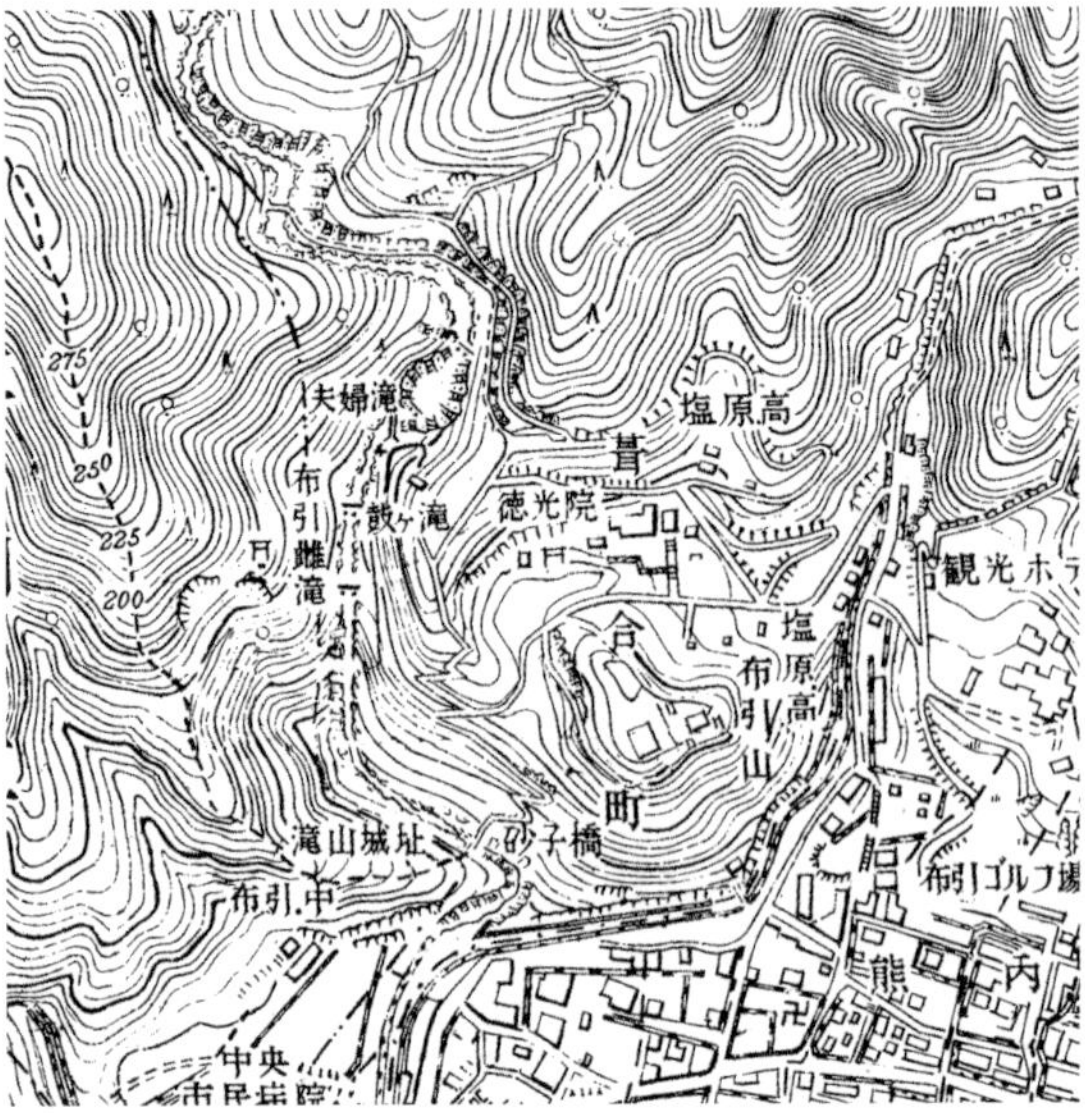

図4　「神戸市街地図」の布引の滝付近

「北野村山絵図」色と線で示す殿様の山

●郡界に定められた旧生田川

図1は布引の滝から北野の異人館辺りを描いた1726年（享保11）の「郡境山境草山出入裁許絵図」（神戸大学文学部蔵 西脇家文書）である。地形が正確に描かれ、絵図の裏側には作成された経緯を詳しく記した文章が記載されている。

白い部分は1871年に付け替えられる前の旧生田川で現在のフラワーロード。「普段はほとんど水流がなく河原の砂が見えていた」とある。黒い線は菟原郡《うばらぐん》と八部郡《やたべぐん》を分ける境界線で、生田川の真ん中を通っている。

この境界争いは1723年に起きた。菟原郡に属した葺屋庄6カ村のうち生田・熊内・中の3カ村が、生田川の境界を西側の堤根と主張したのに対し、八部郡に属した福原庄6カ村（北野・中宮・花熊・宇治野・神戸・二茶屋の各村）は生田川の中央部分が境界と主張して裁判になった。最終的に大坂城代と大坂町奉行が福原庄側の主張を認める裁定を下した。

菟原郡と八部郡を分ける境界の石碑がフラワーロードより西の北向き地蔵の前にあるが、本来あった場所から移転していることも明らかになる。

上流には布引の雄滝、雌滝、

その西には城山、その北には西堀切とあって、山城の痕跡が見える。

●裁判を経て境界画定

この時の裁判では六甲山中の中一里山の境界も争いに

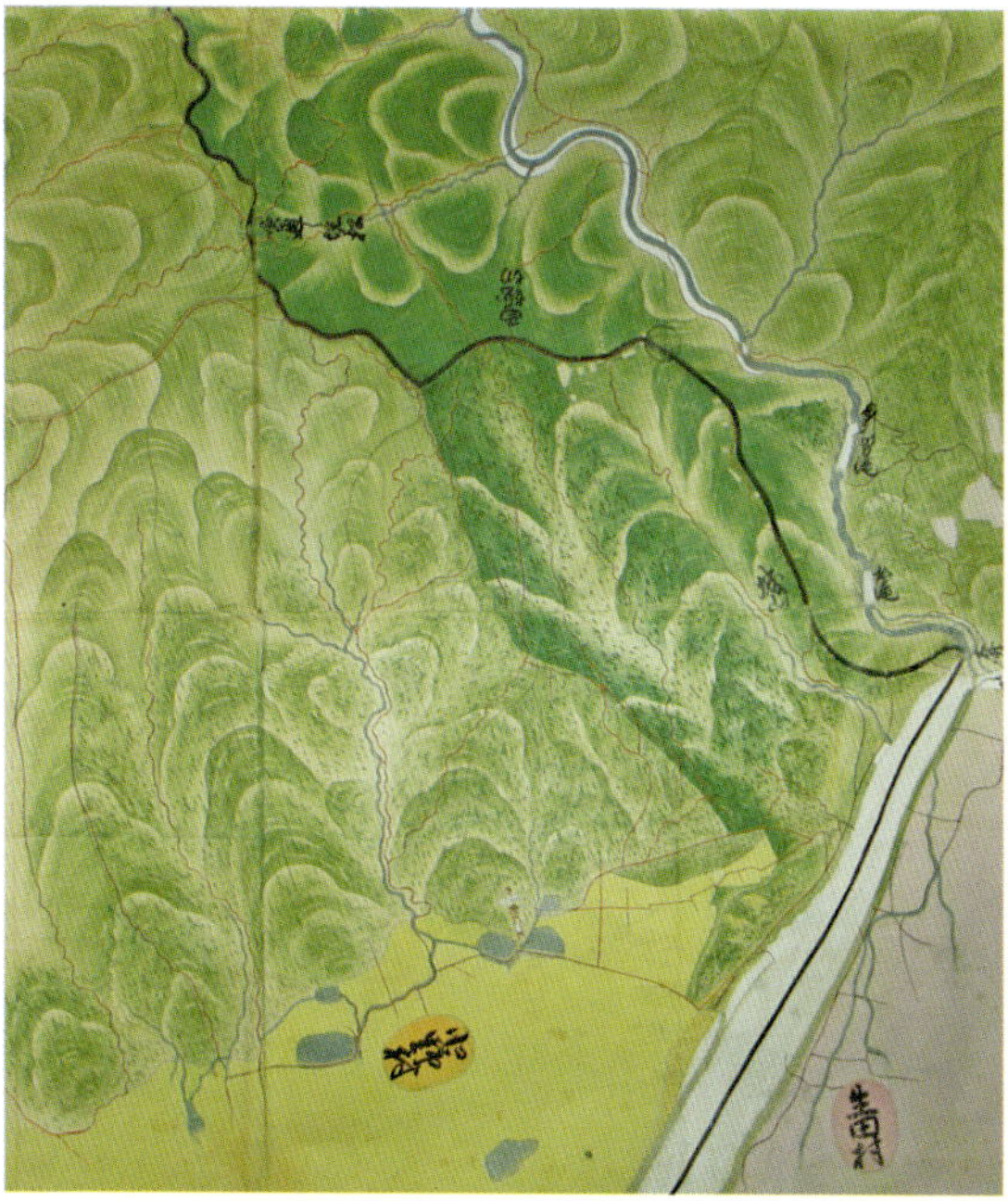

図1　1726年「郡境山境草山出入裁許絵図」（神戸大学文学部蔵 西脇家文書）北野村と白い部分が生田川

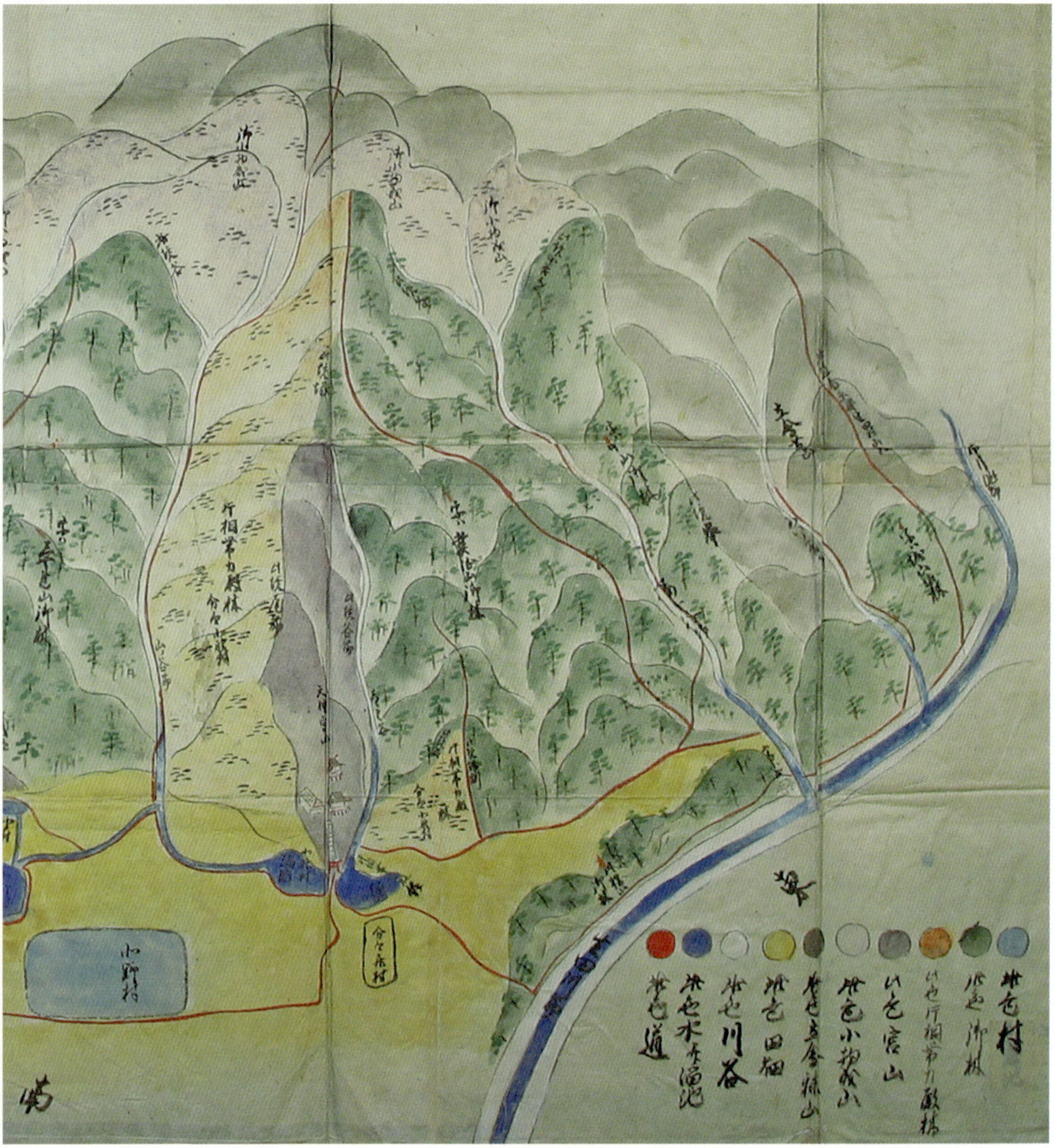

図2　1776年「北野村山絵図」（神戸大学文学部蔵 西脇家文書）

なった。中一里山は1604年（慶長9）に丹生山田庄と福原庄が争い、麓の口一里山は福原庄域、中一里山は山田庄域と確定した。ただ周辺の村々は山田庄へ山手米を払って中一里山利用が認められた。

1604年の紛争では、山で柴を刈っていた福原庄の者たちに対し、山田庄が庄境を越境して入山しているとして、鎌や鉈を奪い追い返したことが発端になっている。福原庄側はその報復に山田庄からの米や柴の輸送を差し止めたのである。

審理の途中に兵庫津の者たちが入山したことから再び山田庄と衝突した。最終的には兵庫津に肩入れした代官は罷免、双方の首謀者はさらし首という厳罰に処された。豊臣秀吉は「惣無事令」を出し、実力行使は「私戦」として厳しく処罰した。

こうして定まった境界だが、中一里山に入山する側の村同士の境界は曖昧な部分が残っていた。この結果、1717年に福原庄と生田村との間で山争いが起きた。茸屋庄・福原庄のいずれも口一里山の利用のため山手米を丹生山田庄に払っていたことから、中一里山については共同利用することで決着した。

山と川は村の再生産を維持するためになくてはならないもので、何度も裁判を繰り返し次第に境界が画定した。17世紀末期から18世紀前期は経済活動の活発化により、境界争いが頻発している。

●便利な里山は領主の山

山は村の中で領主の山、百姓の山が分かれていた。図2は1776年(安永5)に江戸幕府の辻六郎左衛門代官所に提出した「北野村山絵図」(神戸大学文学部蔵 西脇家文書)の控えで、山の境界や利用者が詳しく書かれている。控えとはいえ、左下には村役人の署名捺印もあり、忠実に控えを作成したことがうかがえる。

東から城山御林、生田川に沿った川端御林、中山御林、堂徳山御林、片桐帯刀殿林、しやれ御林、西山御林である。御林とは領主の山であって百姓は勝手に木を切ることができなかった。

当時、北野村は幕府領と旗本片桐氏の二つの領主支配を受けており、片桐帯刀殿林だけが黄色で、外は緑に着色され幕府領の林だったことがわかる。

また天神と西の青龍権現の2カ所の神社の裏山だけは宮山とあり神の山になっている。

川端山の東端、生田川の脇に山番小屋があって、山を盗難や火災から守る山番が滞在する施設があったこともわかる。

これらの御林山の奥に「御小物成山」といって百姓が税を払って利用できる山があった。手入れや利用しやすい山は領主の山だったのである。さらにその奥にはネズミ色で塗られた奥山が広がっていた。

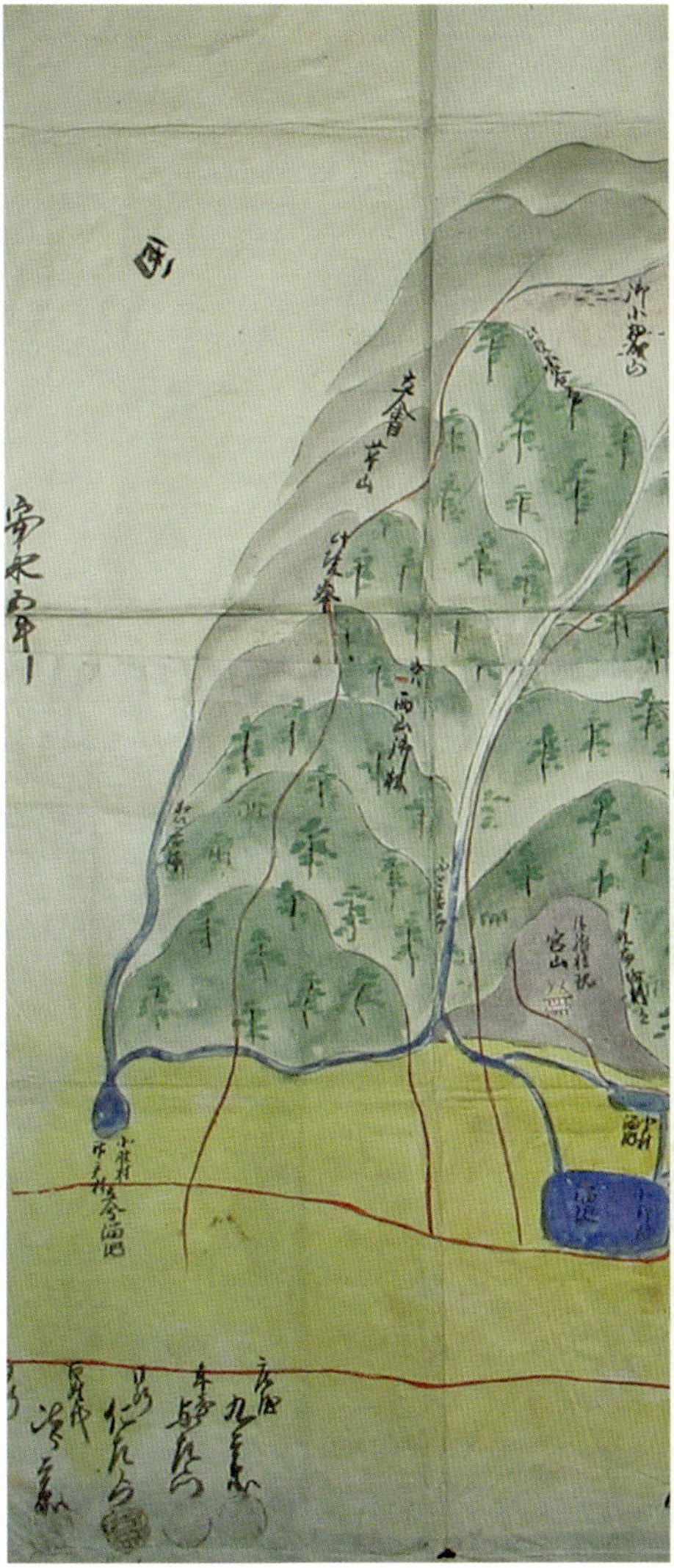

六甲の急流、水害と闘って

●領主の補助で河川維持

六甲山から真っすぐ流れ落ちる川は、その勢いから水車を回す動力源になったが、大雨には堤防を容易に寸断し被害をもたらした。図1は1813年（文化10）の「中野村絵図」（神戸大学文学部蔵 芝切義寛氏文書）である。凡例には「御料御普請所・私領普請所・道筋・山・川」であり、領主から補助をもらっておこなっている普請所を示すのが目的だった。

本書26ページで書いたように中野村は現在の東灘区で、幕府領と尼崎藩領の両方が支配する入組み領の村だった。「私領」とは尼崎藩領のことをさしている。

川は東から「四つ松川筋・くし田川筋・千タ（田）川筋」と書かれ、千田川の上流は西が風呂の川筋、東が谷川

篠原・中野の「普請絵図」

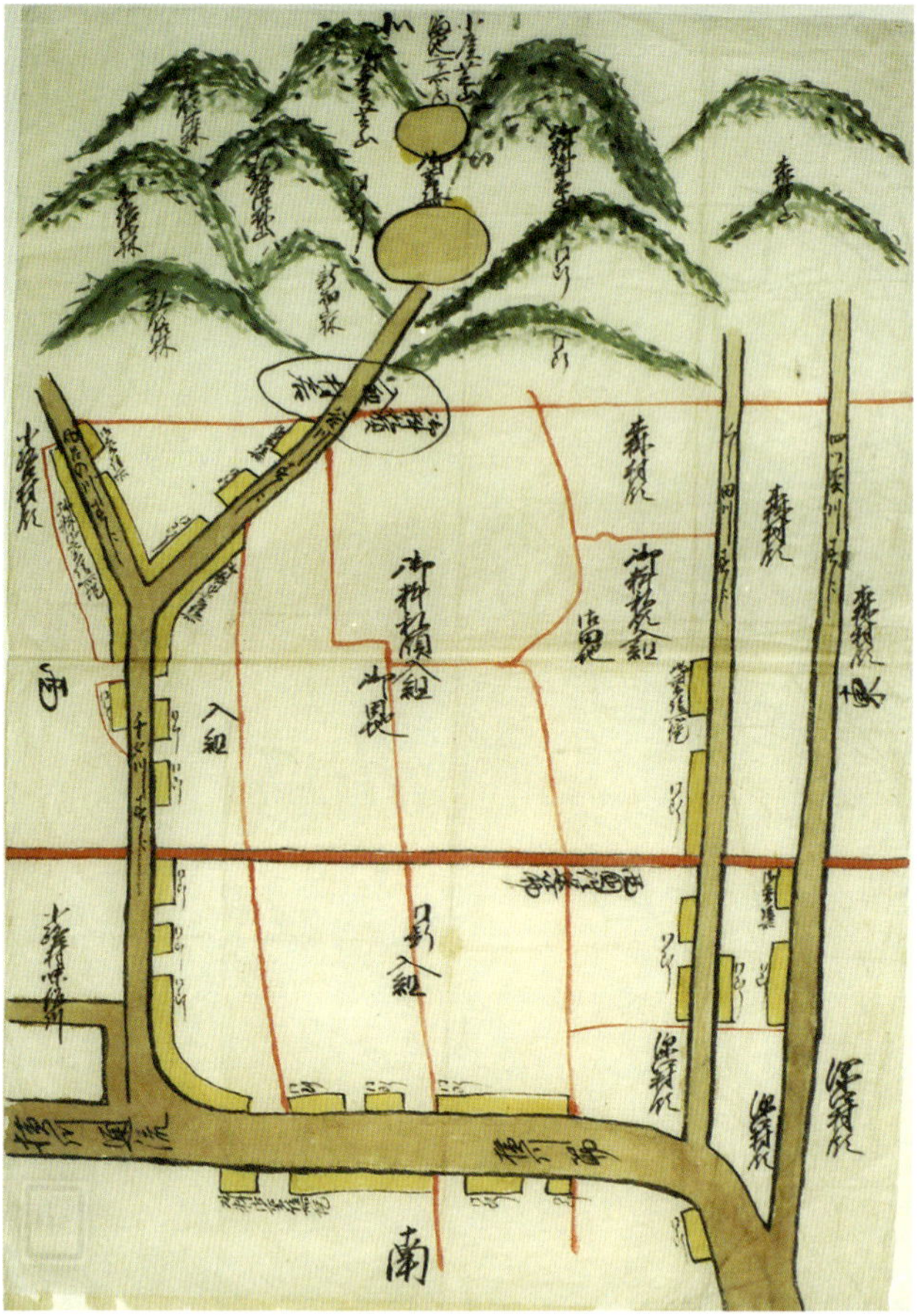

図1　1813年「中野村絵図」（神戸大学文学部蔵 芝切義寛氏文書）

筋で合流して千田川になった。現在の要玄寺川のことである。
川の両側に長方形の張り出しがあるのが御普請所で、千田川には上流の2カ所の溜池を含めて御普請所が張り付いており、風呂の川筋は両岸、谷川筋は川の右岸に多く、合流して千田川になってからは川の左岸に御普請所が多い。

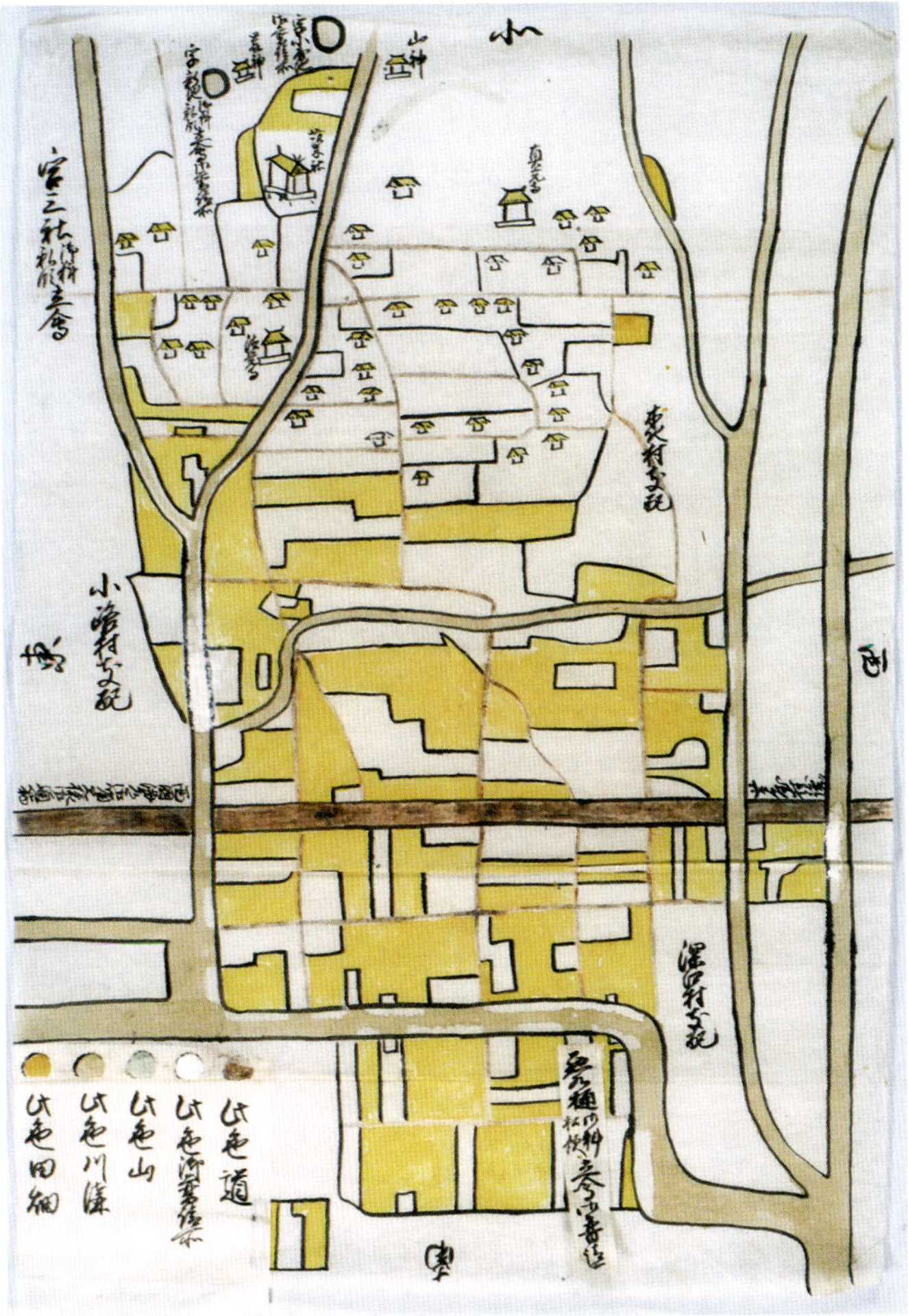

図2　「中野村絵図」（神戸大学文学部蔵 芝切義寛氏文書）

●横川の氾濫を防ぐ試み

千田川は下流で小路村の味泥川と合流して直角に流れを変え、横川になっている。現在より100mほど北、現在福池小学校となった池から東に流れていた。

横川は等高線に沿って流れる川で、条里制時代に人工的に作られた川だとされている。川の流れが直角に曲がっているうえに等高線に沿っているだけに、すぐ氾濫した。図1の絵図には川の両側に御普請所がびっしり書かれている。

図2も「中野村絵図」（神戸大学文学部蔵 芝切義寛氏文書）である。この絵図も凡例は「道・御普請所・山・川溝・田畑」で、水害防止の施設の表現が目的だと判明する。

図2には図1にない千田川上流の池に名前が、上手が小屋池、下手が新池と記載されている。池の名称から、できた順番も推測できる。

小屋池は「御普請所」とだ

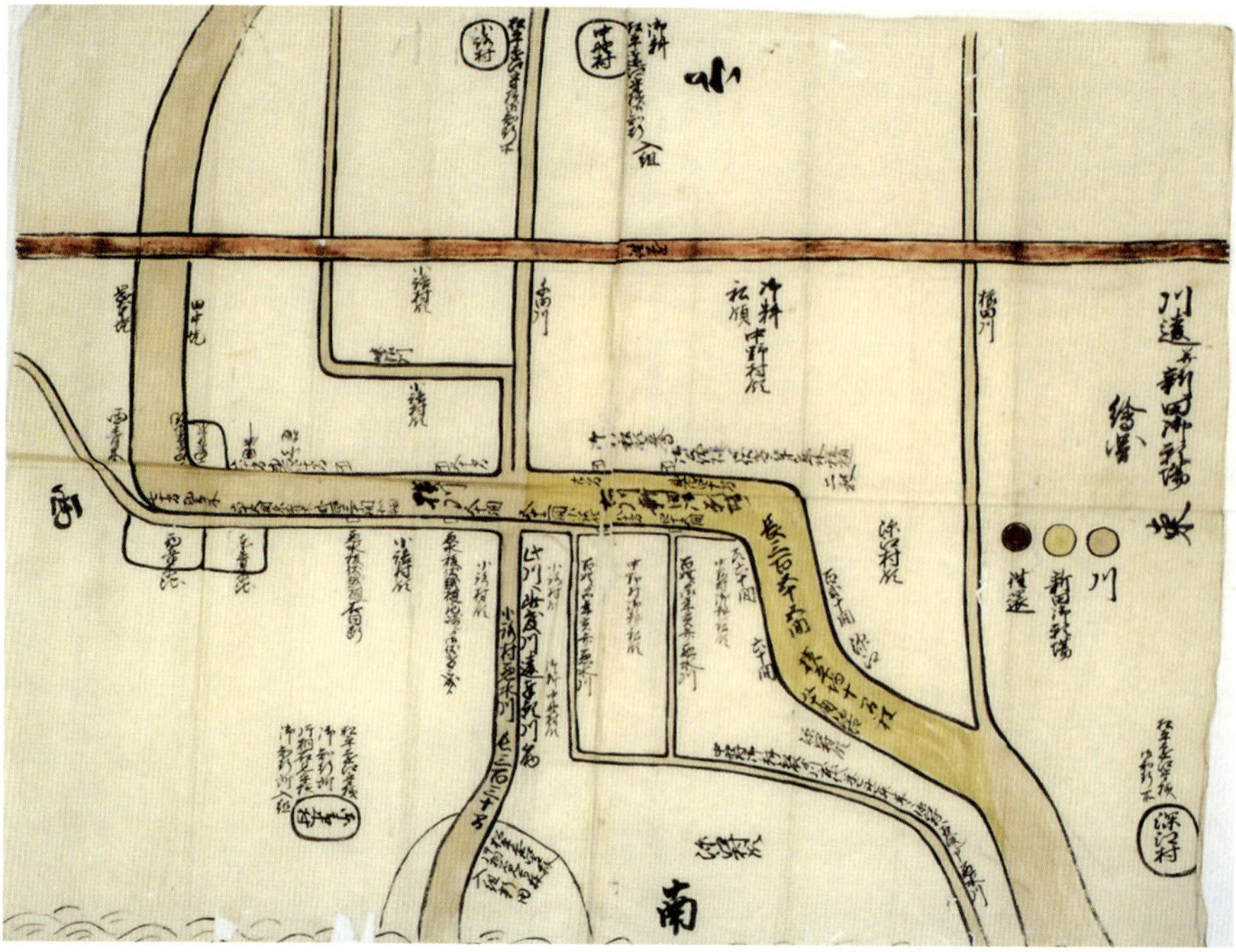

図３　「川違并新田御願場絵図」（神戸大学文学部蔵 芝切義寛氏文書）

けあり、新池の方は「御料私領御普請所」とあるので、新池は、領主の異なる村民が力を合わせてつくった溜池だとわかる。

この絵図には横川の下流、深江村に入る手前に貼り紙がしてあり「悪水樋　御料私領立会御普請」とあって、排水路をやはり領主の異なる村民が共同でつくり管理していることがわかる。横川が満水になって下流の高橋川に流れにくくなった時にこの悪水樋から川水を海に落としたのである。

横川の氾濫防止に向けてさらに詳細に記したのが図3の「川違并新田御願場絵図」（神戸大学文学部蔵 芝切義寛氏文書）で、年代はないが書かれた内容から『本庄村史』の中で久武哲也氏は「1738年（元文3）に作成された「本絵図」に向けた準備の麁絵図の一つ」と推測している。

図2にない横川からの悪水樋が2本描かれているほか、千田川が横川に合流した地点から南へ小路村悪水川が描かれ「この川へこの度、川違い願い奉る川筋」とあって、千田川から直接海へ水を落とすことを計画した絵図である。しかしこの計画は実現しなかった。

●分木で取水量を維持

篠原村（灘区）も本書64ページで書いたように杣谷川と六甲谷川が合流する地点にあり、再三水害に見舞われた。その防止のためにやはり川の両岸に御普請所があった。図4の「篠原村絵図」（神戸市文書館寄託 若林泰氏文書）に

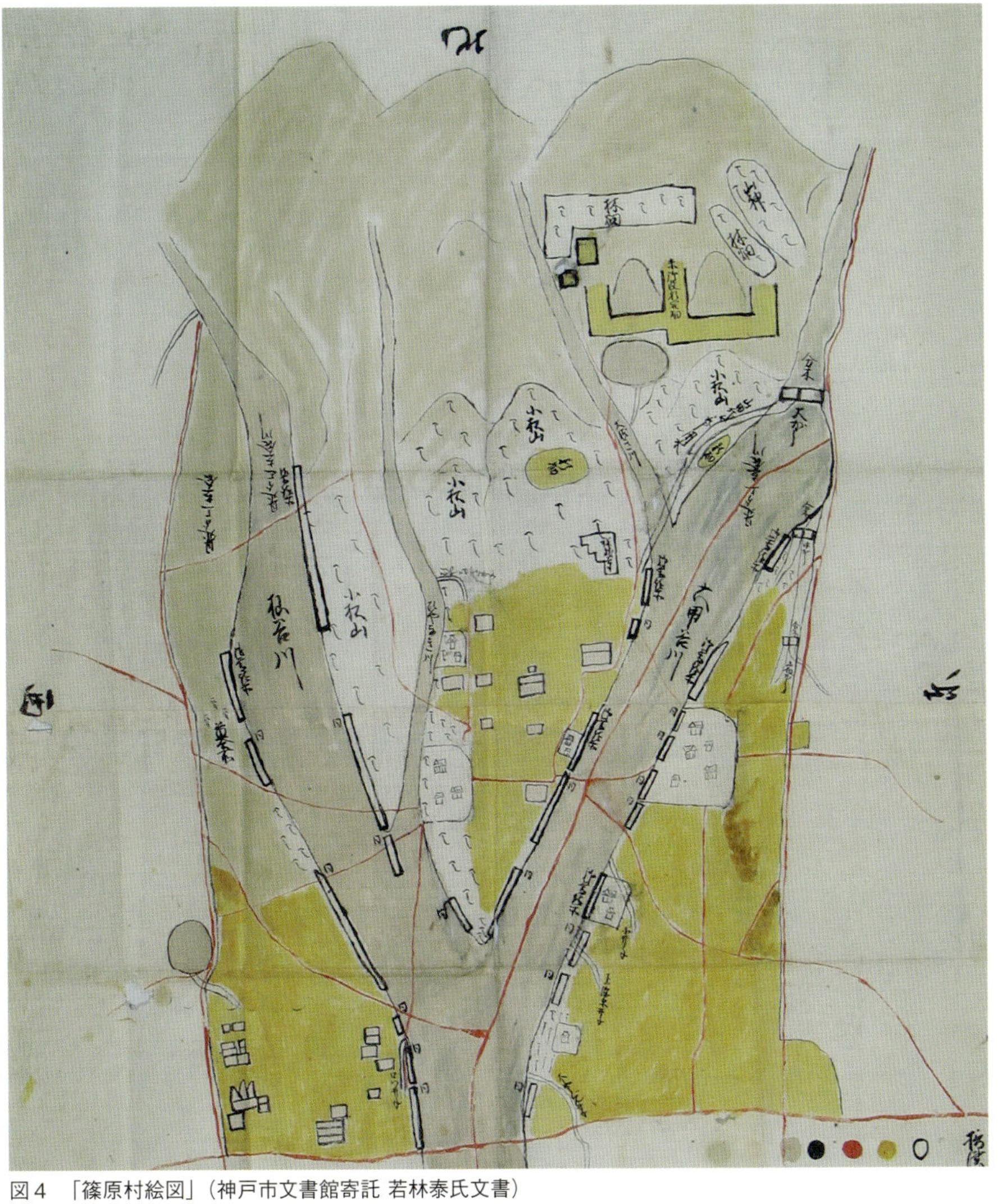

図４　「篠原村絵図」（神戸市文書館寄託 若林泰氏文書）

はほとんど切れ目なく御普請所が描かれている。

凡例に「本多中務様御知行之田地」とあるので、本多忠良・忠敞が下総国（茨城県）古河藩主だった1712（正徳2）〜59年（宝暦9）に当たる。

この絵図は同時に右の六甲谷川を中心に用水施設も詳しく書いている。最上流には「大がう」の分木が設けられ川中に仕切りがあってその幅が山田代への用水路になっている。やや下流の対岸に「中がう」、その下流に「宿がう」の分木があり、下流に用水を正確に分水したのである。井手も六甲谷川には多く描かれている。

付け替えられた川

●生田村に二つの神社

図1の「生田村絵図」（神戸大学文学部蔵 御影村文書）には生田村の北と南に二つの神社が描かれている。北の生田八幡神社は1888年（明治21）周辺の神社とともに二宮神社に合祀されたため、この地に二つも神社があったことは忘れられている。

二宮神社は菟原郡葺屋庄

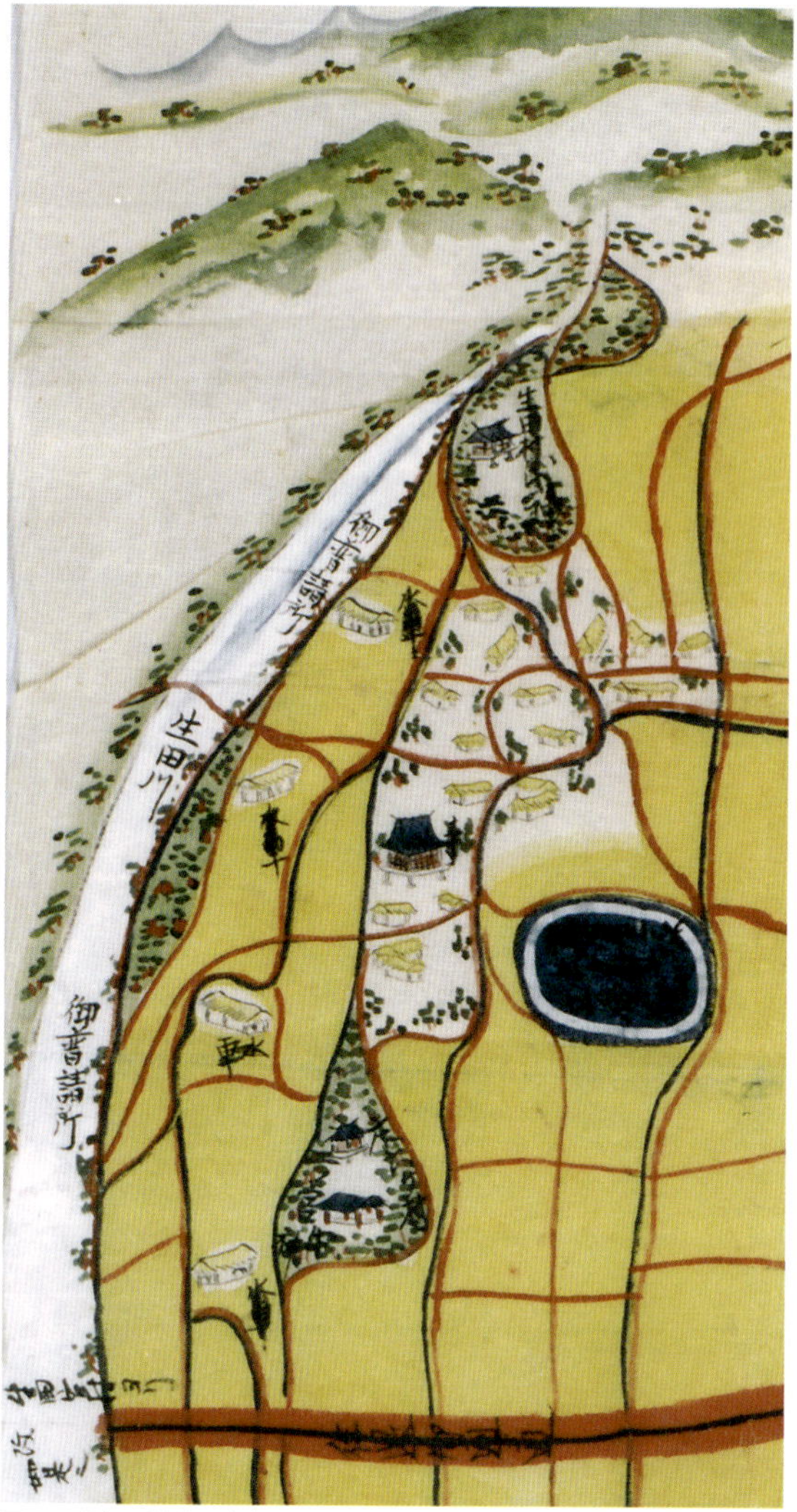

図1　「生田村絵図」（神戸大学文学部蔵 御影村文書）

6カ村（生田〈小野新田を含む〉・熊内・中尾・筒井・中・脇浜）全体の氏神だったため、周辺の個々の村の氏神を合祀したのである。その後各神社は再び分祀されたが、生田八幡神社だけは独立しなかった。地図はそんな地元の信仰の江戸時代の姿を語っている。

二宮神社は生田神社の八つの裔神《えだがみ》の一つでもある。しかし二宮神社は菟原郡葺屋庄の惣氏神で、ほかの七つの神社とは成り立ちが異なる。また生田という地名は平安時代の辞書「和名抄」には八部郡に属していた。生田神社の裔神が一挙に成立したのではなく、長い時間をかけて成立したことを推測させる。

◉荘園を支えた池

　二宮神社の東には楕円形の大きな池がある。庄の池とも呼ばれ、「生田村絵図」には「葺屋庄六ケ村立会池」と書き込まれている。生田村にあるが6カ村が共同管理した池である。こんな下流では山裾や東側の村はどの程度恩恵を得られたのか、疑問もあるが、熊内村は村絵図にこの立会池を描いており、庄の池を重要な水利施設として意識していた。また二宮神社との近さも考慮する必要がある。中世にはこの付近に神社に附属した神田があったのかもしれない。

図2　「兵庫神戸実測地図」（国立公文書館蔵）

　生田村の水利は生田川上流から取水した。堤防沿いや生田神社境内の西には、分岐して南下する幾筋もの水路があった。そして生田川沿いの用水路には水車が4基描かれている。いずれも長屋風で、規模が大きかったことが偲ばれる。

◉用水路を新生田川に

　図1でみると69ページ同様、江戸時代の生田川は白く描かれ、普段は水量の少ない川だった。しかし一たび大雨が降ると下流の居留地に洪水をもたらした。このため1871年（明治4）に東に付け替えられたことはよく知られている。その付け替え前と後を図1と図2の「兵庫神戸実測地図」（国立公文書館蔵）で比べてみる。庄の池の位置から、新生田川のルートには江戸時代に用水路があったことがはっきりする。新生田川はこの用水路を拡幅することで設けられたのである。

領有争った平地の山

「和田岬附近ノ図」

●モザイク状の聖なる地

1796年（寛政8）に大坂・谷町の商人武蔵屋惣左衛門が和田岬で船焚場《ふなたでば》などを計画した。代官の手代が見分にやってきて兵庫津の町方と地《じ》方《かた》（農村部）・東尻池村の代表者が立会で絵図を作成して提出するように命じた。この図2の「和田岬附近ノ図」（神戸市立中央図書館蔵）はその写しである。2年前にも同じ調査をおこなっている。

凡例によると黄色が兵庫津田畑、薄オレンジ色が今和田新田、薄茶色が御崎村田畑、薄ピンク色が東尻池村田畑で、複雑に入り組んでいる。

和田岬の原野は、和田芝野と呼ばれ、平清盛が千僧供養をおこない、中世には広田神社・西宮神社（西宮市）の神幸祭がおこなわれるなど、聖なる場だった。

●裁判通じて入会権承認

尼崎藩領になってから和田山は領主の御林となり、尼崎藩領だった東尻池村は落葉や下草を採取する権利が認められた。しかし御崎村も和田山の松枝を採取したり牛馬を放牧したりしたため、東尻池村と御崎村の間で争論が起きた。御崎村はこの地を山城国の石清水八幡宮のまぐさ場と主張、1648年（慶安2）一部が

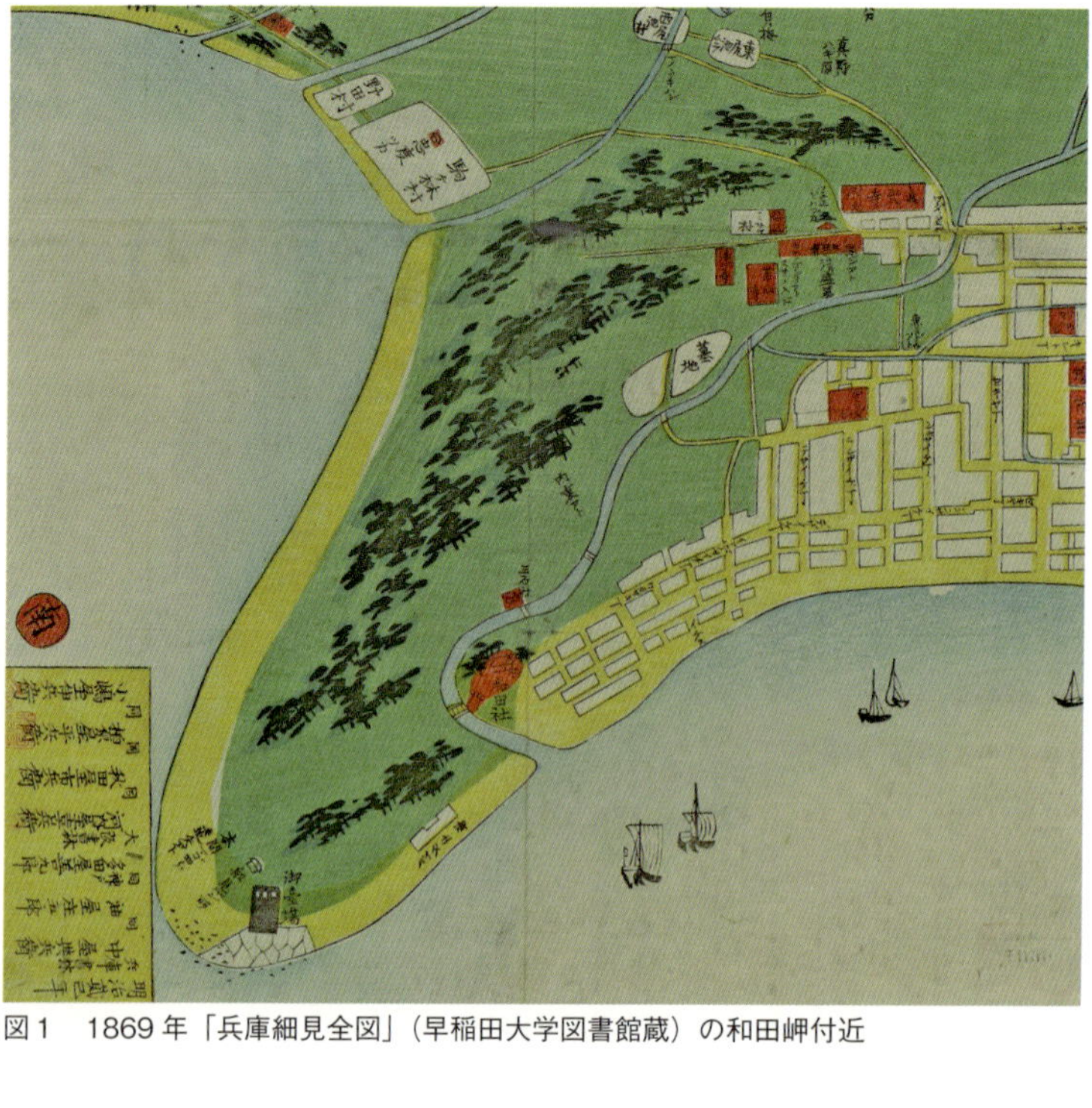

図1　1869年「兵庫細見全図」（早稲田大学図書館蔵）の和田岬付近

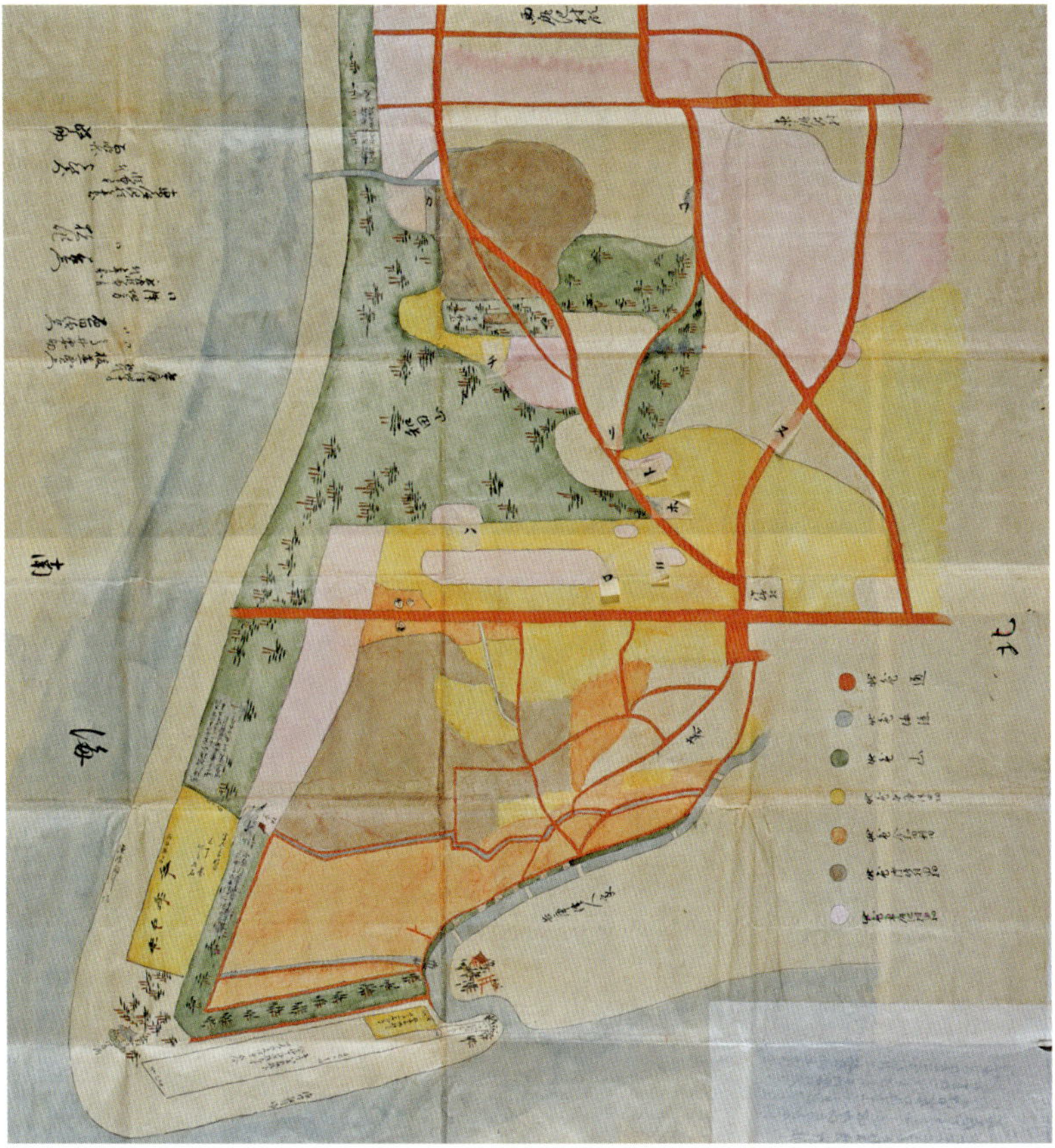

図2　1796年「和田岬附近ノ図」（神戸市立中央図書館蔵）

まぐさ場と認められた。

兵庫津も和田山の東側の入会権を主張し、和田山全体の入会権を主張する東尻池村と争った。尼崎藩は東尻池村の権利を認めたが、1711年（宝永8）東尻池村が幕府領になると紛争が再燃。1713年に江戸の評定所で兵庫津にも下草入会権が認められた。

今和田新田は1722年（享保7）兵庫津の庄屋井上仙右衛門が開発に着手し、御崎村との間で未開発の和田芝野を御崎村4、兵庫津6の割合で境界を確定した。翌年開発が終わり、今和田新田が成立、兵庫津の村方の一部に含まれた。

◉明治初期の和田山

図1は1869年（明治2）の「兵庫細見全図」（早稲田大学図書館蔵）に描かれた和田山である。二茶屋村（中央区）の商家に生まれた若林良（号は秀岳、1839～1915年）が描いたものであるが、図2に描かれた新田が描かれていない。都市部を描くことに関心が注がれているためだろう。

図2は忘れられた農民の生きるための闘いと、開発の歴史に再び光を当てる絵図である。

山切り崩し宅地開発

「高取山山論裁許絵図」

◉絵図に書き込まれた境界

図2の「板宿《いたやど》村禅昌寺高取山山論につき裁許絵図写し」（兵庫県立歴史博物館蔵）は前著『古地図で見る神戸』でも取り上げ、山中の池の多さや多様な信仰空間を読み解いた。今回はそれ以外の文字情報や画像情報を読み解いてみよう。

絵図は西代《にしだい》村・妙法寺村・板宿村の禅昌寺が、高取山の利用を巡って山争いを起こし、1674年（延宝2）の判決に際して作成された絵図を、西代村が写した控である。

西代村が黄色、西代村田地が薄オレンジ色で表現され、北側に広く広がるのが西代村の山。村から外れた北方の山の中にも西代村田地がある。

しかしこの絵図の文字情報を読む限り、別の意図も見えてくる。右側には黒い太い線が引かれていて、池田村と西代村の山の堺であることが書き加えられている。高取山の東には「立会山との境」という書き込みも2カ所あり、北部は共有の山だったことがうかがえる。

どうやらこの絵図は、西代村と池田村との間でも争論が起き、その境界を確認する意図も込められた絵図と思われる。一度作成された絵図は写されさまざまな目的に利用されていく。

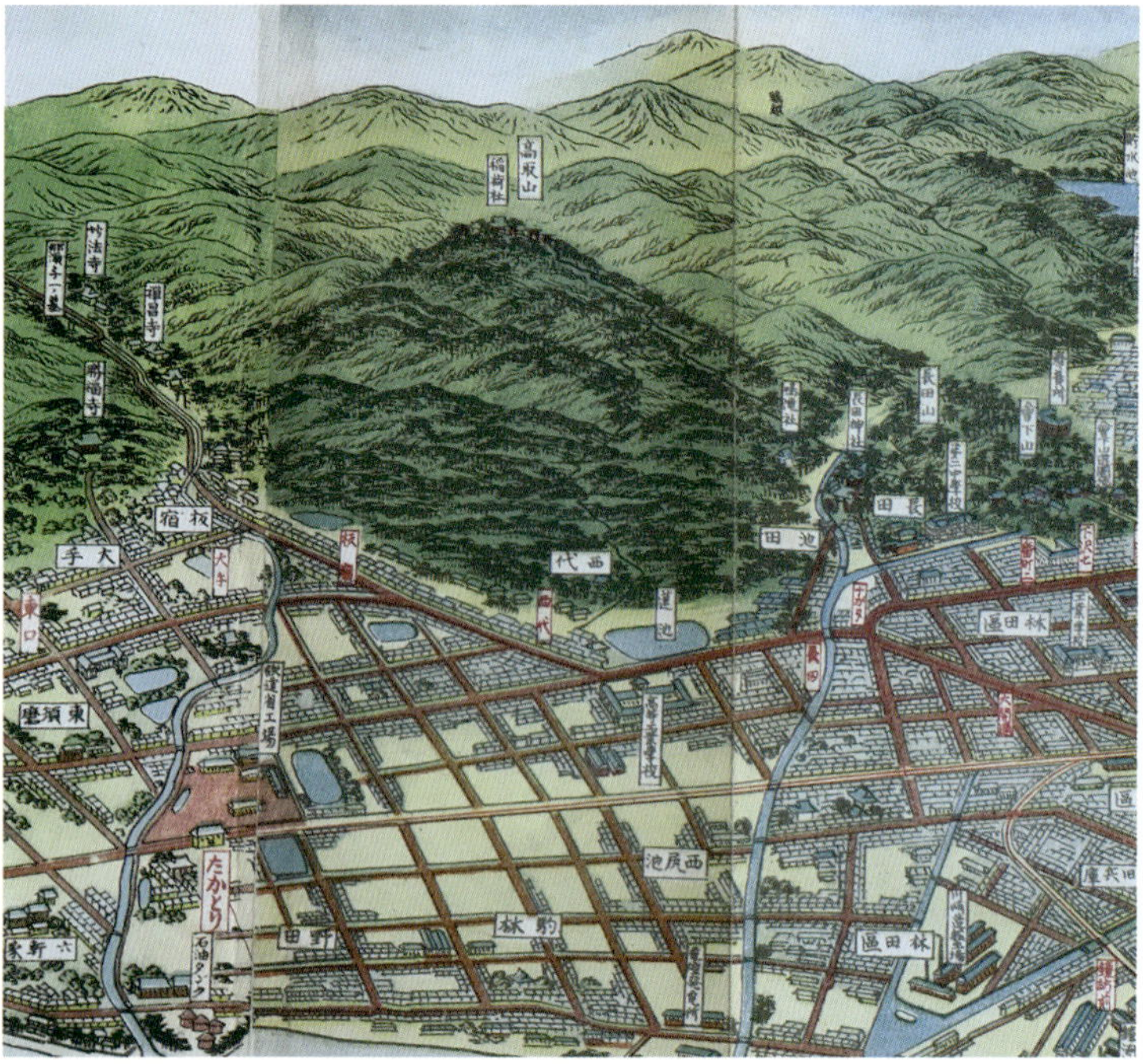

図1　「山陽道パノラマ地図」（神戸市立中央図書館蔵）高取山付近

◉禅昌寺の境内山

図2では左上に樹木をひと際丁寧に描いた山がある。禅昌寺山である。禅昌寺と妙法寺村・西代村は1669年（寛文9）にも高取山を巡って争論を起こした。禅昌寺は高取山を神撫山と呼んで、寺の境内地と主張したのである。しかし判決では禅昌寺の主張は退けられ、三角形の寺の裏山だけが境内地として認められた。その時作成された「板宿村禅昌寺・西代村・妙法寺村・山論裁許絵図」（神戸市立博物館蔵、「市民のグラフ　こうべ」233号所収）が残っている。その絵図の禅昌寺境内図と妙法寺山の形が図2によく似ている。

◉昭和まで残った景観

こうした江戸時代の景観は比較的長く残った。図1は「山陽道パノラマ地図」（神戸市立中央図書館蔵）の西代から高取山付近である。清水吉康が長年かかって踏査し、1922年（大正11）に金尾文淵堂が発行した。このパノラマ図によれば高取山はまだ江戸時代とさほど変わらないばかりか長田神社の山側もほとんど民家がない。

図２　「板宿村禅昌寺高取山山論につき裁許絵図写し」
（兵庫県立歴史博物館蔵）

川と池が織りなす田園風景

◉天保改革に備える村人

図1、2は1843年（天保14）8月の「板宿村絵図」（一般財団法人武井報效会百耕資料館蔵）である。この絵図も以前『古地図で見る神戸』で取り上げ、妙法寺川を挟んで西に前池・鷭ケ池・坂千代池・大手池、川の南に黒土池、東に亀ケ池、西代への街道の東に虹ケ池、その上に菱ケ池があること。多様な信仰のよりどころとして、妙法寺川上流に明神、集落の北に板宿八幡宮・地蔵堂・阿弥陀堂、妙法寺川の東には東光寺・春日森・かや堂・薬師堂・蔵王権現、また詣り墓として「らん塔」があったことを紹介した。本書ではこの絵図の成り立ちを考えてみたい。

板宿村ははじめ尼崎藩領だったが、1711年（宝永8）に尼崎藩主が青山氏から松平氏に代わった際に幕府領に戻り明治維新に至った。

絵図が作成された1843年8月は、幕府が天保の改革の一環として、御料所改革として年貢増徴策に乗り出した時期である。板宿村の代官だった竹垣三右衛門の日記（藪田貫編『大坂代官竹垣直道日記』㈡）によれば、この年7月、老中水野忠邦からの御用状を受け取った竹垣は、代官所が管理する村々の惣代に通達を出し、部下の宮部潤八郎らを検見《けみ》刈様《かりだめし》并改正御用懸に任じ、村々に出向いて収穫高の検見を始めた。

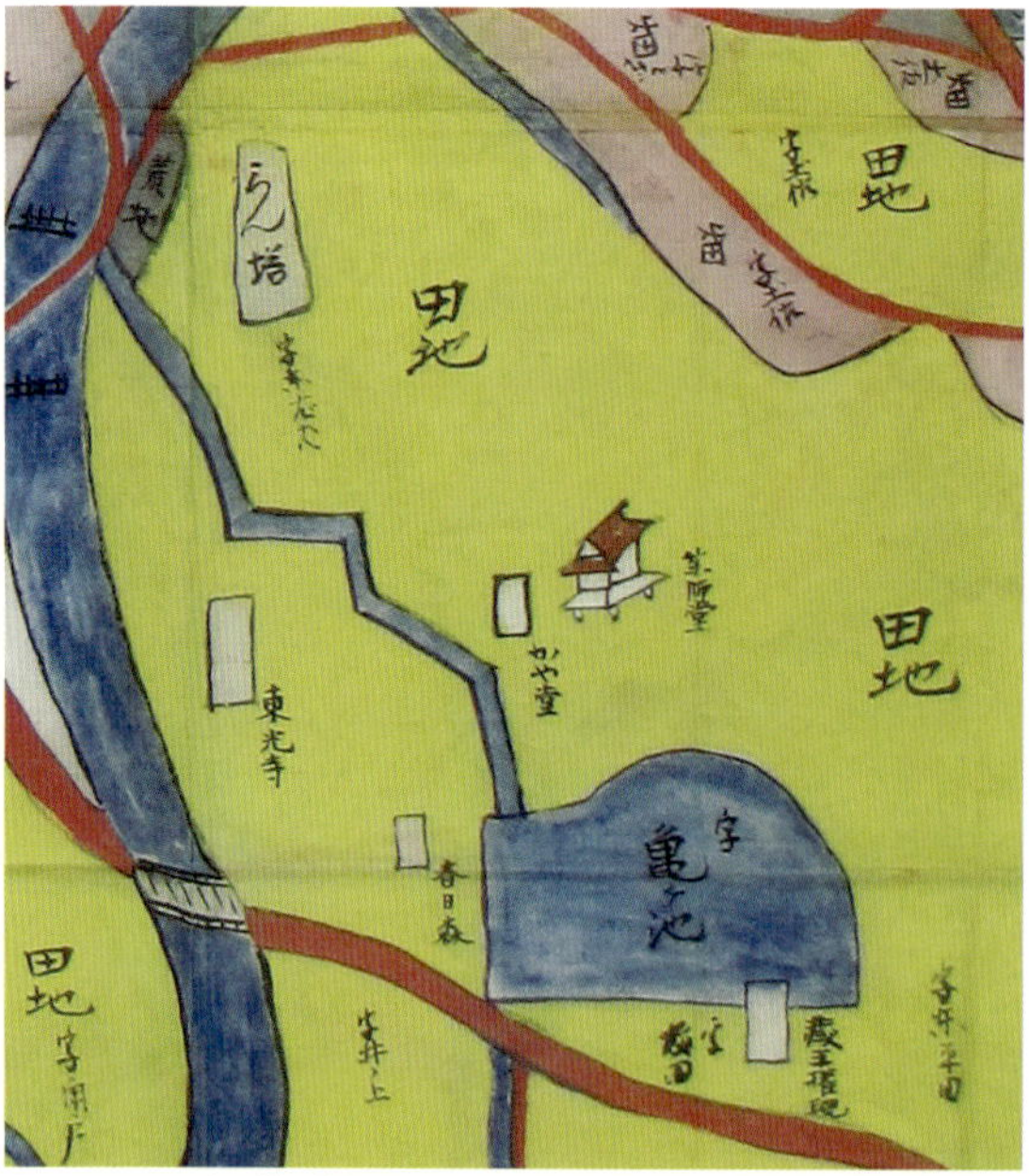

図1　1843年「板宿村絵図」（一般財団法人武井報效会百耕資料館蔵）宗教施設が多く描かれている

「板宿村絵図」

9月から閏9月まで竹垣は摂津・播磨国で作柄調査をおこない、一村ごとに検見、刈様、春法《ついほう》をおこない、年貢の

図２　「板宿村絵図」（一般財団法人武井報效会百耕資料館蔵）

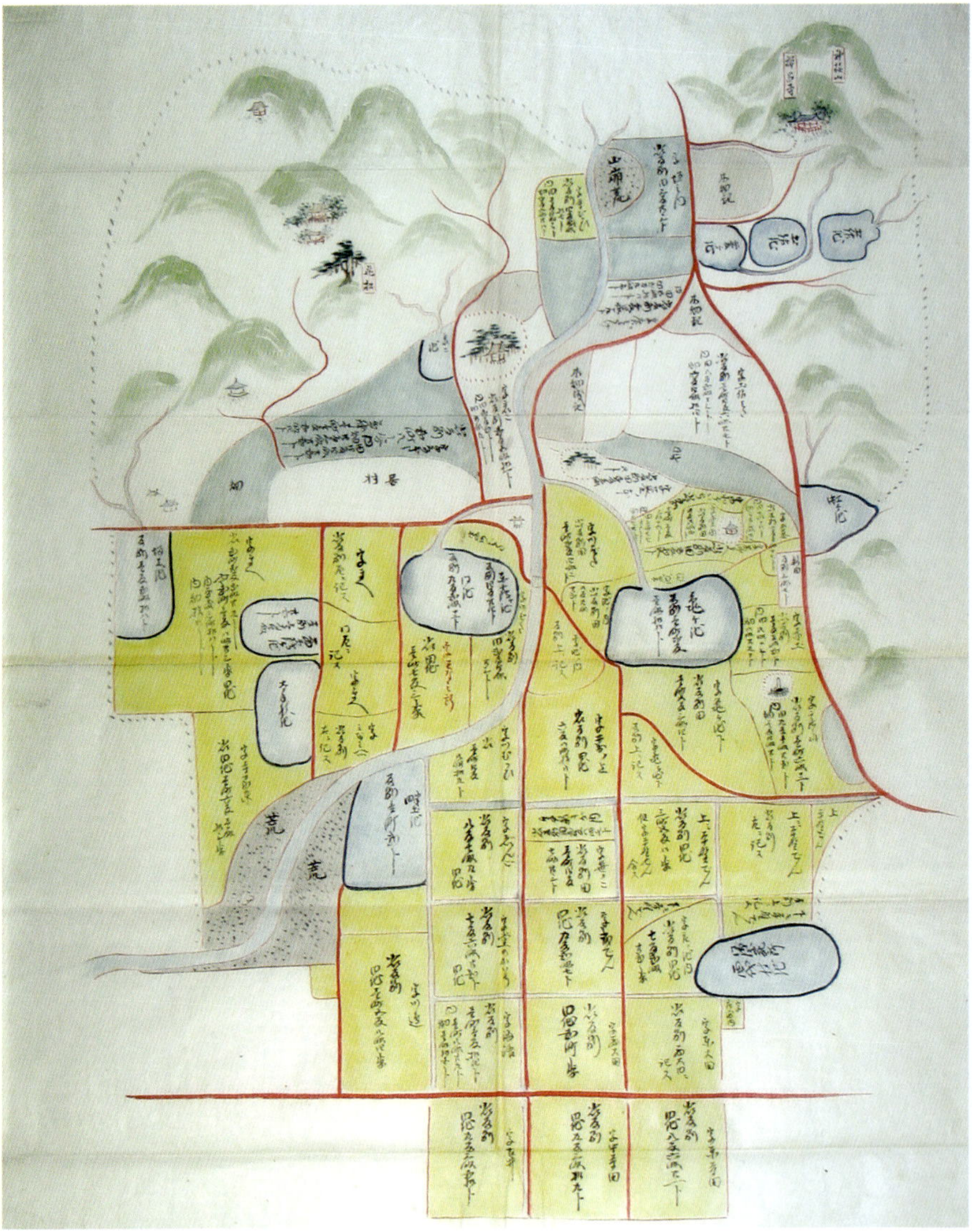

図３　「板宿村耕地図」（一般財団法人武井報效会百耕資料館蔵）

増徴に努めた。刈様とは一坪を試しに刈り取ることで、春法とは刈り取った稲を臼でついて一反歩あたりの収穫を計算することである。

竹垣三右衛門は9月12日に明石を出立して板宿を訪れ刈様に立ち会った。この絵図は竹垣が来村する直前のもので、7月の惣代への通達を受けて作成されたと思われる。村の北部や明神の周辺には荒地が多く、代官の巡見を控えて困窮を訴えたのかもしれない。

◉幕末の困窮

竹垣三右衛門の巡見から20年ばかり後、羽田十左衛門 正見が代官だった1860〜63年ごろに描いた「板宿村耕地図」(図3、一般財団法人武井報效会百耕資料館蔵)には幕末の板宿村の苦悩が刻まれている。

まず村の最北の字垣之内には「山崩荒」、また村の南西、妙法寺川の両側は「荒」と書かれていて、河川が氾濫し荒れ地ができたが、そのままになっていることがわかる。

そうした中で復旧への努力は続いている。右上端の禅昌寺に向かう参道の脇と、西代に向かう里道の分かれ道、そして板宿八幡宮の対岸に3カ所の「木畑起」がある。作物が取れず薪を取る木を植えるような畑を林畑と呼んだが、それに類する条件の良くない畑を再開発しているのである。

●大正期、消えた池

図5は1923年(大正12)に神戸市が発行した「神戸市工場分布図」(神戸深江生活文化史料館蔵)に描かれた板宿付近である。亀池や前池、大手村飛び地だった池は残っているが、坂千代池や黒土池などはすでに埋められて宅地になっている。

街路は妙法寺川南の南北通りは骨格を残し、東西通りの整備が進んでいる。新しい住宅街として様相を変えているが、地名は池以外にも平田・新ケ内・笹子・太田・角戸・南所・黒土など古い小字が多く残っている。このうち太田や平田は町名や中学校名として引き継がれている。

なお飛松町の由来となった飛松は図4の左上部分に描かれている。菅原道真が筑紫(福岡県)大宰府に左遷されるとき都より飛来したという伝説を持つ。飛松町からは少し離れているが、板宿村という近世の領域へ意識が強く残っている証でもある。

図4　「板宿村耕地図」に描かれた飛松

図5　1923年「神戸市工場分布図」(神戸深江生活文化史料館蔵)

山裾に構えた城跡の里

「大手村絵図」

◉幕府の巡見に備えて

図2「大手村絵図」(兵庫県立歴史博物館蔵)の裏側には「千種清左衛門様御通り遊ばされ候、平岡彦兵衛様へ差し上げ候控」と記され、北端に「玉虫左兵衛様御代官所妙法寺村山境」、南端に「長谷川周防守様御知行所野田村領内」とも書かれている。

玉虫佐兵衛茂喜が代官だったのは1719年(享保4)から1729年まで。野田村の領主長谷川勝知が周防守だったのもこの年まで。この間千種清左衛門直豊は1722年畿内巡見をしたほか、その後にも上方筋の川除普請のため現地を訪れた。この絵図はこれらの巡見のために作成されたのである。

◉記載された情報に差

絵図には勝福寺、地蔵堂や子守神社、江戸時代に権現社と呼ばれた証誠神社など信仰の拠点の数々が書き込まれている。勝福寺は1351年(観応2)の観応の擾乱で足利尊氏が弟直義軍に敗れて入城し切腹を覚悟した話はよく知られている。松岡城の大手が地名のもととされる。

田畑の小字は書かれていないのに、集落の北の谷筋や山の名前が詳しく書かれている。勝福寺観音山林・せとの谷・丸尾山・小屋居谷・稲荷尾である。これらはいずれも松山で、その背後に草山があった。この草山にはまったく地名の記載がない。

これに対し兵庫県立歴史博物館蔵の別の図1「大手村絵図」には、この草山に北こ

図1　「大手村絵図」(兵庫県立歴史博物館蔵)の草山

や手・ふちケ谷・大平・桜谷・せちか谷・除き谷・三石六斗・川ニ谷・なし水の名称がある。草山は巡見の対象になっていなかったのだろう。

図2には灌漑用水として、東西に流れる妙法寺川、その支流として細沢谷川を「まとう谷川筋」、東に「せとの谷」、西に「火ノ谷川」の記載がある。中の池や門田池の名称は漏れているが、清水池・二つ池・谷池・辻池・宮ノ池・野田村池の名称が記載される。

南東端の野田村池には「他領」とだけ記載している。この池は大手村が1日、東須磨村が3日取水する権利があり、図3にはその記載がある。

千種清左衛門の巡見は、集落背後の里山と流れる川、そしてその水をためる池の位置などがテーマになっていたことが図2から明らかである。山奥にあった草山や他村との水利慣行などは目的から外れていることがうかがえる。

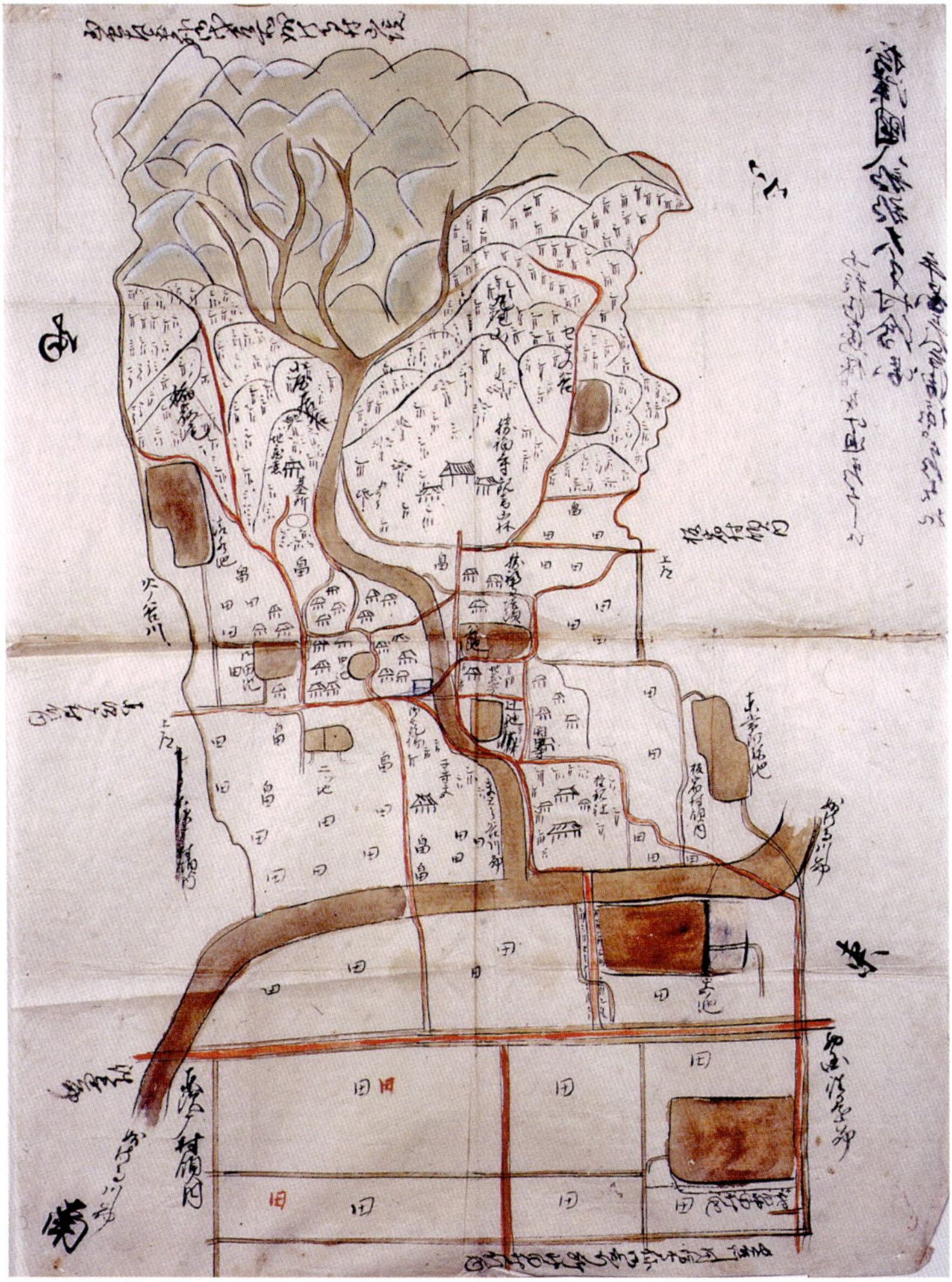

図2 「大手村絵図」（兵庫県立歴史博物館蔵）

図3 「大手村絵図」（兵庫県立歴史博物館蔵）の野田村池の水利慣行の記載

西須磨村の「起返願絵図」

荒地再開発を大幅縮小

須磨区の千森川は栂尾山《とがおさん》の山腹に発し、現在、神戸女子大須磨キャンパス脇を流れ、須磨寺南の交番前を暗渠で流れ、海に注ぐ2・1㎞の2級河川である。加えて現在では離宮公園付近から須磨寺の裏を暗渠で抜けて一ノ谷川に合流する千森川放水路1・8㎞が整備されている。

土地の高度利用のため暗渠化されたが、1938年（昭和13）の阪神大水害や1995年（平成7）の阪神・淡路大震災では、暗渠ゆえに被害を大きくした。しかし暗渠化される前にも水害と復旧の闘いがあった。

◉再開発申請、大半自粛

図2は1807年（文化4）11月、千森川流域の再開発を願い出た西須磨村の「起返願絵図」（百耕資料館寄託　原田一義氏所蔵）である。庄屋善兵衛の署名と絵図の裏には石原庄左衛門代官所の記載があるので、村側が代官所に宛てて作成した絵図である。

絵図では川と支流に囲まれて須磨寺があり、赤くまっすぐ延びるのが参道。その先に集落と西国街道がある。

千森川を見れば、須磨寺までの上流部分には主に川の左岸に、須磨寺から下流の「村居」とある集落までは主に右岸に数多くの番号が記されている。これが再開発を願った地点である。

ただその大半は黄色になっていて、凡例では「起返取下之分」とあって、申請が認め

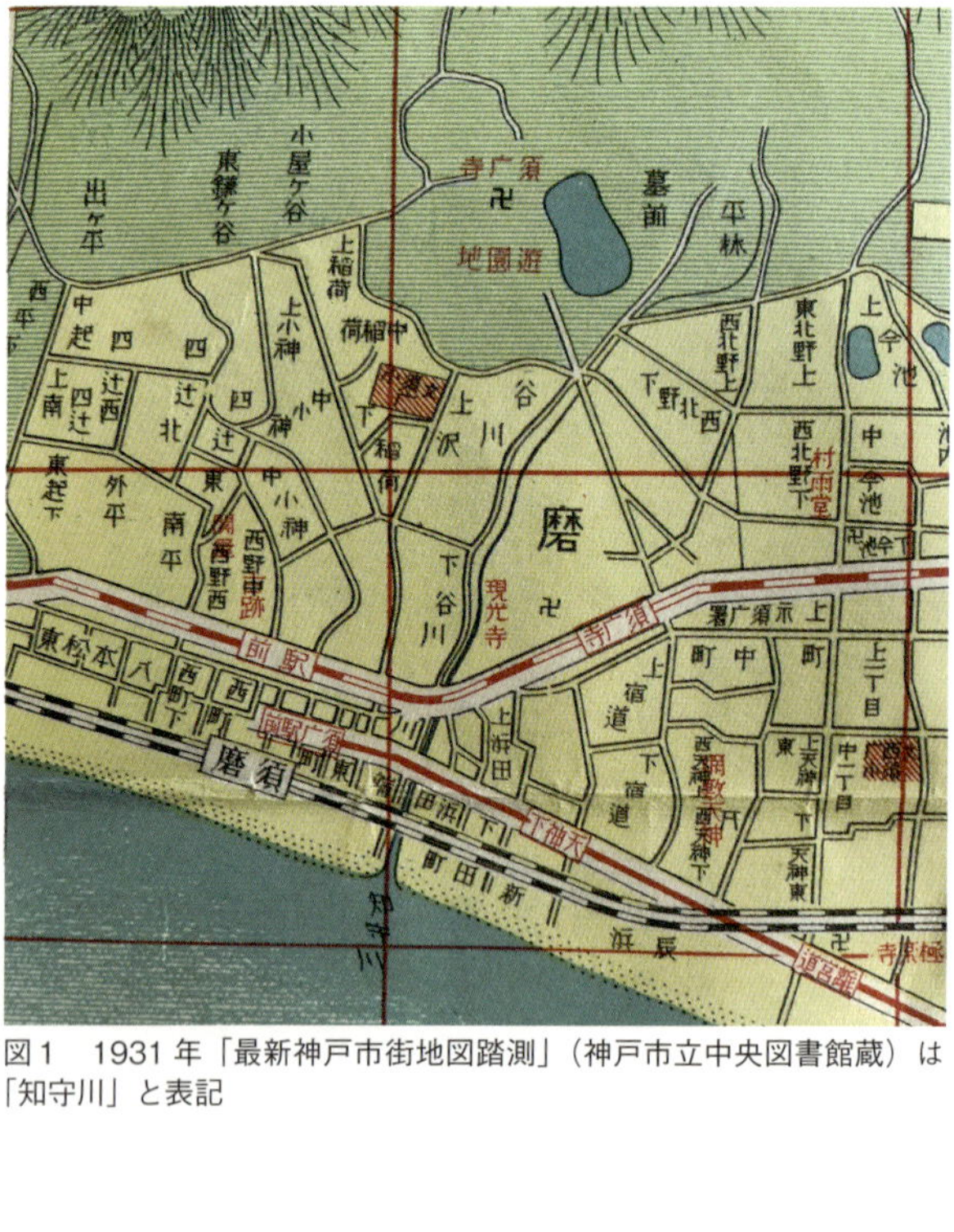

図1　1931年「最新神戸市街地図踏測」（神戸市立中央図書館蔵）は「知守川」と表記

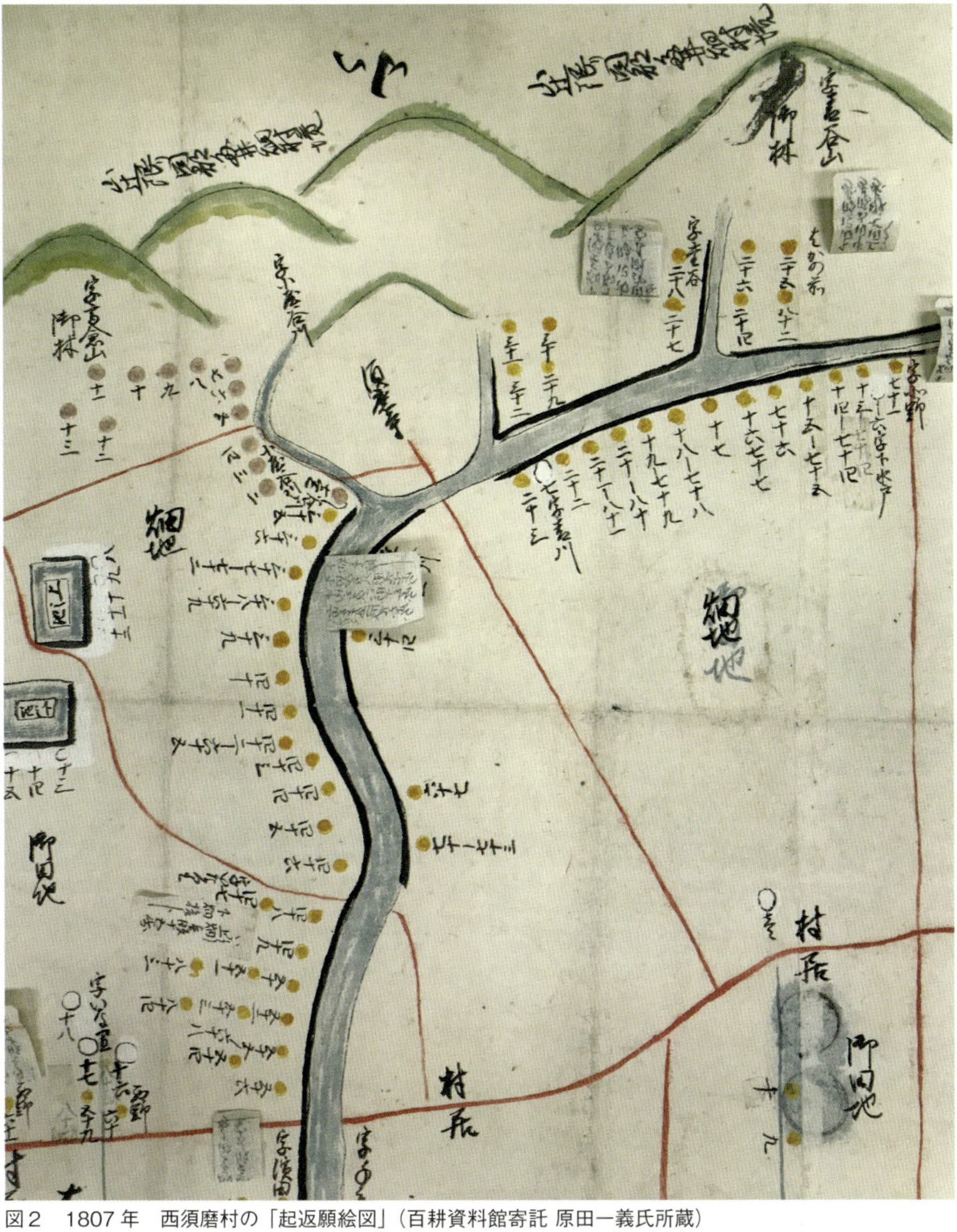

図2　1807年　西須磨村の「起返願絵図」（百耕資料館寄託 原田一義氏所蔵）

られず取り下げた。この時に再開発を認められたのは、須磨寺の西部分の壱から十三番までの薄ネズミ色のわずかな箇所だけだった。

●町名、駅名の変遷を語る

千森川は江戸時代には逍邏川《ちもりかわ》と書かれた森幸安の「摂津兵庫地図」（18ページ、国立公文書館蔵）もある。町名が千守町なので千守川と書かれたほか、図1の1931年（昭和6）の「最新神戸市街地図踏測」（神戸市立中央図書館）や図3の1933年「実地踏測神戸市街全図」（同）には、「知守川」とある。前者は赤西萬有堂、後者は和楽路屋の出版で、作者出版社は別なのにともに「知守川」と一致している。

山陽電鉄の山陽須磨駅の記載にも変遷がある。須磨駅は1910年（明治43）に須磨終点駅として開業、1912年（大正元）に須磨駅になった。1917年須磨駅前駅に改称した。図4の1923年の「神戸市工場分布図」（神戸深江生活文化史料館蔵）では「すまえきまへ」と正式駅名を記載するが、図1の「最新神戸市街地図踏測」では「前駅」、図3の「実地踏測神戸市街全図」では「須磨」と略記する。電鉄須磨駅になるのは図3が発行された10年後の1943年だった。

地図が川の名称に当て字を使ったり、駅名を略したりすることもあったのである。

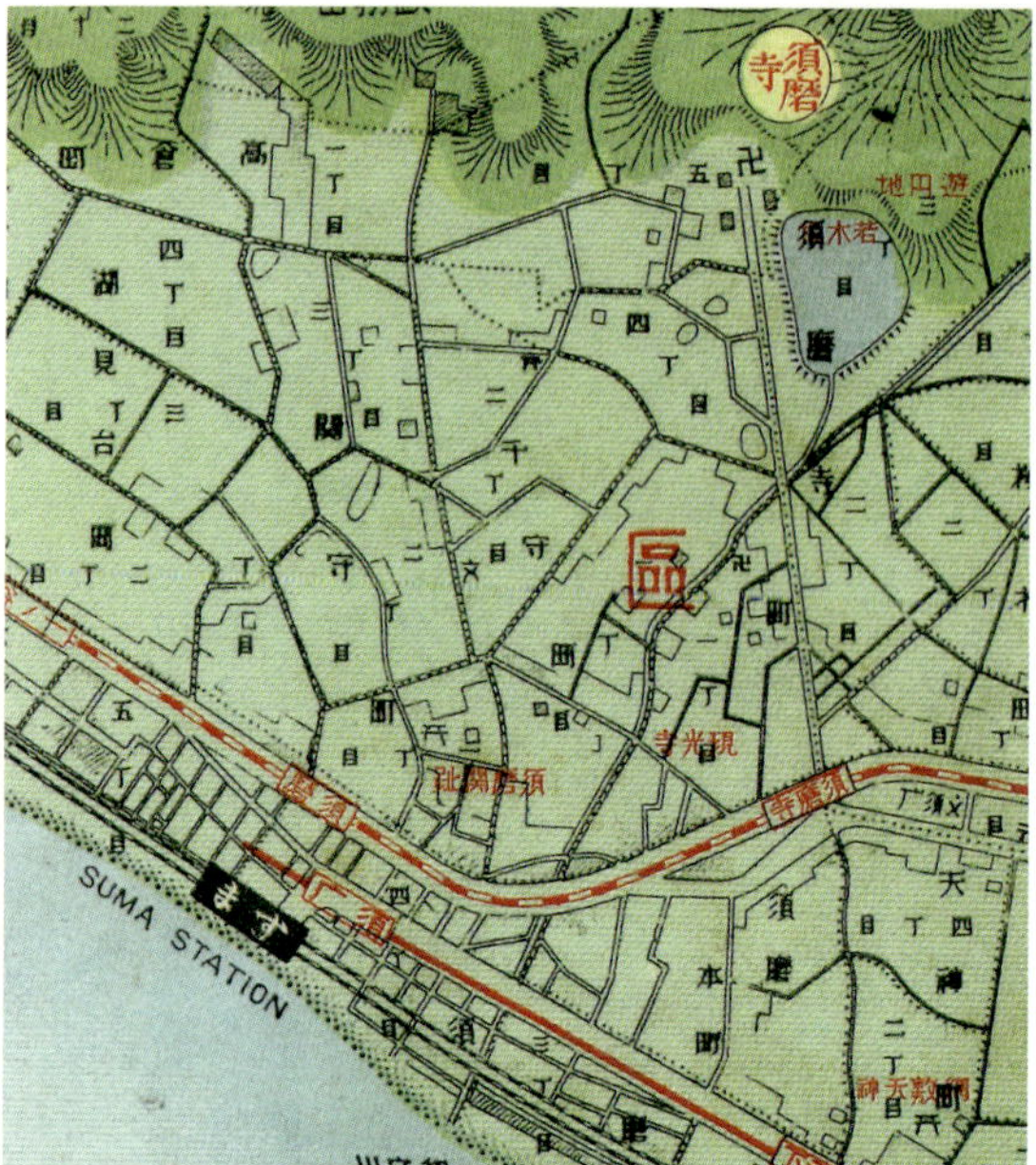

図3　1933年「実地踏測神戸市街全図」（神戸市立中央図書館蔵）

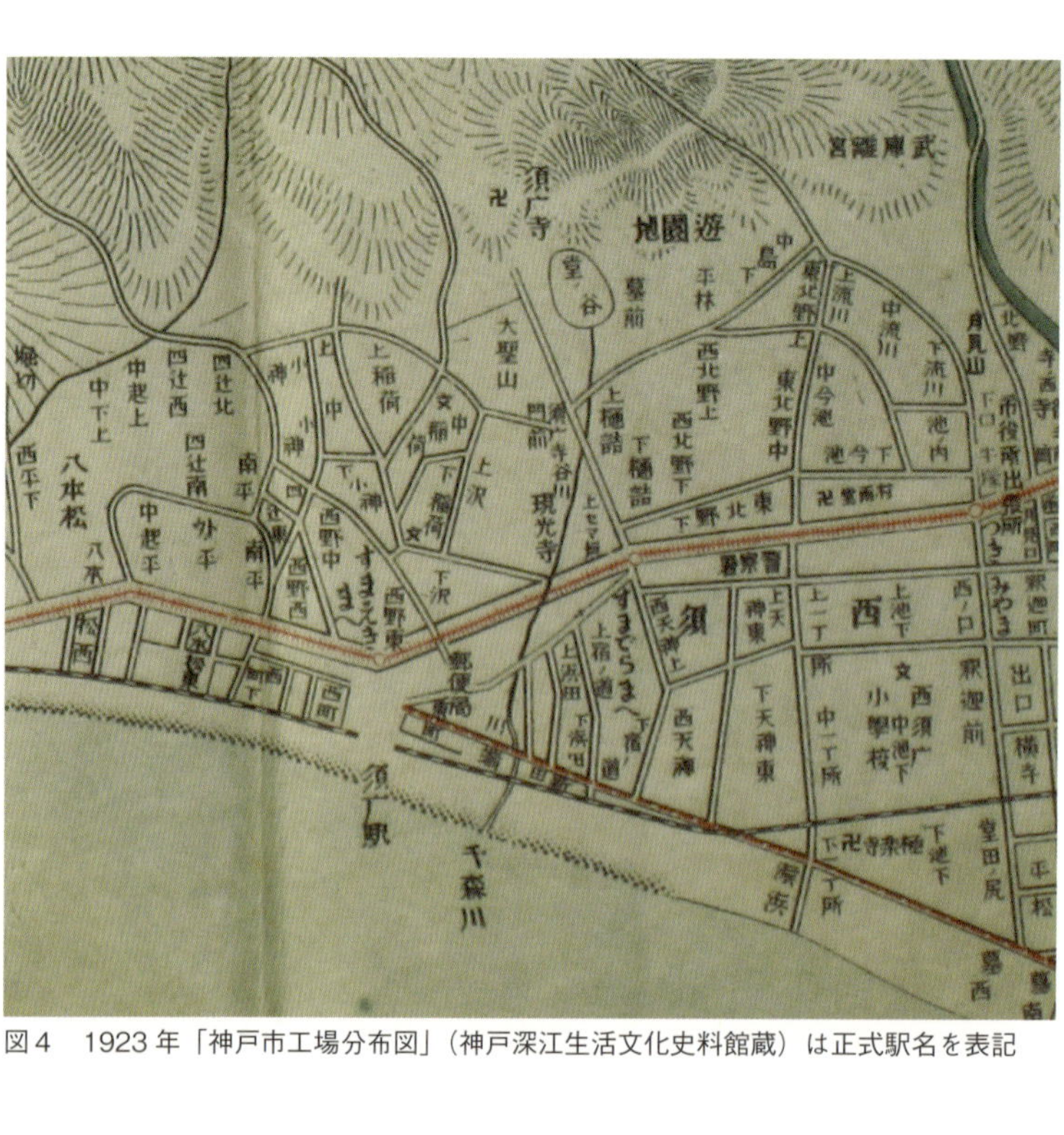

図4　1923年「神戸市工場分布図」（神戸深江生活文化史料館蔵）は正式駅名を表記

［Part3］歴史と伝説の舞台

大国正美

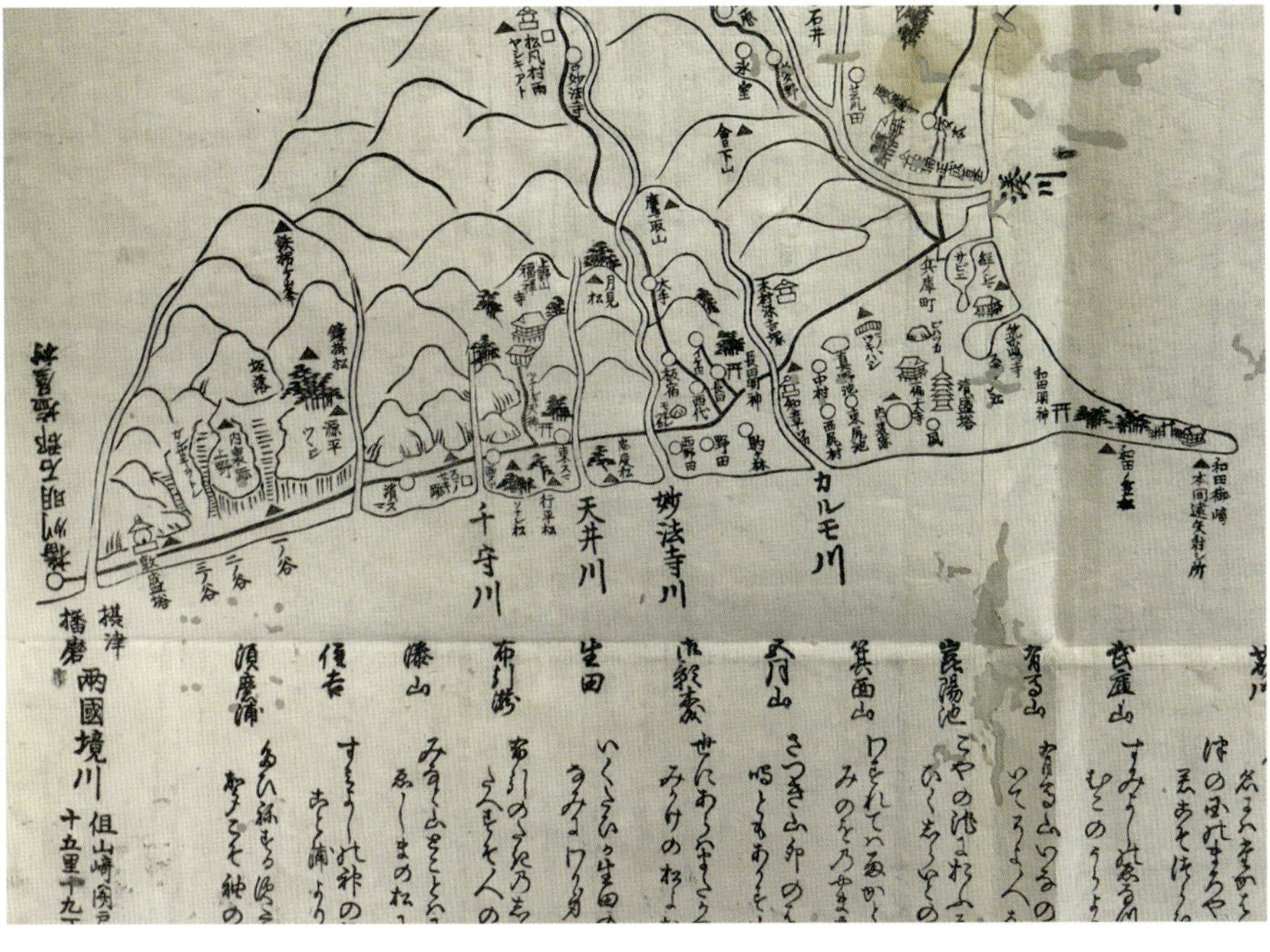

1748 年（寛延元）「摂津国名所細見之図」（国立公文書館蔵）

海と結びついた征服伝承

「古事記」・「日本書紀」

◉伝説に込められた史実

「古事記」「日本書紀」には、朝鮮出兵から帰る神功皇后と西摂《せいせつ》地域の伝説が記載されている。伝説では、神功皇后は筑紫で応神天皇を生んだことで、皇位継承を狙う麛坂《かごさか》王、忍熊《おしくま》王が反逆。これを攻めようと皇后は紀伊水道から難波を目指したが船が進まない。務古の水門に戻って祈ったところ、天照大神は広田国に、稚日女《わかひるめの》尊《みこと》は活田長峡国に、事代主尊は長田国に、祀るよう告げられたとある。

神功皇后は実在の人物ではなく、記述内容も史実とは信じがたい。しかし中国・吉林省に現存する好太王碑に、「辛卯年、倭が攻めてきた」とあり、この辛卯年が391年というのは日本だけでなく韓国でもほぼ通説とされる。4世紀末に大和王権が朝鮮半島へ出兵、航行の安全のため西摂地域の海民を掌握し、地域の祭祀権を手に入れたことは間違いない。そして西宮市の広田神社や神戸市の生田神社、長田神社の起源として、地元で信じられ守られてきた。

図1は二茶屋村の商家出身の画家若林良（号秀岳、1839～1915年）が1868年（慶応4）に描いた「開港神戸之図」（早稲田大学図書館蔵）である。生田村には「古名生田里」として、旧生田川（現在のフラワーロード）対岸の生田村こそが古来の生田里だとする。また西国街道が生田川を渡った北側に番所が描かれている。

◉描かれた神功皇后伝説

図2は1836年（天保7）「摂津国名所旧跡細見大絵図」（国立公文書館蔵）である。作者は江戸時代中期の大

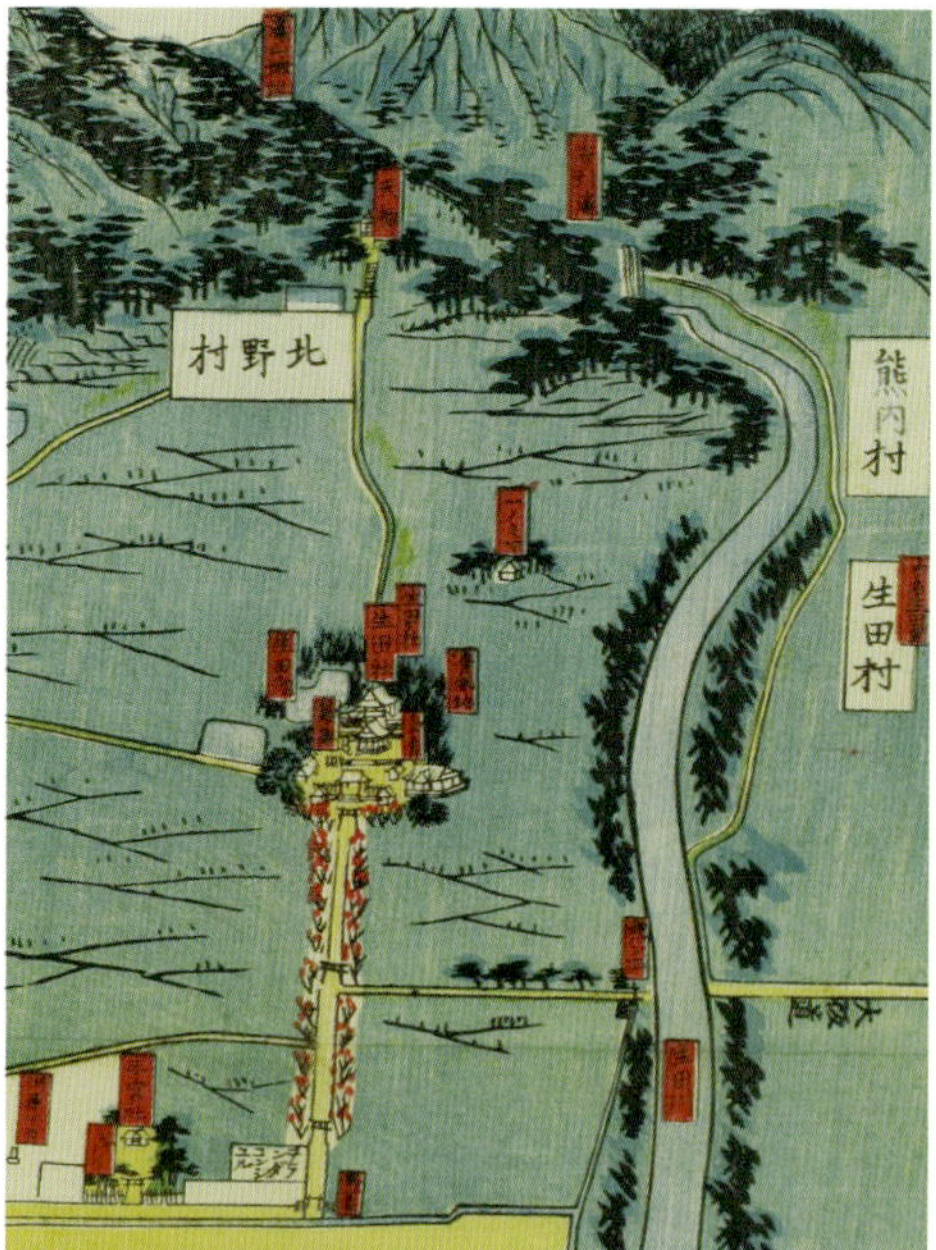

図1　若林秀岳「開港神戸之図」（1868年、早稲田大学図書館蔵）の生田神社付近

坂の浮世絵師、蔀《しとみ》関牛。蔀関月の息子であり門人だった。1827年（文政10）から1841年（天保12）にかけて、実用書や啓蒙書の挿絵、暦や地図も描き、篆刻や書にも優れていた。

「附言」に関牛は、先行する「摂津大絵図」は「素朴でずさん」「古跡は失われ所伝は紛々として偽習だらけで採用できない」として、群書図本などを参考に絵図を作成したと書く。こうして描かれた絵図では、武庫ノ泊を兵庫津沖に記載する。

「摂津名所絵図」でも武庫泊や武庫水門を「兵庫津をいう」と明記し「日本書紀」の務古水門の条を引用する。さらに武庫郡の巻には武庫海の項目を立て「尼崎より西は兵庫までをいう」とも記し、武庫海を広く捉えている。蔀関牛はこうした文献を参考に絵図を作成したのだろう。

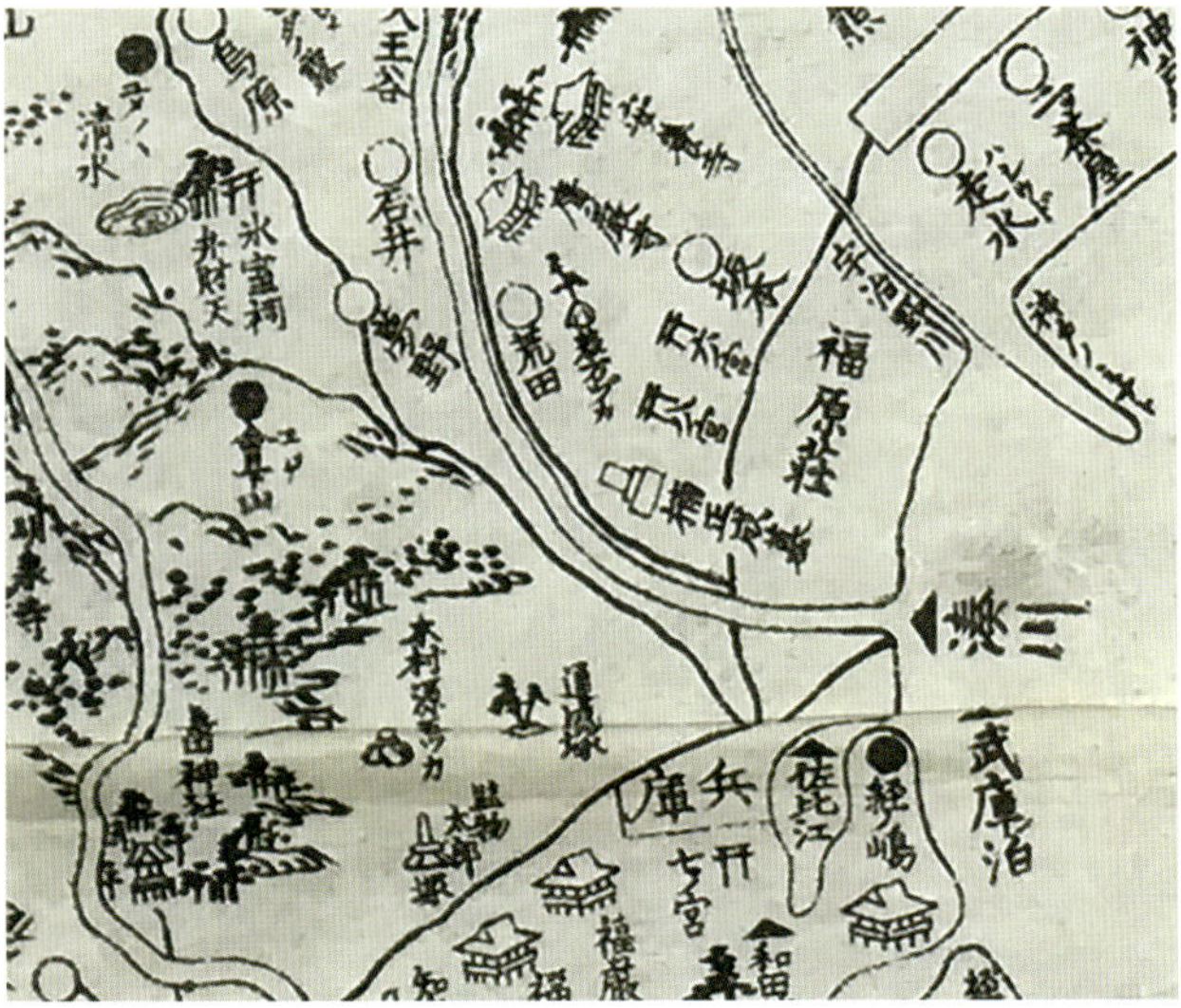

図２　1836 年「摂津国名所旧跡細見大絵図」（国立公文書館蔵）。兵庫津沖に「武庫ノ泊」

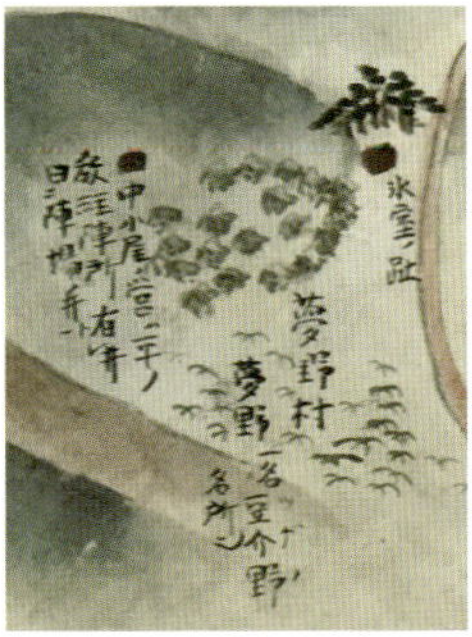

図３　森幸安「摂津州兵庫地図」（1751 年、国立公文書館蔵）

◉江戸時代から論争

麛坂王、忍熊王が神功皇后に背いたとき占いと狩をしたと「日本書紀」に書かれているのが菟餓野。仁徳天皇が高台で避暑中に鹿の声を聴いた場としても「日本書紀」に描かれ、闘鶏野、刀我野、斗賀野とも書かれた。

「摂津志」「摂陽群談」などは夢野をこの地に推定し、図3の森幸安《こうあん》「摂津州兵庫地図」（1751年〈宝暦元〉、国立公文書館蔵）は、夢野村に「一名豆介野《ツゲノ》、名所也」と付記する。

これに対し「摂津名所図会」は「皆謬《あやまり》」として大坂説を主張する。これが現在は受け入れられ大阪市北区の兎我野町とする説が有力。ただ1911年（明治44）刊行の『西摂大観』が「神戸の夢野の古称」と断定、神戸説も根強く生き残っている。

都人の海の玄関口

「万葉集」

◉境界の地で湧く郷愁と惜別の情

「万葉集」に収録された柿本人麻呂の歌には「玉藻刈る　敏馬《みぬめ》を過ぎて夏草の　野島の埼に船近づきぬ」とあり、山辺赤人の歌にも「淡路の島に　直《ただ》向かふ　敏馬の浦の…」とある。淡路島は五畿内の外の南海道にあり、敏馬は五畿内の海の玄関口であった。玄関口だからこそ、「敏馬の埼を　漕ぎ廻れば　大和恋しく…」（詠み人知らず）と、惜別の情がこみ上げてくる。

大宰帥として妻・大伴郎《おおとものいらつ》女《め》を伴い大宰府に赴任した大伴旅人《たびと》は、730年（天平2）大納言に昇任して帰京する途中に「妹と来し敏馬の埼を　帰るさに　ひとりし見れば涙ぐましも」「往くさには　二人我が見しこの埼を…」と任地で亡くなった妻を偲んだ。栄転して帰京するにもかかわらず、敏馬で亡妻を思い出し涙ぐむ。これも、敏馬が海の玄関口だったからだろう。

五畿内の玄関口になったのは、7世紀初め推古天皇の時代に、海外からの使いに神酒を与え饗応する場として、難波館と並んで敏売崎が選ばれたことに起因している。

敏売崎の場所については、現在の神戸港そのものという野中春水氏の説、和田岬とする折口信夫氏の説、駒ケ林や野田（長田区）説もあるが、やはり敏馬神社（中央区）付近という説が有力だ。

図1は1764年（明和元）ごろ、毛利藩絵師有馬喜惣太が描いた「行程記」（山口県文書館蔵）の敏馬神社付近。「三犬女浦共書く」として古歌を挙げているが、「万葉集」ではなく、「続後撰和歌集」「続千載和歌集」に収められた和歌を掲載している。

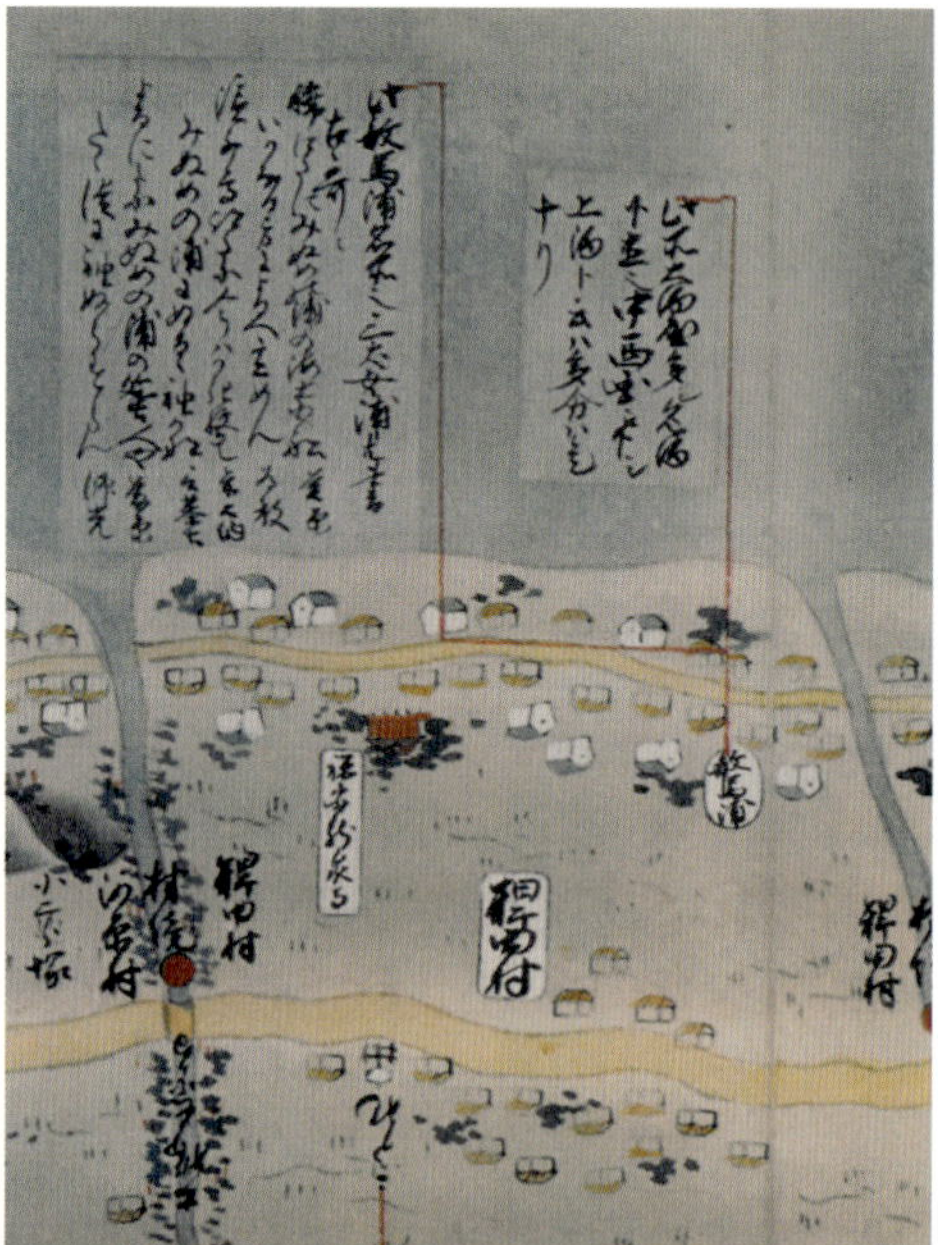

図1　有馬喜惣太「行程記」（1764年ごろ、山口県文書館蔵）

作者名を誤っていることは前著『絵図と歩くひょうご西国街道』でも指摘した。

●変遷を遂げる万葉の故地

図2は森幸安が1751年（宝暦元）に作成した「摂津国矢田部郡福原庄兵庫地図」（国立公文書館蔵）に描かれた真野。真野も「万葉集」に多く詠まれた。真野の地名は陸奥・近江・美濃・讃岐にもあるが、「万葉集」の真野は大半が西摂の真野だと諸書が解説する。

描かれた真野池は名所として知られたが1936年（昭和11）埋め立てられて志里池小学校となった。しかし児童が減少、阪神・淡路大震災を経て、神楽小学校と統合されて長田南小学校となった。1998年（平成10）の開校後、跡地は志里池公園に。小学校正門の石材を使った発祥の地の碑が立っている。

志里池小学校の校歌の冒頭は「真野のつぎはし 古き世のゆかりも深きあとなれば…」である。真野の継橋は苅藻川の左岸にあったと考えられ、名所図などにも描かれている。

一方「万葉集」には「真野の浦の淀の継橋心ゆも…」という歌もあり、江戸時代前期までは真野の継橋は苅藻川左岸に、淀の継橋は右岸にあったと信じられてきた。

ところが1734年（享保19）の「摂津志」は西国街道が苅藻川を渡る苅藻橋を真野の継橋と断定。「摂津志」に影響を受けた森幸安も、図2のように、淀の継橋と真野の継橋を同一のものとして苅藻橋に注釈を付けた。

継橋とは文字通り橋脚の上に幾枚もの橋板を継ぎ足して渡した橋で、この地が沼地だったことの証でもある。江戸時代になると沼地は耕地に姿を変えた。継橋の存在も次第に忘れられ、混同されたのだろう。

図2　森幸安「摂津国矢田部郡福原庄兵庫地図」（1751年、国立公文書館蔵）

忘れられた古代豪族の王

●古代の葦屋は広範囲

灘の海辺に2～1・5km間隔で並んだ三つの全長70～100mクラスの前方後円墳は、何世紀にもわたって歌人や文学者の心を揺さぶり続けた。東明《とうみょう》（東灘区）の処女塚、住吉（同）の東求女塚《ひがしもとめづか》、味泥（灘区）の西求女塚《にしもとめづか》である。

菟原処女《うないのおとめ》に菟原壮士《うないのおとこ》と血沼《ちぬの》壮士《おとこ》がともに求婚し、困った菟原処女が自殺、二人の男も後を追うという伝説。古墳の築造年代は西求女塚が3世紀後半、処女塚が4世紀前半、東求女塚が4世紀後半と築造年代が異なる。1796年（寛政8）の「摂津名所図会」はすでに「按ずるに、これみな上古の荒塚にて、文人・騒客、俚談を採つて風藻となす」と、事実ではないことを見抜いている。

しかし奈良時代の人々は違った。万葉歌人の高橋虫麿と田辺福麿が実際に現地を訪れ詠んだ歌には、多くの人が立ち寄って涙する光景を詠み込んでいる。『兵庫県史』では、高橋虫麿の歌を養老年間（717～24年）、また田辺福麿の歌を744年（天平16）と推定する。

もう一点興味深いのは、両方の歌が「葦屋之菟名負処女」「芦屋処女墓」と書き、ともにこの処女塚に「葦屋」と冠をつけている点である。大化の改新で50戸を里とし715年（霊亀元）に郷と改称して生まれた葦屋郷は、芦屋川から天上川付近、現在の東灘区東部をさすと考えられ

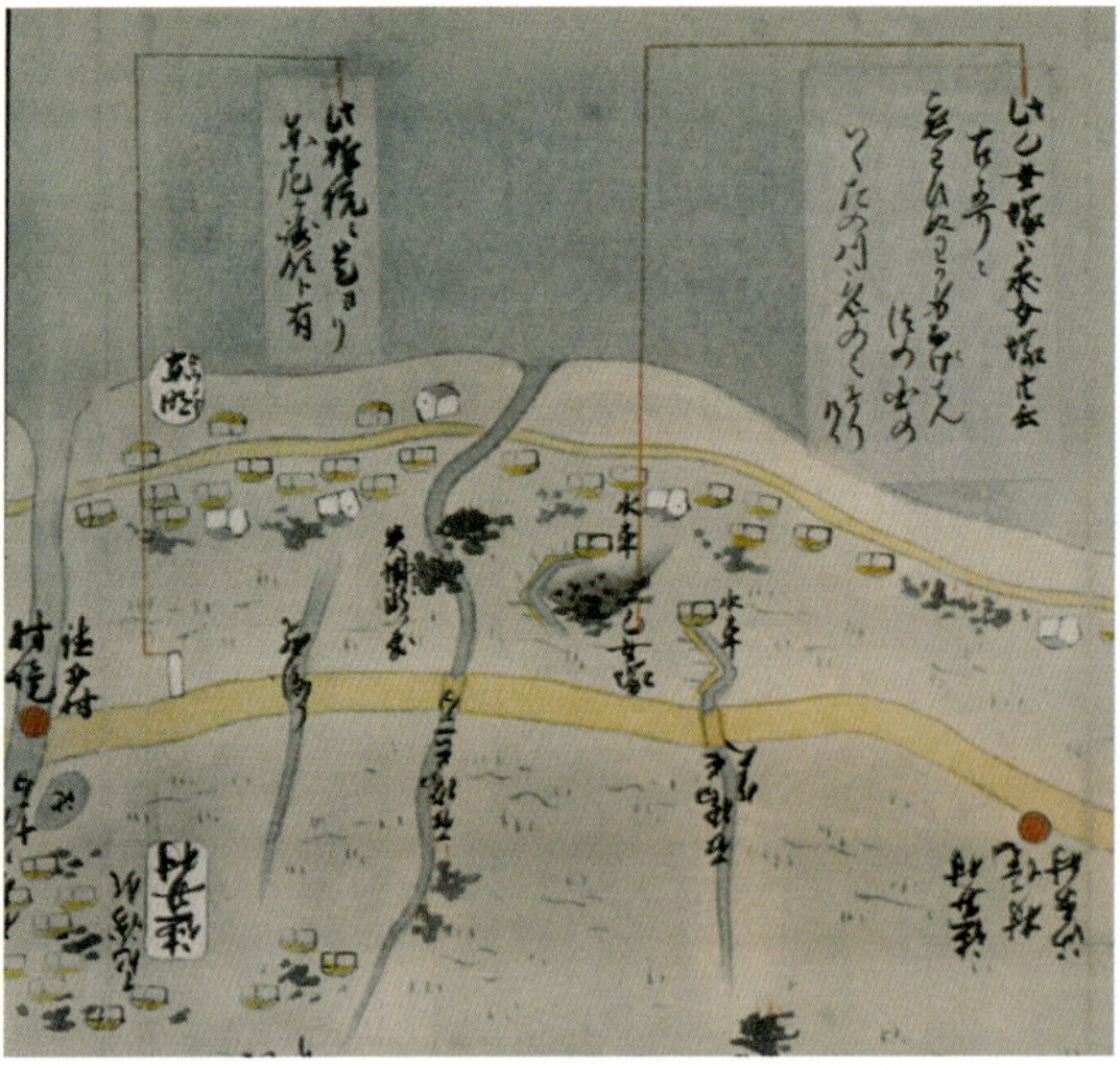

図1　1764年ごろの「行程記」（山口県文書館蔵）の乙女塚

る。そのさらに西にある処女塚を芦屋と称するのは、郷名となる以前の葦屋はもっと広い範囲をさしていたことの反映だろう。

◉舞台は生田川に変化

平安時代になると、951年（天暦5）ごろ成立とされる「大和物語」にこの伝承が取り入れられ流布、謡曲「求塚」などにもなった。ただし「大和物語」などでは生田川が舞台となり、水鳥を射抜くことを二人の若者が競い、ともに命中し女は生田川に入水する話に変わる。

「すみわびぬて　わが身なげてむ津の国の　生田の川は名のみなりけり」と死と生を対比させるために、舞台が生田川になったのだろう。

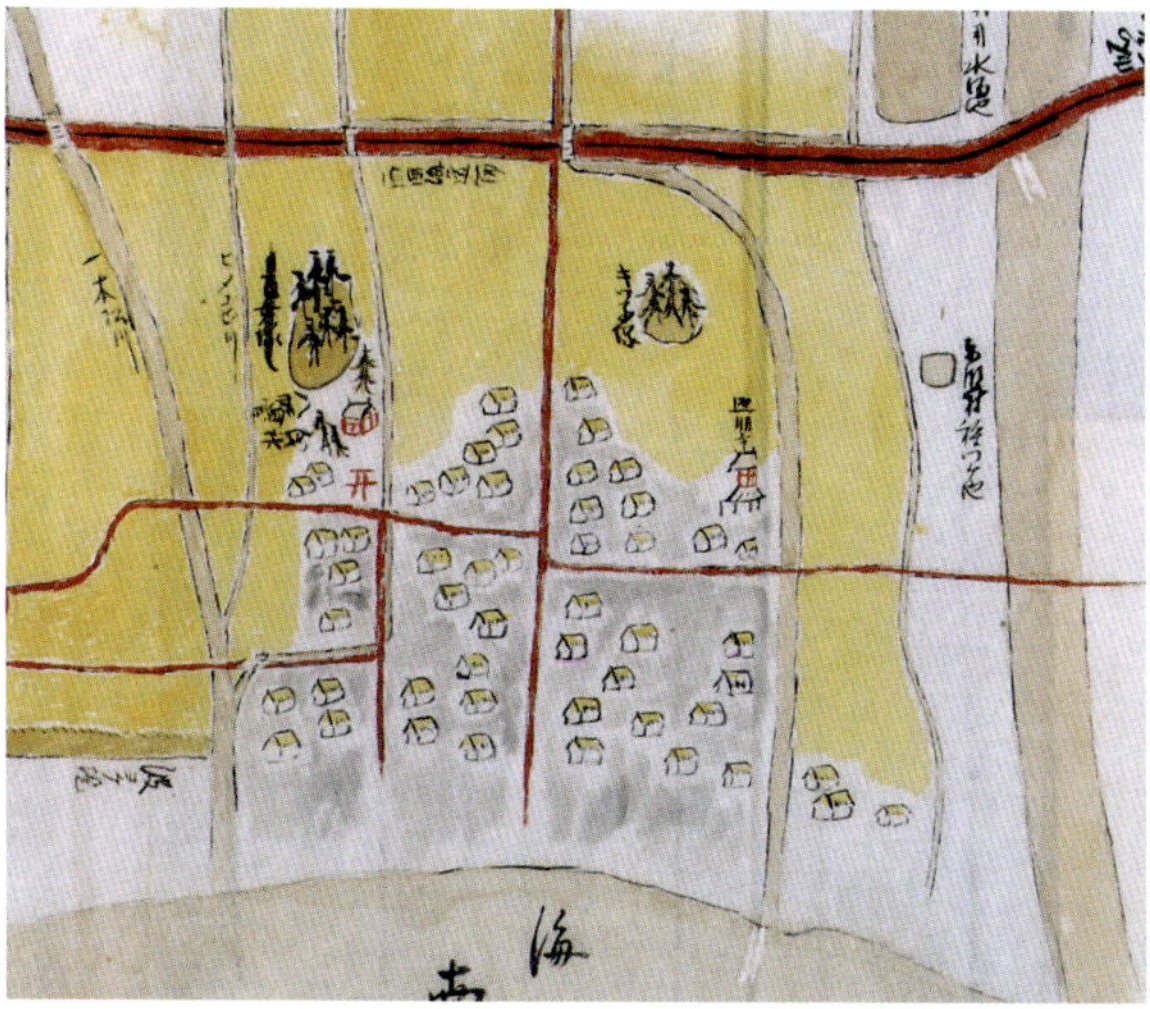

図2　1788年（天明8）と推定の「東明村絵図」（神戸大学文学部蔵御影村文書）

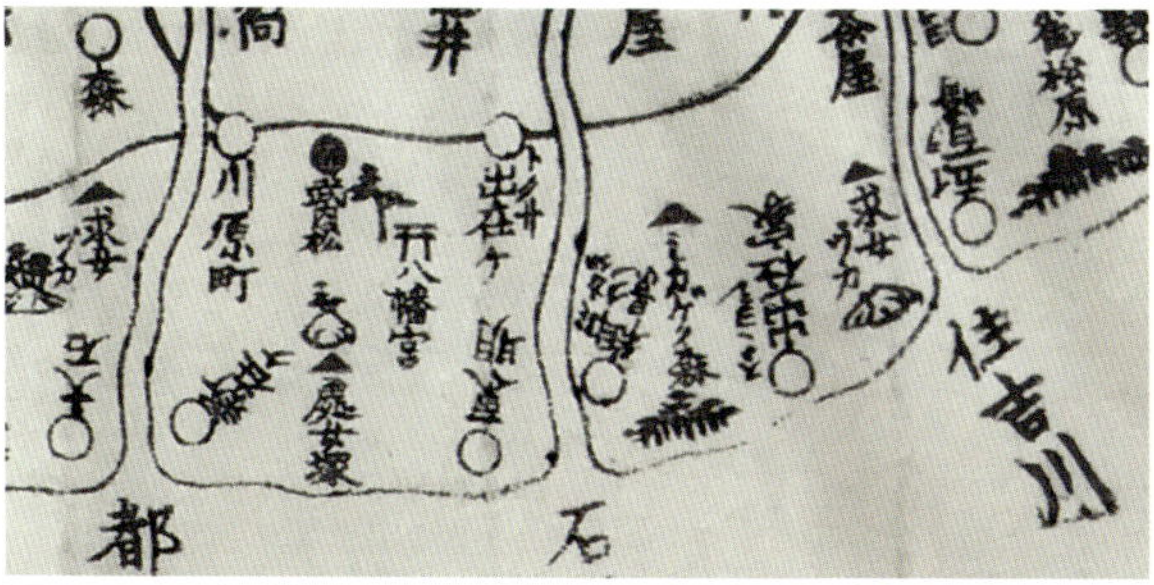

図3　1836年「摂津国名所旧跡細見大絵図」（国立公文書館蔵）の求女塚・処女塚・求女塚

◉地図に見る古墳名称

図1は1764年（明和元）ごろ制作の「行程記」（山口県文書館蔵）の乙女塚である。図2は1788年（天明8）と推定される「東明村絵図」（神戸大学文学部蔵 御影村文書）。村の北側に「乙女塚」と書かれ、その東には「キツネ塚」と、現在まったく知られていない古墳が描かれている。図3は1836年（天保7）「摂津国名所旧跡細見大絵図」（国立公文書館蔵）で、「処女塚」と表記されている。

図4は1921年（大正10）「阪神沿道案内　御影町・住吉村・魚崎町」（神戸深江生活文化史料館蔵）に描かれた乙女塚。当時阪神電車

は古墳のすぐ北を走っていたが、1929年（昭和4）に高架になった。新しい線路が赤い点線で示されている。

図5は1921年（大正10）の「阪神沿道案内　西郷町・西灘村」（神戸深江生活文化史料館蔵）に描かれた西求女塚。「大塚山」と記されている。1927年（昭和2）開業の西灘駅はまだない。

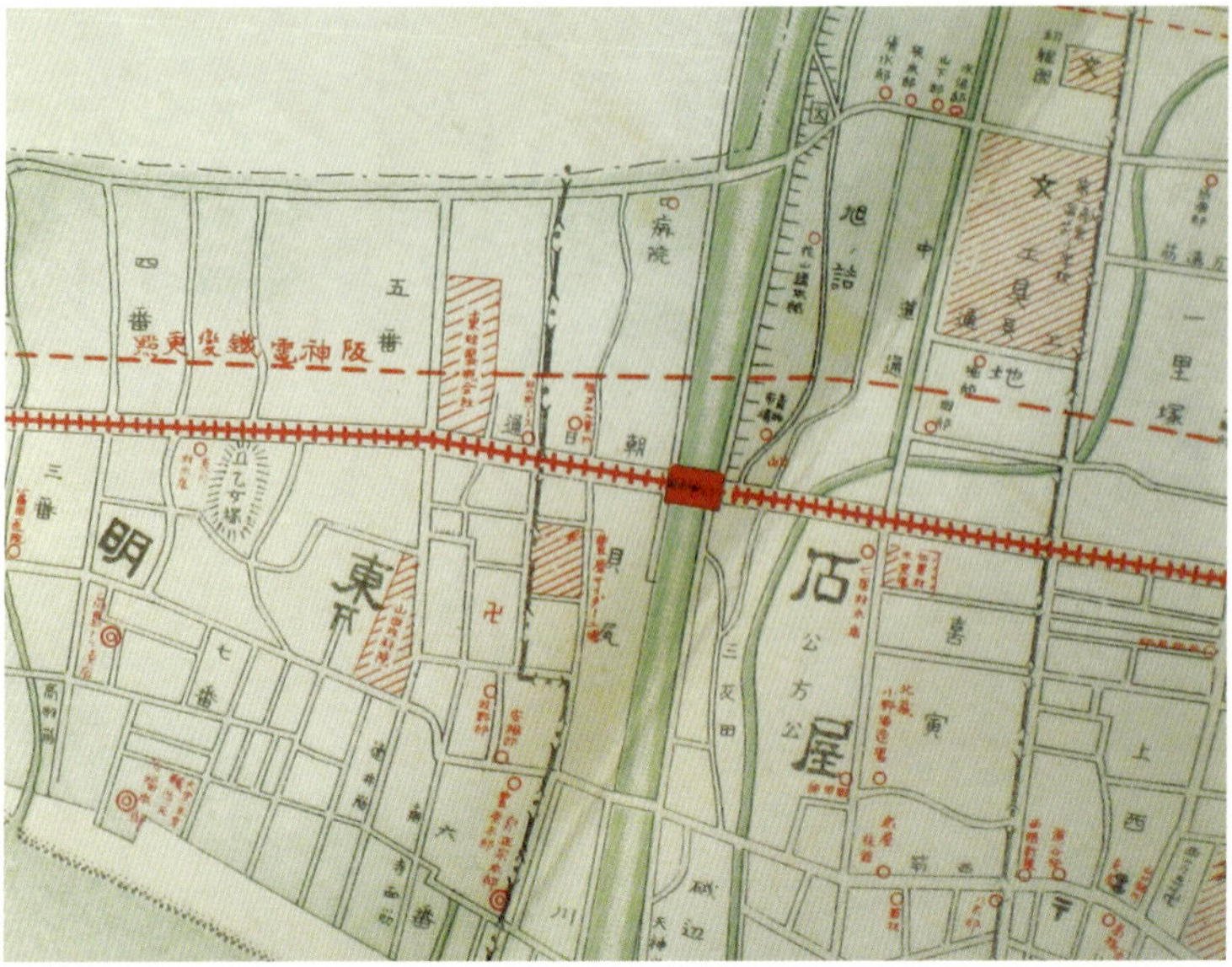

図4　1921年「阪神沿道案内　御影町・住吉村・魚崎町」（神戸深江生活文化史料館蔵）

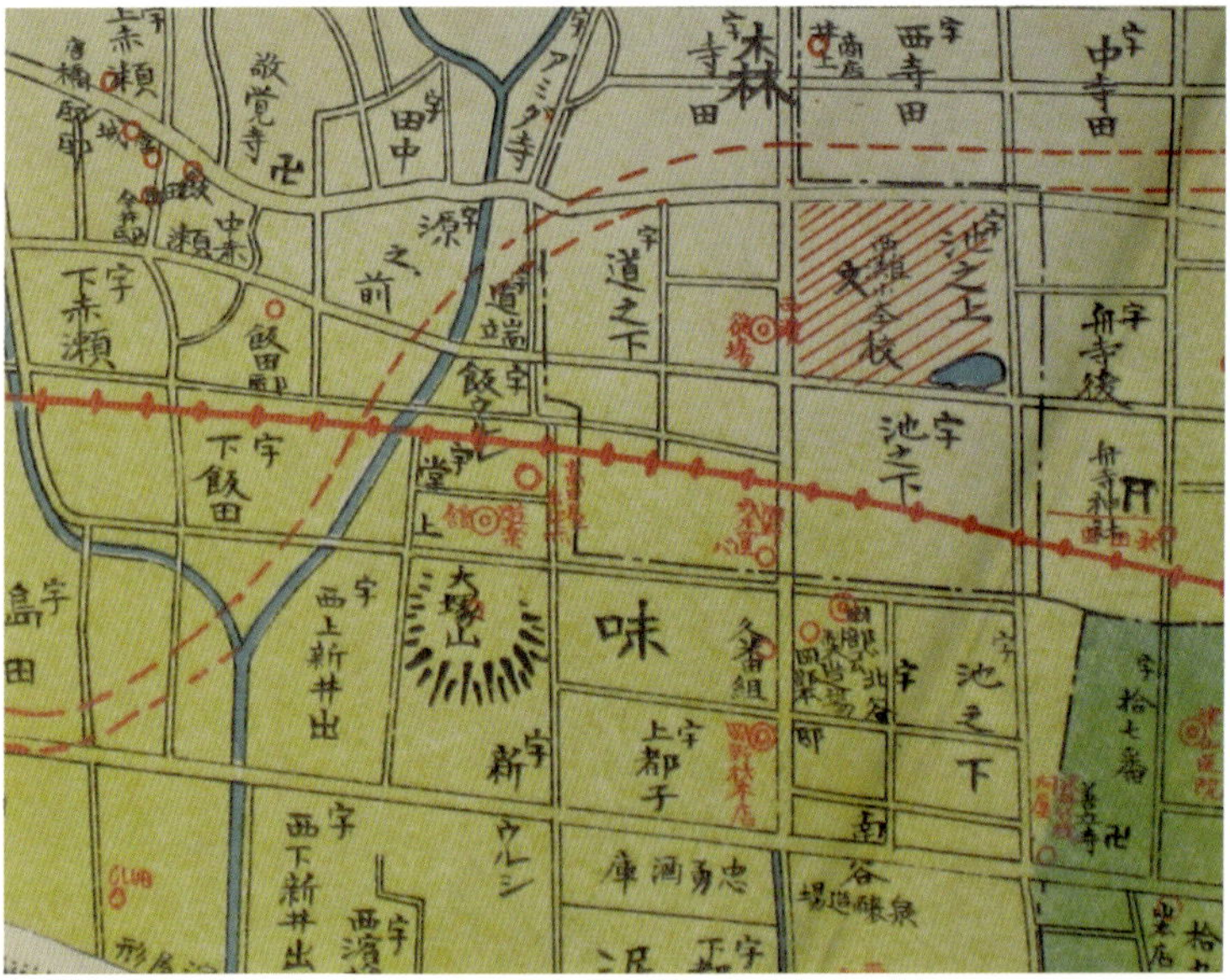

図5　「阪神沿道案内　西郷町・西灘村」（神戸深江生活文化史料館蔵）には「大塚山」とある

都人の残した風情

「古今和歌集」と在原行平

●わび住まいを和歌に

平安時代の歌人、在原行平（818~893年）は平城天皇の孫。阿保親王の第2子で、9歳で臣下に下り、在原姓を与えられた。須磨に蟄居を命じられ、多井畑の村長の娘もしほ・こふじを見染め、松風・村雨と名づけたという伝説が残る。行平が月見をした松、都に戻る際に衣を松に掛けた衣掛《きぬが》け松、松風・村雨は庵を編んで行平を偲んだなど、行平ゆかりの伝説に事欠かない。

「古今和歌集」に「わくらばに　とふ人あらば　須磨の浦に　藻塩たれつつ　わぶとこたへよ」という行平の和歌が収められている。「田むらの御時に、事にあたりて津の国の須磨といふ所にこもり侍りける」と詞書がある。「摂津名所図会」には「左遷の事、国史に見えず」とあるが、この詞書から田村帝と呼ばれた文徳天皇（在位850~858年）の時代に、須磨でわび住まいをしていたのは事実らしい。行平は846年（承和13）従五位上・右近衛少将に叙任した後、855年（斉衡2）従四位下・因幡守となり因幡に赴任、857年帰任して兵部大輔になっている。須磨にいたとすれば因幡守となる以前だろうか。

図1は地図考証家、森幸安が1751年（宝暦元）に作

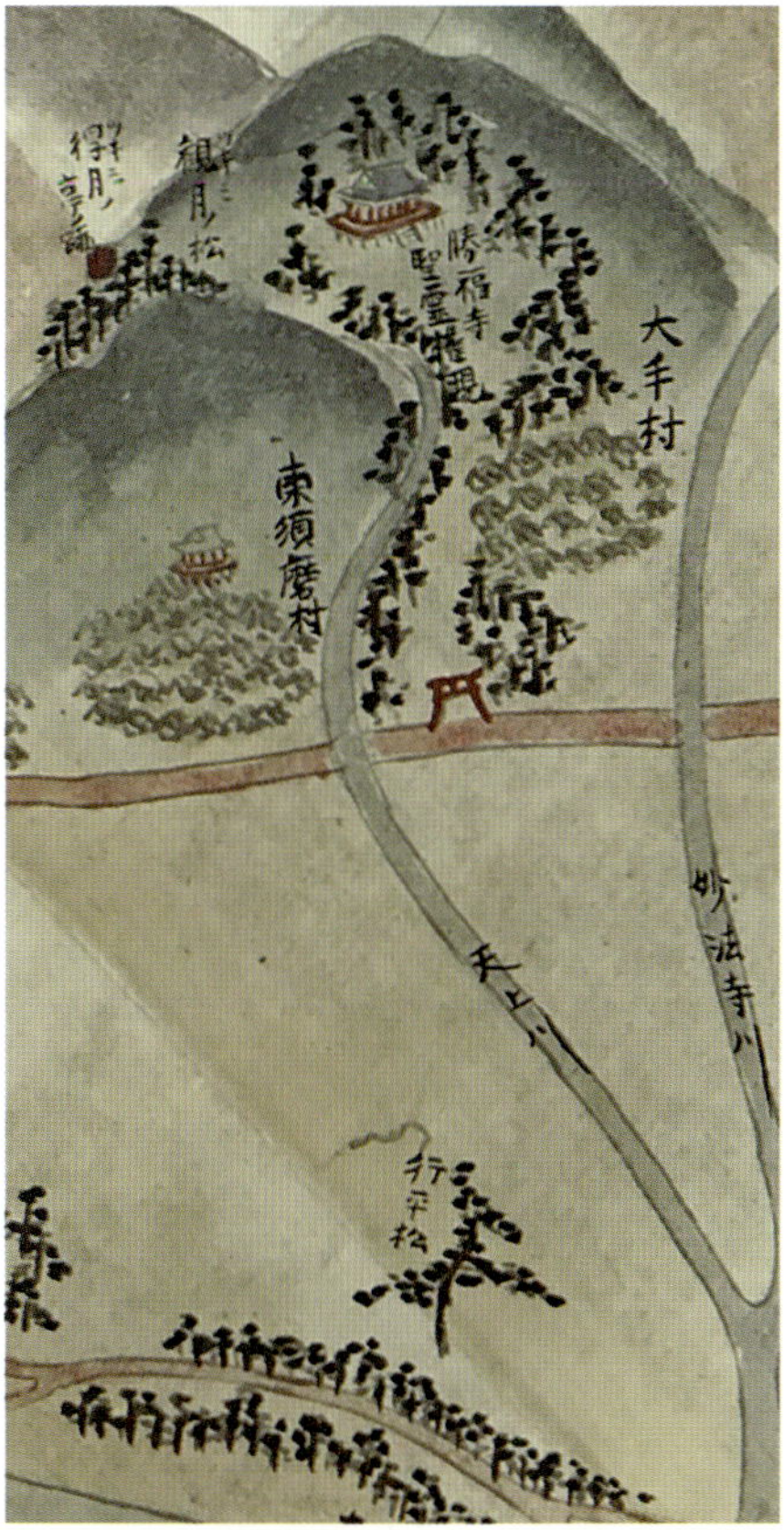

図1　森幸安「摂津国矢田部郡福原庄兵庫地図」（1751年、国立公文書館蔵）。行平松がひときわ大きく描かれ北には観月ノ松、得月ノ亭跡

図2　有馬喜惣太「行程記」（1764年ごろ、山口県文書館蔵）大手～東須磨

成した「摂津国矢田部郡福原庄兵庫地図」(国立公文書館蔵)。右下の海岸の松並木から少し内陸に、目立って大きな行平松、その北、東須磨村の山には観月ノ松、その西に得月《ツキミ》ノ亭跡が描かれている。

図2は1764年(明和元)ごろ毛利藩絵師有馬喜惣太が描いた「行程記」(山口県文書館蔵)。絹縣松、月見松と表記され、名称は多少異なるが、この辺を描くには必須の要素だったことがわかる。

●須磨の因幡山の成り立ち

「古今和歌集」の「立ちわかれ　いなばの山の峰におふる　まつとし聞かば　今かへりこむ」という在原行平の和歌は、「小倉百人一首」にも入れられ離別の歌としてよく知られている。

この因幡は行平の因幡守叙任と絡めて説明されるが、須磨にも稲葉山がある。1680年(延宝8)の「福原鬢鑑」に村雨堂の北に「いなば山」が描かれ、1683年(天和3)の「千種日記」には「福祥寺(須磨寺)を出て東の丘に松の多くたてるを稲葉山といふ。昔中納言行平の住み給ひし古跡也」として、「立ちわかれ…」の和歌を引用する。17世紀後半には、行平・松風・村雨の離別のドラマと、「小倉百人一首」の行平の離別の和歌が結びつき、須磨の名所になっていた。図3の1836年(天保7)「摂津国名所旧跡細見大絵図」(国立公文書館蔵)には月見松の北に「因幡遠山ノ松　松風村雨旧跡」と描かれている。

これは松風・村雨の亡霊を旅の僧侶が弔うという謡曲「松風」の流布と関係があると思われる。謡曲では「立ち別れ…」の和歌を引用して、「因幡の遠山の松が帰ってくる」という松風のセリフが人々の心をつかんだ。「摂津名所図会」も因幡遠山松について「按ずるにかの卿の和歌より名付しならん」と冷ややかにコメントしている。

図3　1836年「摂津国名所旧跡細見大絵図」(国立公文書館蔵)。右下に因幡遠山ノ松、北西に松風・村雨墓

周縁地域と交わる王朝文学

「源氏物語」

◉時の権力者から逃れて

　朱雀院の寵愛を受けていた朧月夜と深い関係になり、それが発覚して自ら都を逃れ須磨にわび住まいをした光源氏。その日々を描く「源氏物語」の第十二帖と第十三帖。須磨を「人里から離れ物寂しく漁師の家さえまれ」と酷評する。「源氏物語」は須磨の第十二帖から書き始めたという説があるが、その当否はともかく、紫式部が在原行平の須磨蟄居を強く意識して執筆しているのは間違いない。光源氏の住居は「行平の中納言の藻塩垂れつつ侘びける家居近きわたりなりけり」と書く。「摂津名所図会」には「光源氏旧蹟」として現光寺を紹介するが、同時に「『源氏物語』は作り双紙なれば古跡のあるべくとも思はれず」と冷静だ。

　また「源氏物語」は行平が「関吹き越ゆる」と詠んだ須磨の浦波の和歌を引き合いに、「波音が、夜毎耳元に聞こえる」と都から遠い地に蟄居する光源氏のわびしさを描く。

　行平にせよ光源氏にせよ、流刑ではないが時の権力者の怒りを買った場合の滞在地として、五畿内の端の須磨はふさわしい。

　紫式部は「駅の長に句詩取らする人もありける」とも書く。大宰府に左遷される菅原道真が明石駅家で駅長に詩を与えたという、平安時代後期の歴史書「大鏡」の記述を意識しているのである。

「源氏物語」は創作なのにゆかりの地が生まれ、古地図に書き込まれた。史実と考えられていたエピソードを物語に取り込むことで、現実と創作の世界が融合している。

　図1の1836年（天保7）「摂津国名所旧跡細見大絵図」

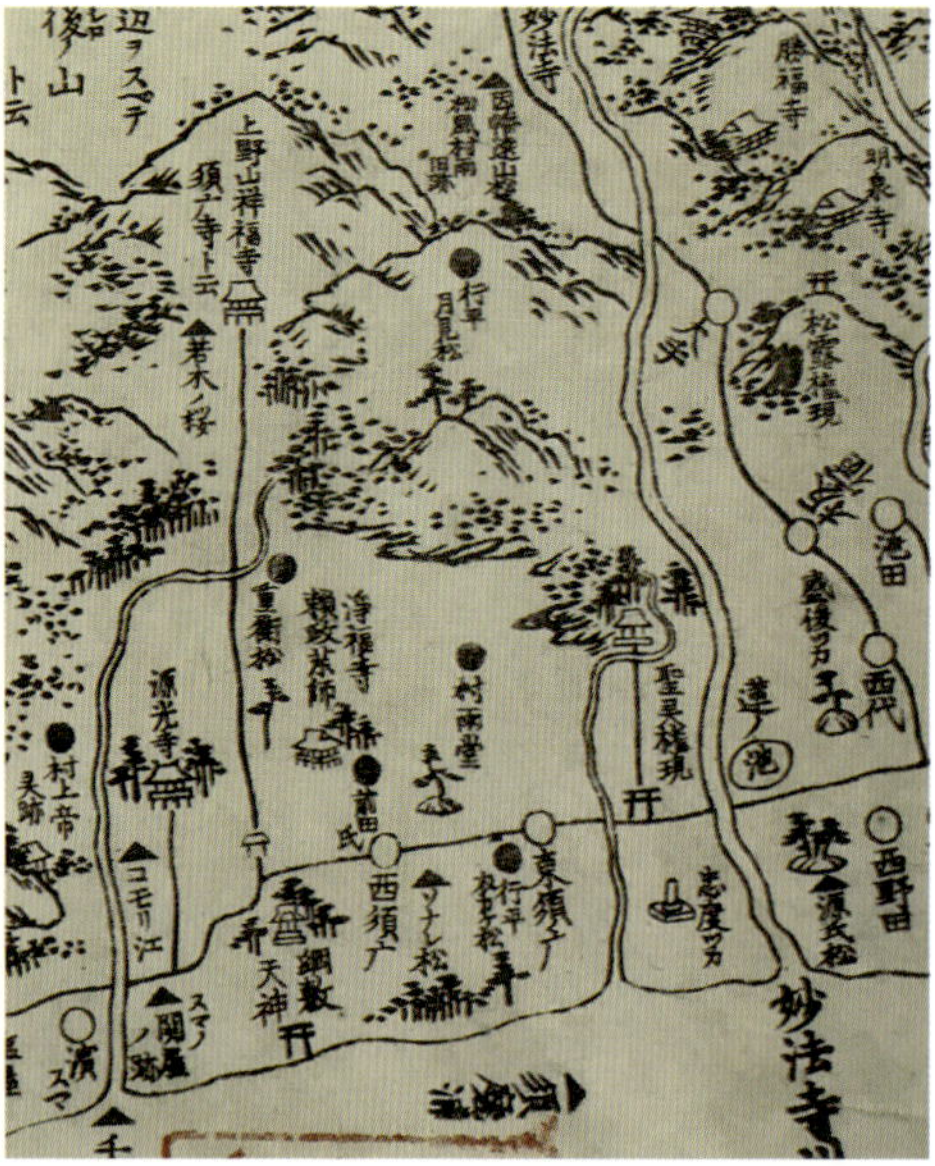

図1　1836年「摂津国名所旧跡細見大絵図」（国立公文書館蔵）

（国立公文書館蔵）だけでなく、図2の「元禄摂津国絵図」（同）でも光源氏が植えたという源氏松や図3「行程記」（山口県文書館蔵）には若木の桜を描く。史実と伝説の分別に鋭い指摘をしている「摂津名所図会」さえ、源氏松に「光源氏須磨に居たまふとき、ここに植ゑ置きたまひしとぞ」とそのまま記載している。

●国を超えての交流

「源氏物語」十三帖では光源氏は明石入道の娘と結ばれるが、数日間続いた暴風のあとの風向きの変化を利用して、明石へ短時間で到着する。「例の風出で来て、飛ぶように明石に着き」という表現に、宮崎修二朗氏は高橋和夫氏の『日本文学と気象』を引きつつ、「地元漁民ならではの知識」と表現する。

　須磨と明石を結ぶ山陽道は、古代は波に洗われ難路で、五畿内と山陽道との境界でもあった。その境界を船を利用して軽々と越え、簡単に往来した光源氏。明石の君と結ばれ、東播磨の実力者明石入道の支援を得る。これを境に光源氏は都に戻り、栄華を極めるのである。

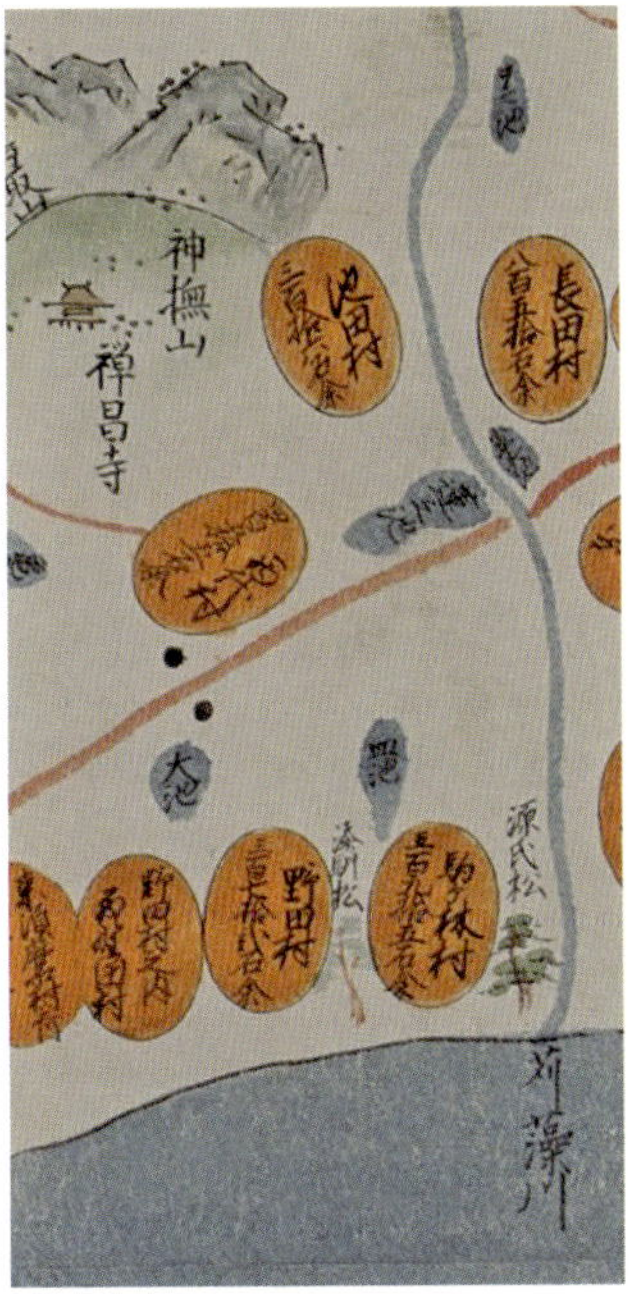

図2「元禄摂津国絵図」（国立公文書館蔵）にも源氏松が描かれている

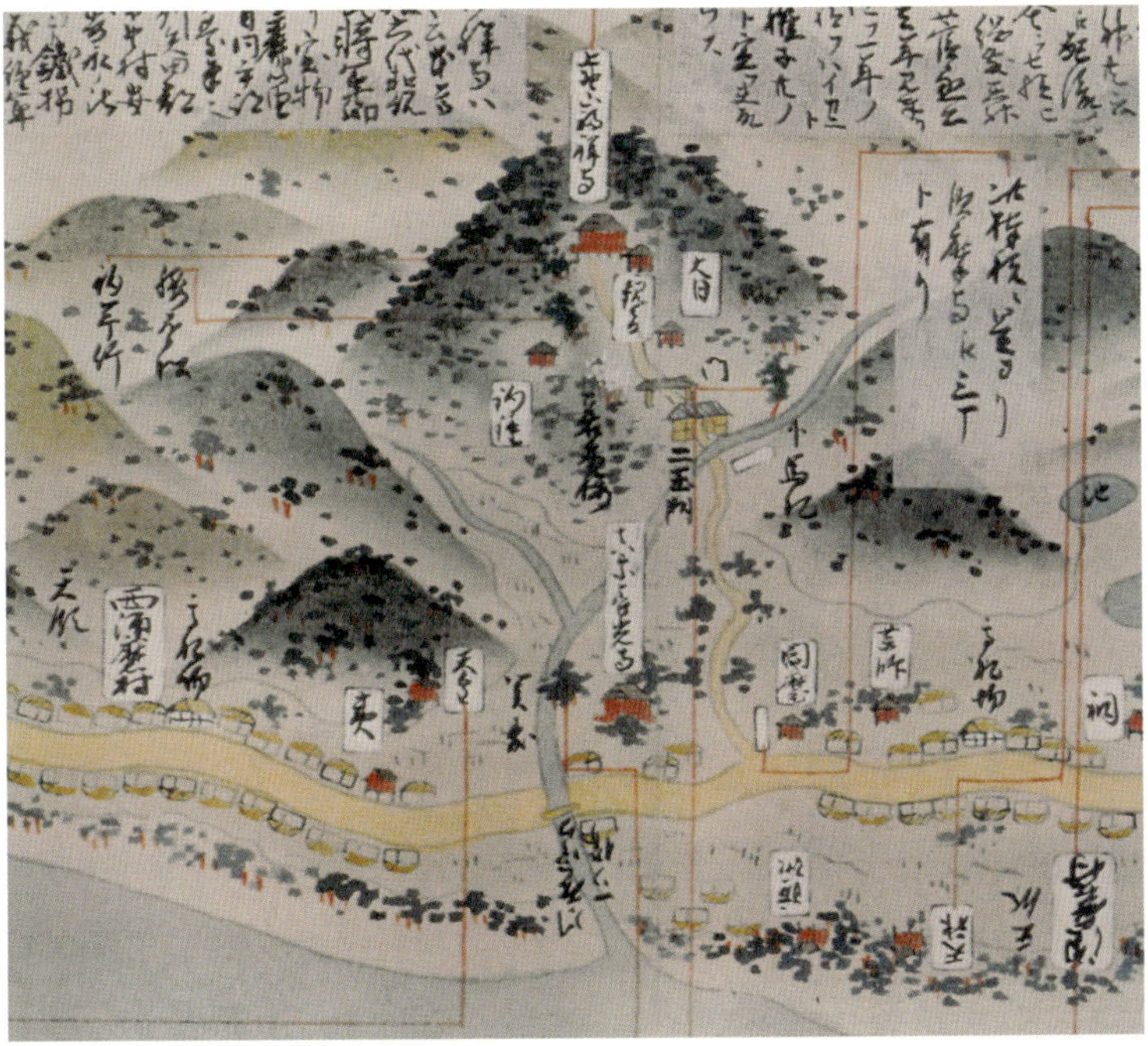

図3「行程記」（山口県文書館蔵）。光源氏が植えたという設定の若木の桜も重要な要素。光源氏の住まいは現光寺となっている。「善光寺」とある

滅びの美学の舞台
「平家物語」

◉考証家も筆の誤り

江戸時代中期の地図考証家、森幸安が1751年（宝暦元）に作成した「摂津国矢田部郡福原庄兵庫地図」（国立公文書館蔵）はふんだんに源平の戦いの伝承を記している。図1は鵯越。烏原村の東には願成就寺と小宰相局の墓が描かれている。小宰相局は、一ノ谷の戦いで戦死した平通盛の妻。屋島に向かう船で夫の戦死を知り投身した。願成就寺は1905年（明治38）烏原貯水池建造のため水没、兵庫区松本通2丁目に移転した。

この図には右端に「中小屋ノ営ハ平ノ教経陣所、井有、陣場ノ井」と書いている。教経は平清盛の弟教盛の次男で、平家きっての剛勇の士として知られ、山ノ手の砦を守っていたとされる。この絵図以外に教経陣所を描いた絵図は寡聞にして知らない。

森幸安は綿密な考証で知られているが、図1で鵯越の東の山を会下山と書いているのは明らかに誤りである。本書21ページの「摂津国地図」（図6）では烏原村の北の山を湊山と書き、南側に会下山と書き込んでいるので、珍しいうっかりミスだろう。

◉さながら「源平戦跡絵図」

図2は森幸安の「摂津国矢田部郡福原庄兵庫地図」に描かれた東尻池村から池田村、西代村《にしだい》（いずれも長田区）付近である。このあたりは平家の名だたる武将たちが相次ぎ戦死した場所。生田の森を守っていた平知盛家臣の監物太郎墓、池の中に源氏方の木村源吾墓。池のたもとには平盛俊墓。街道の南側には、父平知盛の身代わりになって討ち死にした平知章墓。西代村の北に

図1　森幸安「摂津国矢田部郡福原庄兵庫地図」（1751年、国立公文書館蔵）に描かれた鵯越と願成就寺、平教経陣所

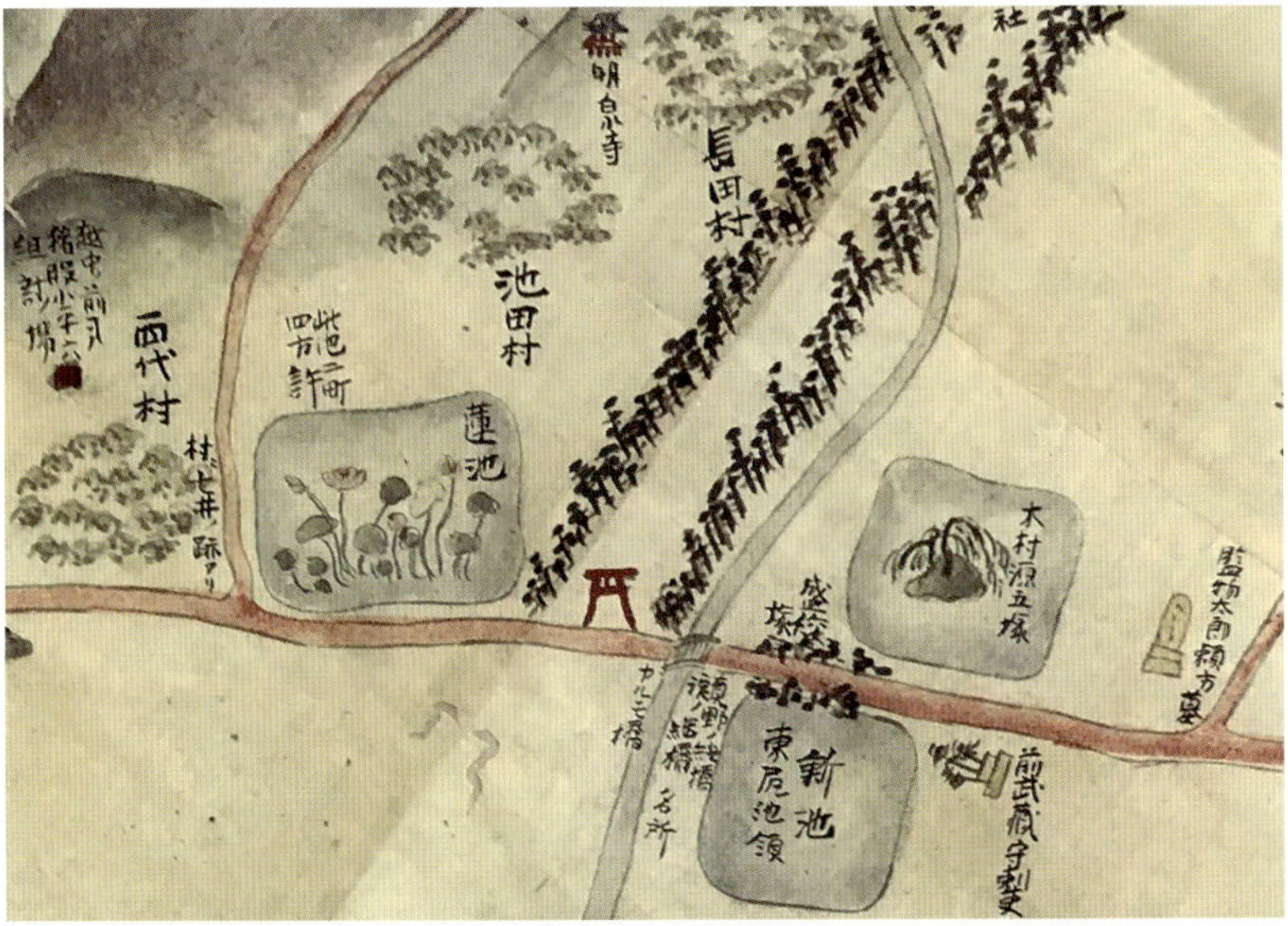

図２　森幸安「摂津国矢田部郡福原庄兵庫地図」東尻池〜西代

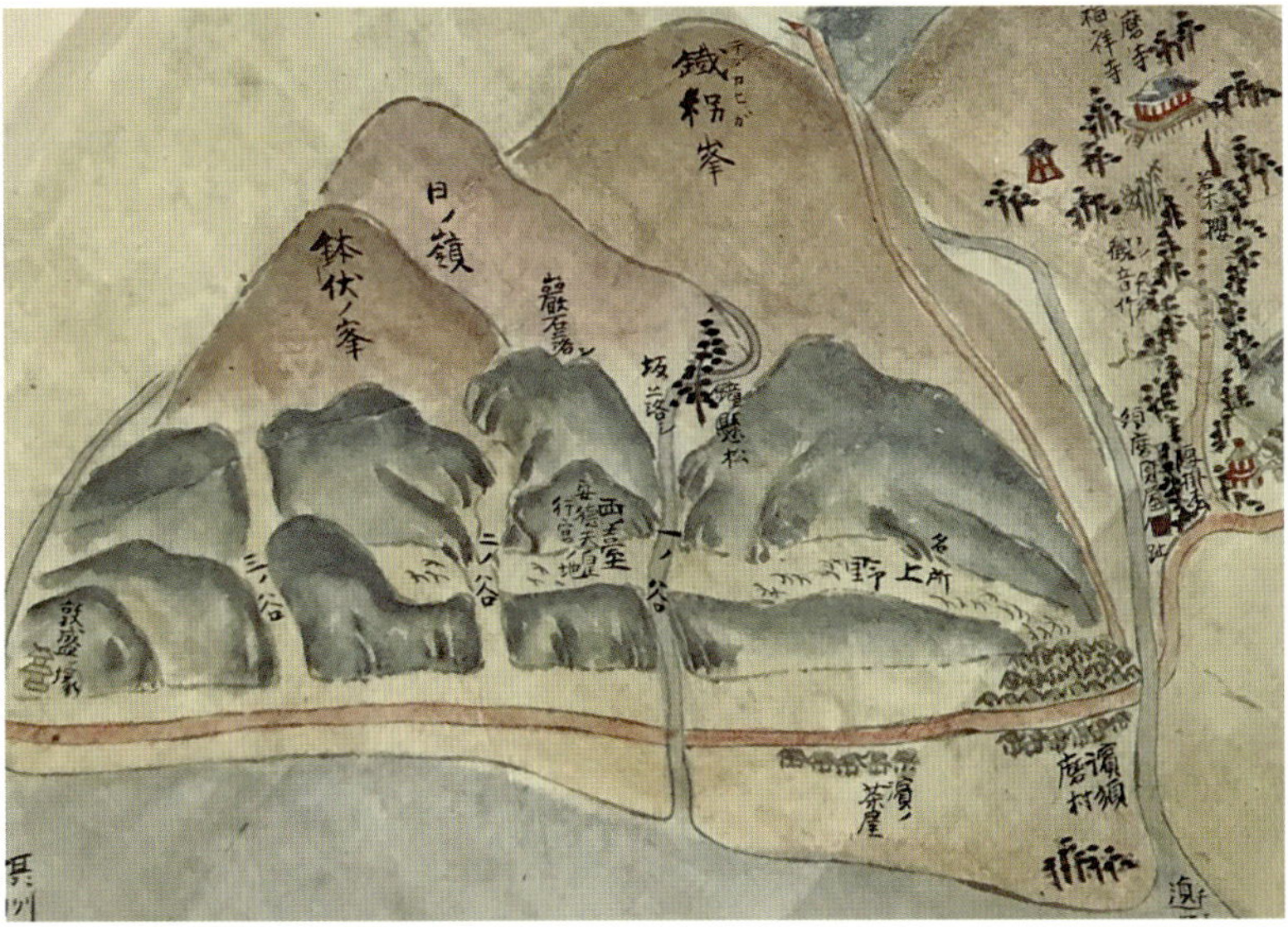

図３　森幸安「摂津国矢田部郡福原庄兵庫地図」須磨寺〜敦盛塚

は、平家屈指の武将の平盛俊が討たれた場所を描く。猪俣小平六と組討ち、いったんはねじ伏せたが、許しを請われて油断した隙に命を落とした。少し北には平盛俊が陣所にしたため焼失した明泉寺も描かれている。当時は1・5㎞ほど北にあったが、観応の擾乱で破壊され1351年（観応2）赤松光範が現在地に復興したという。

図3はさらに西の須磨寺から敦盛塚まで。合戦場になった一ノ谷付近には、弁慶が鐘を掛けたといい松尾芭蕉も訪れた

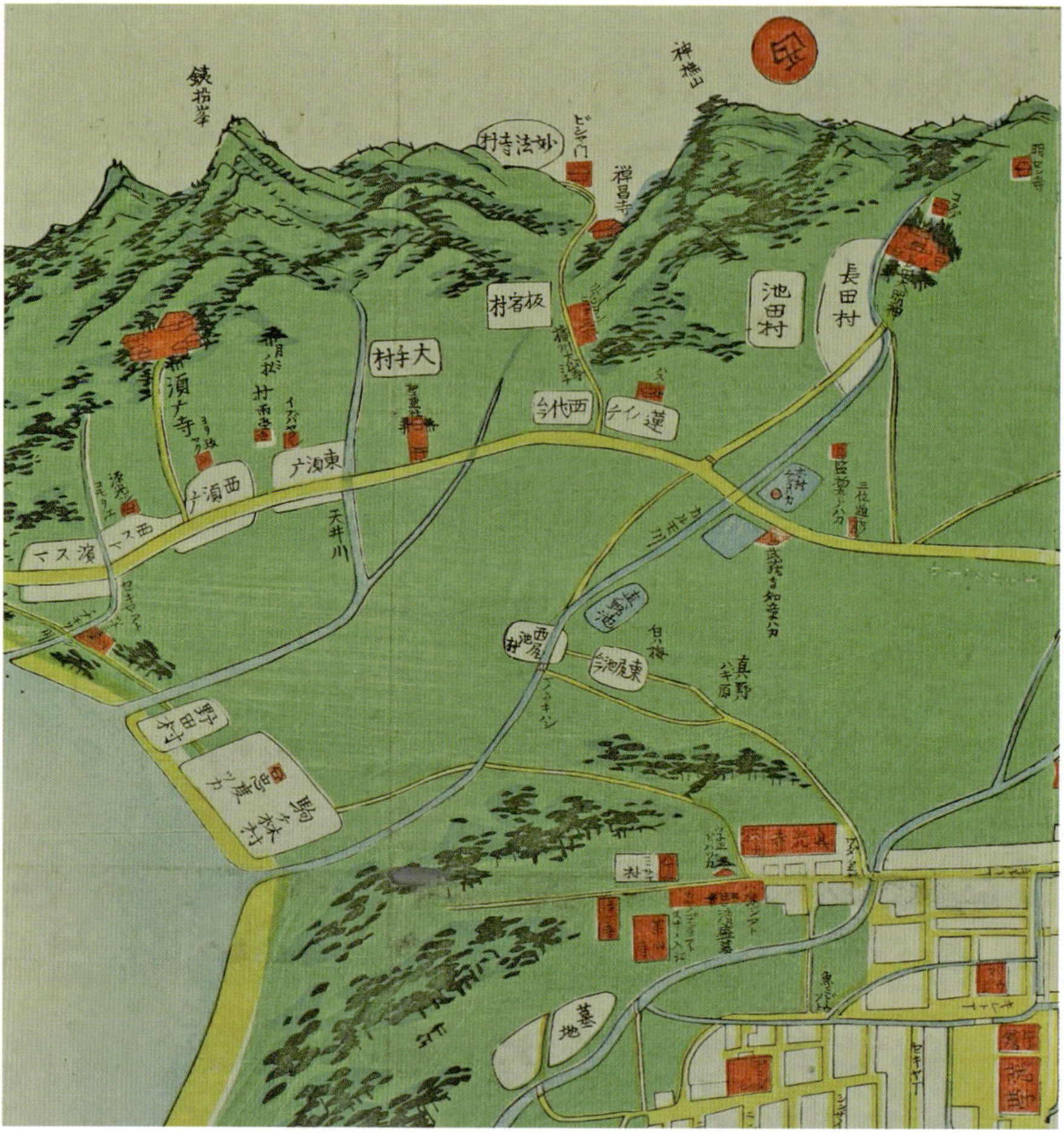

図４　若林秀岳「兵庫細見全図」（1869年、早稲田大学図書館蔵）兵庫津～浜須磨

鐘懸け松、安徳天皇行宮《あんぐう》ノ地を描く。巖石落としと坂落としもここに描いている。「摂津名所図会」も一ノ谷の合戦で、源義経が攻め落としたために名が付いたと書いているが、森幸安は逆落としを須磨と考えていたようだ。

その場所の検証はともかく森幸安の地図は「源平戦跡絵図」と言っても過言ではない。

しかしそれは森幸安だけではなかった。二茶屋村生まれの地元の画家若林良（号は秀岳）が1869年（明治2）に描いた「兵庫細見全図」（図4）でも監物太郎墓、木村源吾墓、平知章墓などを描き、森幸安が書き漏らした平通盛墓まで描く。この地を語るのに「平家物語」は不可欠の要素だった。

時代ごとに読み直される英雄

「太平記」

◉講釈師が高めた評価

鎌倉幕府崩壊の後、後醍醐天皇に反旗を翻した足利尊氏は、1336年（建武3）摂津国の豊島河原合戦で後醍醐天皇軍に敗北、九州に落ち延びた。態勢を立て直し大軍で京に上る尊氏軍に対し、楠木正成は京で迎え撃つ案を提案したが退けられ、命に従いあえなく戦死する。その潔さ、忠臣ぶりが江戸時代に再評価された。

1692年（元禄5）水戸黄門こと光圀が「嗚呼忠臣楠子之墓」と彫った石塔を立てたことは有名だが、最初に顕彰したのは尼崎藩主青山幸利。

1680年（延宝8）の「福原鬢鏡」に幸利が五輪塔を立てたことが見える。こうした背景には、楠木正成を理想の為政者とする「太平記」の解釈書「太平記評判秘伝理尽鈔」が17世紀半ばに刊行され「太平記読み」と呼ばれた講釈師が生まれたことが大きい。

図1は森幸安が1751年（宝暦元）に描いた「摂津国矢田部郡福原庄兵庫地図」（国立公文書館蔵）。広厳寺に「楠正成菩提所」と書かれ、現在の湊川神社の付近に「楠正成塔」と記入されている。

◉学者と代官・百姓が顕彰碑

楠木正成とともに湊川の戦

図１　森幸安「摂津国矢田部郡福原庄兵庫地図」（1751 年、国立公文書館蔵）に描かれた楠木正成の遺跡

いで敗れ、生田の森から逃走する新田義貞は東明《とうみょう》（東灘区）の処女塚付近で馬を射られ窮地に陥った。これを見た小山田高家は、自分の馬に義貞をのせて逃れさせ、身代わりに戦死したという。

処女塚には1846年（弘化3）幕府代官竹垣直道が東明村塚本善左衛門らに命じて建てた小山田高家顕彰碑が現存する。本書98ページの「阪神沿道案内　御影町・住吉村・魚崎町」（神戸深江生活文化史料館蔵）には墳丘の上に石碑が描かれているが、建立者や碑文を書いた人物はほとんど注目されてこなかった。神戸市教育委員会の看板にも書かれていない。1911年（明治44）刊行の『西摂大観』が「紀殿人　伊達護二郎千広記」と誤読していて、この人

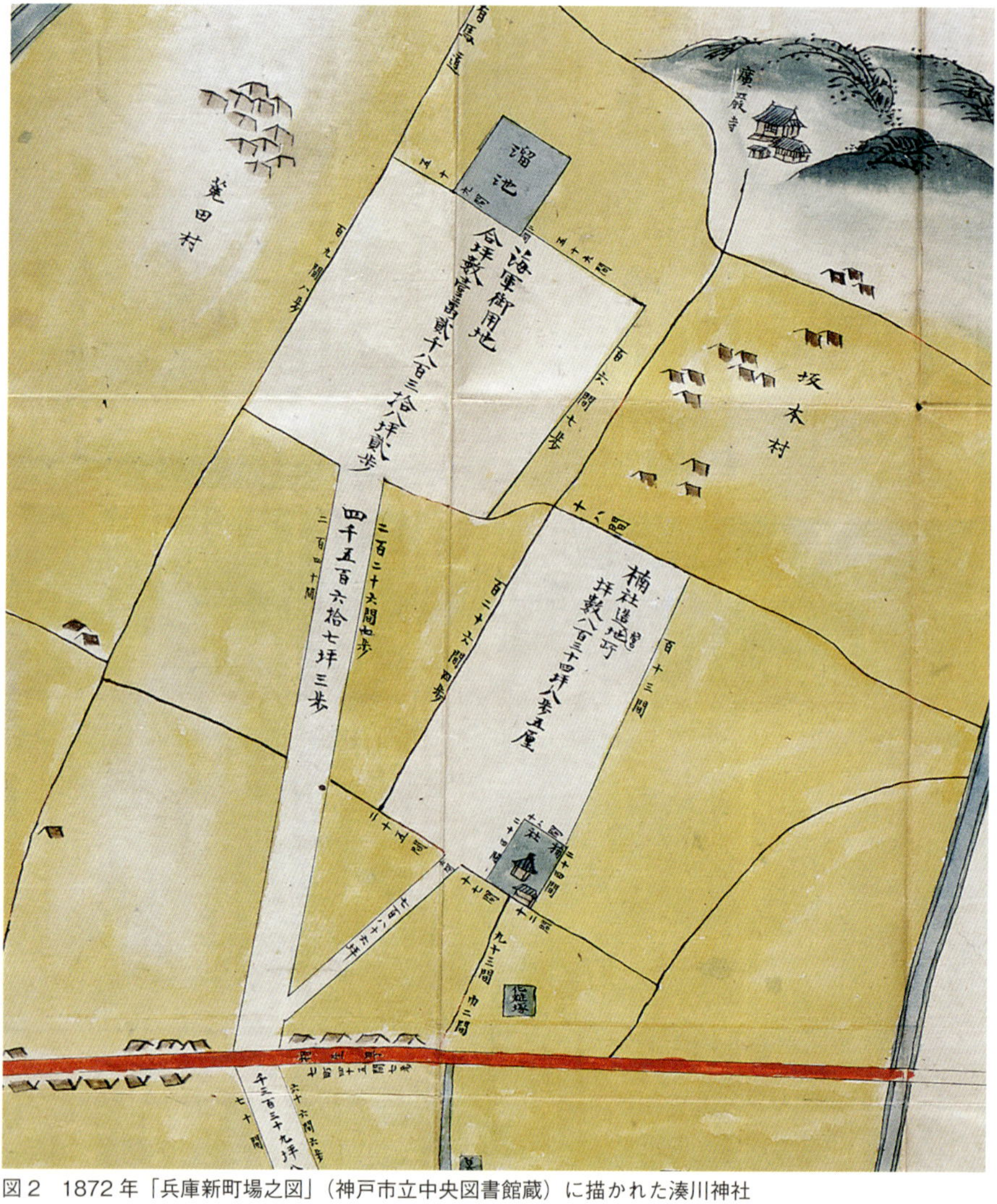

図2　1872年「兵庫新町場之図」（神戸市立中央図書館蔵）に描かれた湊川神社

物をだれか割り出せなかったのではなかろうか。

　それが今回判明した。「紀殿人」は「紀伊人」、「護二郎」は藤二郎の誤読で、伊達宗広（1802~77年）と思われる。本名は宗広だが千広と名乗り、幕末の紀州藩士。勘定奉行や寺社奉行などを歴任、国学者でもあり尊王攘夷運動に身を投じた。しかし藩内の権力闘争に敗北、軟禁された。1861年（文久元）前土佐藩主・山内容堂の口利きによって釈放されたというから、相当な人物だったのだろう。ただ不平等条約撤廃に功績のあった外務大臣、兵庫県知事を歴任した陸奥宗光の実父と言った方が通りがよいかもしれない。

　幕府代官と紀州の国学者で尊王攘夷派と百姓という異色の顔ぶれが作った小山田高家の顕彰碑。どんなネットワークがあったのだろう。背景や繋がりは謎が多い。

●古地図に描く「太平記」

　図2は1872年（明治5）の「兵庫新町場之図」（神戸市立中央図書館蔵）に描かれた湊川神社。楠木正成を祀る神社を作る動きは京都でも進められたが、最終的に明治天皇の命によって、この年創設された。敷地は834坪余り。西北には海軍用地が確保されている。これは1873年に設置される大阪鎮台兵庫分営の予定地。和田岬砲台で射撃訓練などをおこなったが、1877年に廃止された。

　図3は前述の森幸安の「摂津国矢田部郡福原庄兵庫地図」に描かれた和田岬。西岸に遠射ノ浜と書かれているが、いうまでもなく遠矢浜。足利尊氏の大軍に対して本間重氏がこの浜から矢を放ち、魚をくわえた海鳥の羽をつらぬき、両軍から喝采と同時に、足利軍が肝を冷やしたと「太平記」にある。和田岬小学校には本間重氏遠射之跡の石碑と遠矢松碑が立っている。

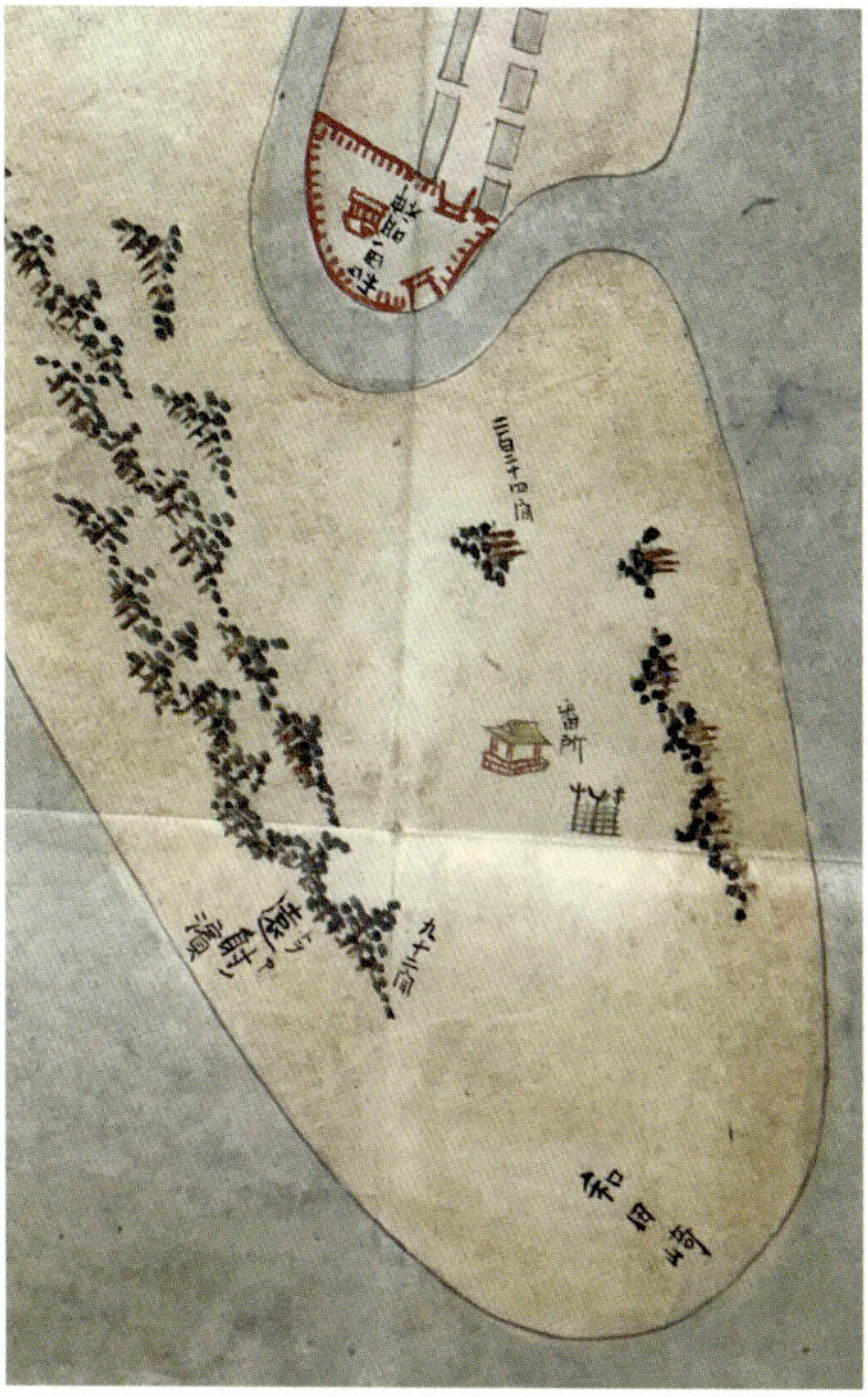

図3　森幸安の「摂津国矢田部郡福原庄兵庫地図」（国立公文書館蔵）に描かれた和田岬

初代英総領事が見た町並み

「大君の都」

◉酒造と造船が盛んな兵庫津

1858年（安政5）、アメリカと日本の間で結ばれた日米修好通商条約によって、1863年（文久3）1月1日に兵庫開港が決まった。図1、2は開港を控えた1862年の「兵庫津之図」（早稲田大学図書館蔵）である。しかし朝廷からの勅許が下りず、62年の「ロンドン覚書」によって開港は5年先延ばしとなった。図1、2の絵図はまさに兵庫津の運命が大きく変わろうとするときの町の様子を描いている。最終的には兵庫開港ではなく神戸開港になった歴史は周知の通りだ。

この緊迫した状況で兵庫津を歩いた外国人がいる。イギリスの初代駐日総領事ラザフォード・オールコックで、『大君の都』という大著をまとめた。

オールコックは1861年6月（文久元年5月）、兵庫津の新在家町浜に上陸、出在家町を通り薬仙寺に宿泊した。新在家は朝鮮通信使の上陸にも使われていて、江戸時代の国際港の役割を果たしていた。

翌日オールコックは兵庫津の町を視察している。日本側の史料によると、午前8時ごろ薬仙寺を出発、出在家町から新在家町や船大工町、島上町を通り海岸沿いの町を北上。

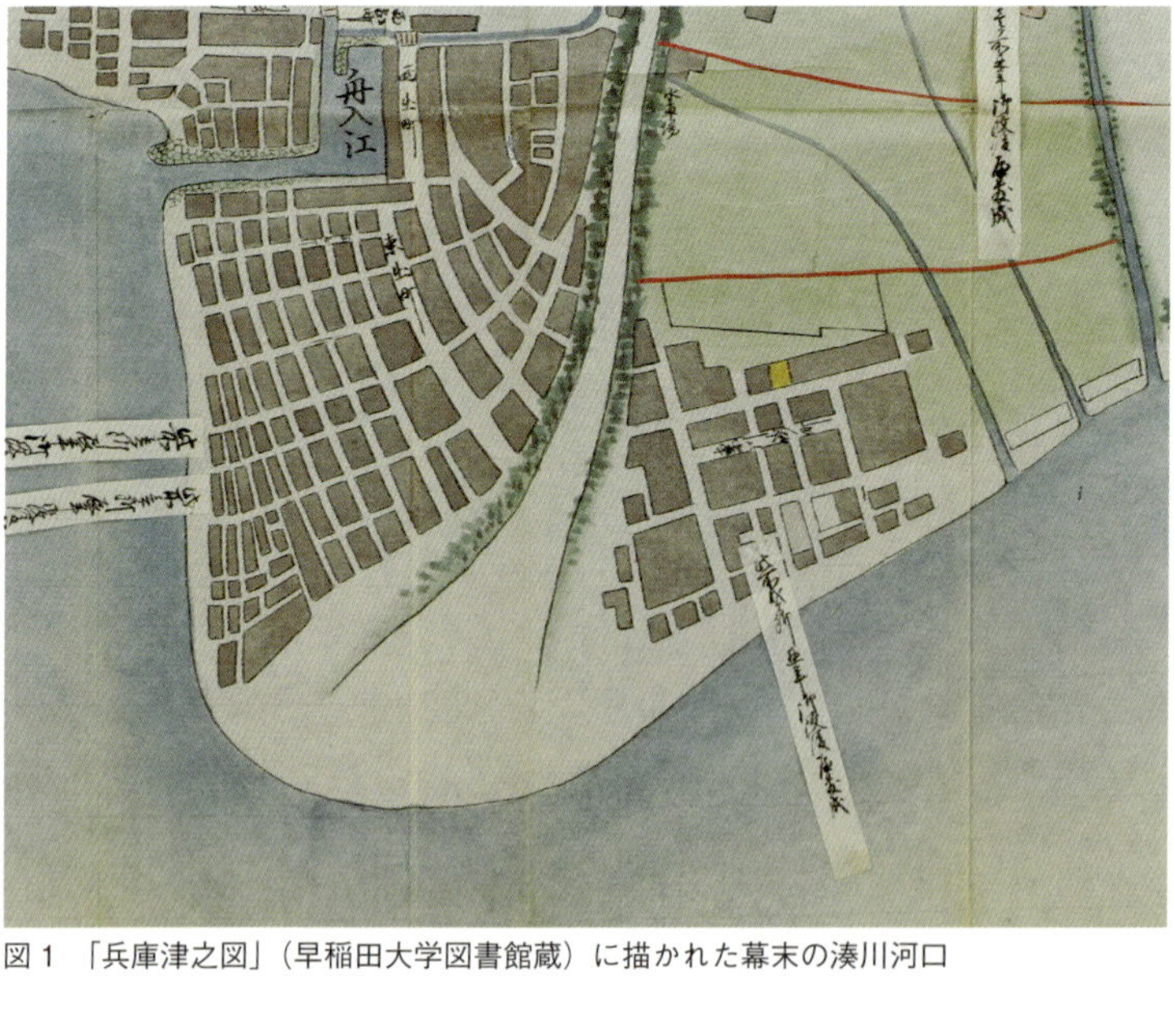

図1　「兵庫津之図」（早稲田大学図書館蔵）に描かれた幕末の湊川河口

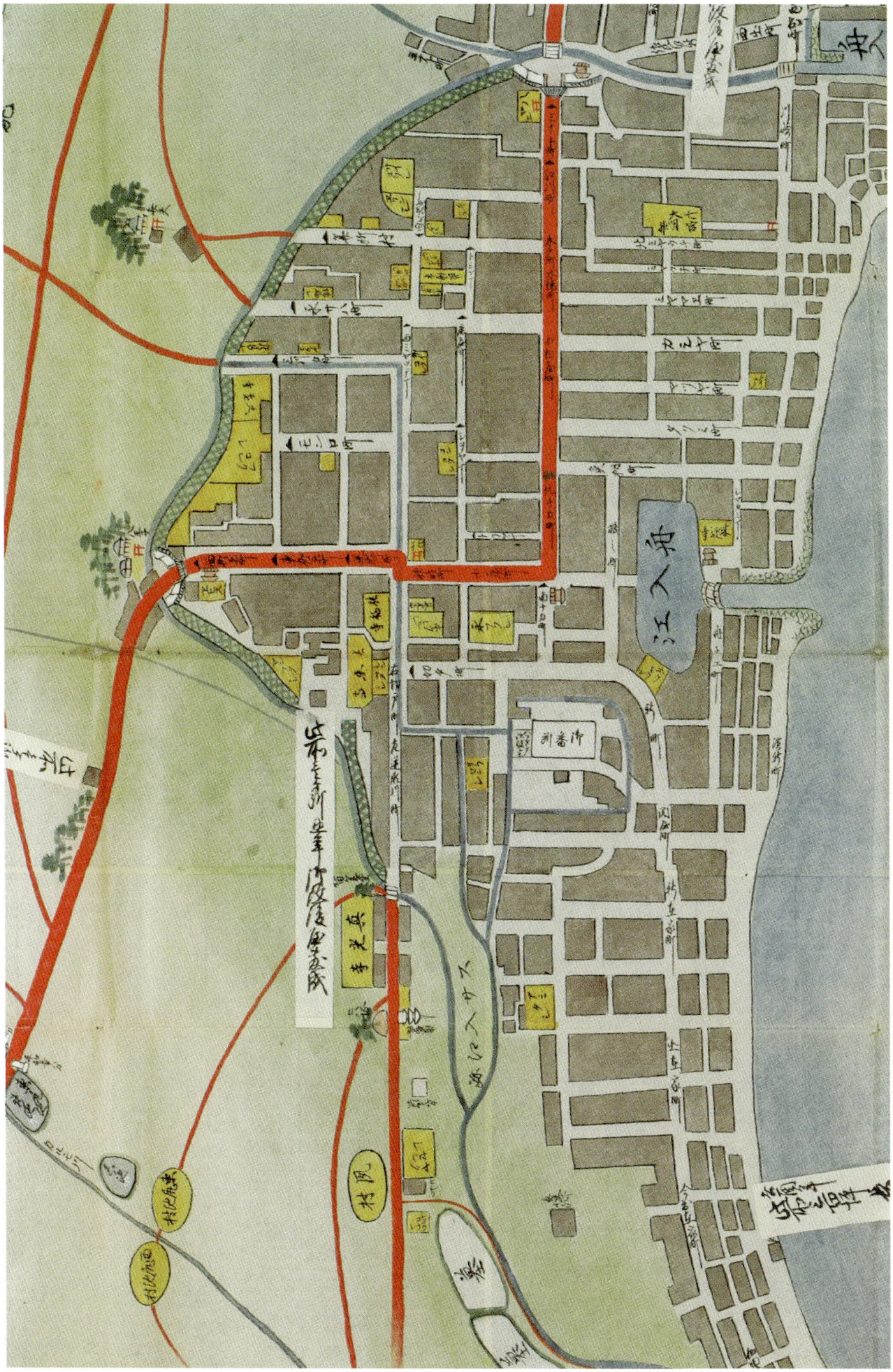

図２ 「兵庫津之図」

西出町・東出町を通って湊川の堤から西国街道に入り、湊町、江川町、小物屋町など西国街道に沿った町を通過。さらに幕府の勤番所のあった切戸町を通り和田崎町まで行き、正午ごろ薬仙寺に戻った。

図1は「兵庫津之図」の湊川付近である。湊川についてオールコックは「水がない」「砂や砂利は、水路にいっぱいになって、町の平面より高くなっていた」と天井川の状態を記している。絵図には湊川は砂だけの水の流れていない川が描かれている。ただ左岸には「水車場」とあって、水が全くながれていなかったわけではないことがわかる。

「兵庫は酒の醸造に力を入れているらしい。酒造のための大きな醸造所や倉庫が海岸に並んでいる」とも書いている。また「海岸には大型の船や小舟を建造するための造船台がたくさんあり、かなりの数の船が建造中だった」と造船業が盛んだったと記載している。これがどこのことかは明記していないが、この記述に続いて湊川の記述をしているから、西出町や東出町のことだろうか。

◉発展続く西出町・東出町

西出町や東出町は兵庫津の中で江戸時代後期に最も発展した地域である。オールコックが町を歩いた時からおよそ100年余り前の1752年（宝暦2）に森幸安が描いた「摂津州兵庫地図」（大阪歴史博物館蔵）の湊川から西出町・東出町・東川崎町の部分が図3である。図1と比べると西出町の町並みや東川崎町の町並みにははっきりした違いが読み取れる。

西出町には1792年（寛政4）高田屋嘉兵衛が居を構えたとして知られ、北前船の隆盛の時代を迎えた。

図1には東川崎町に「此所弐ケ所、丑年御改後、屋敷成」という付箋があり、類似の付箋が東出町にも貼られ、幕末にも建物が増え続けている。

図3　森幸安「摂津州兵庫地図」（大阪歴史博物館蔵）の1752年ごろの湊川河口

[Part4] 古地図で読む近代文学

水内 眞

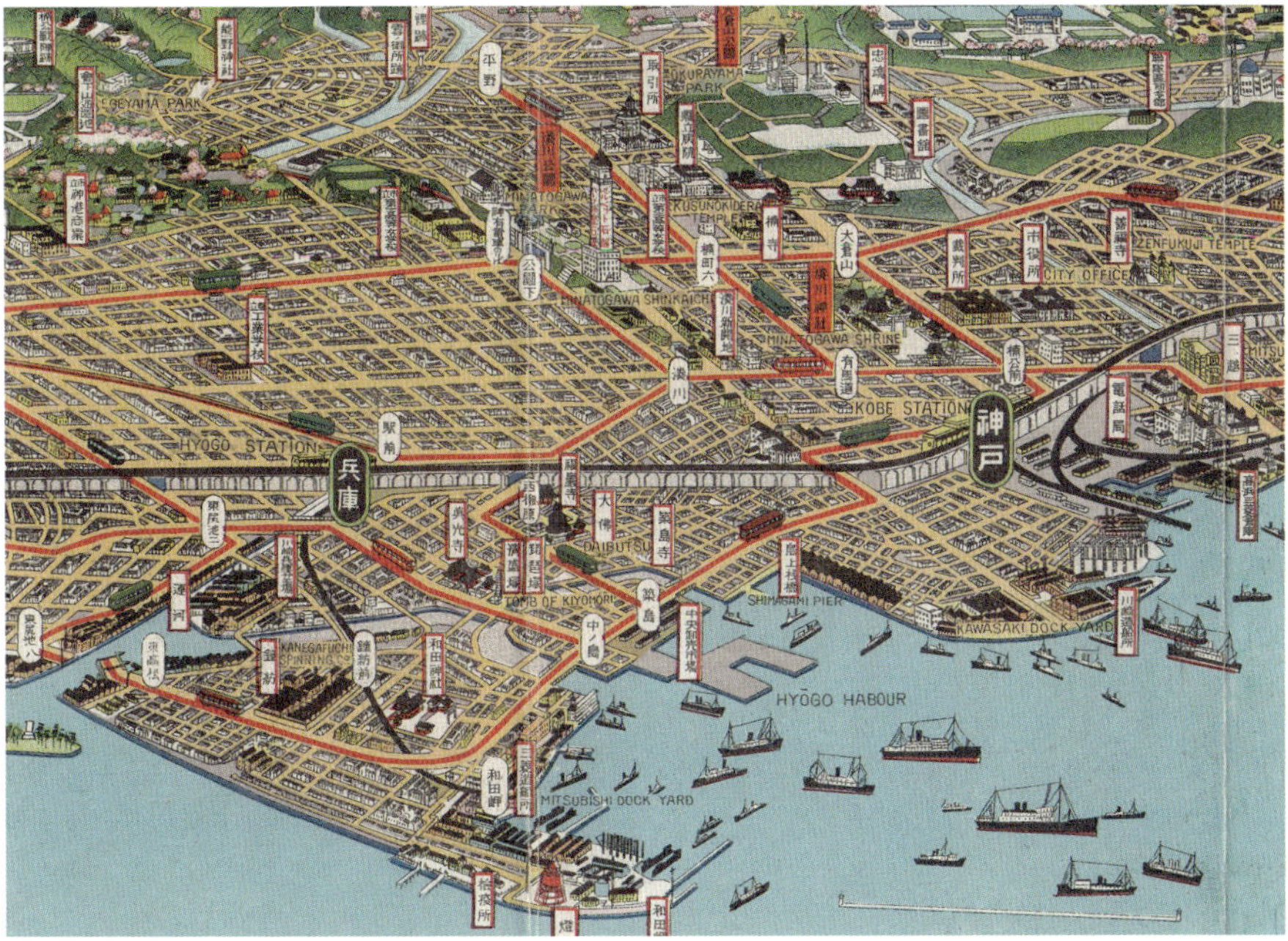

1930 年（昭和 5）「大神戸市を中心とせる名所鳥瞰図」（東浦町郷土資料館蔵）

新開地で見た情景

横溝正史『探偵小説五十年』

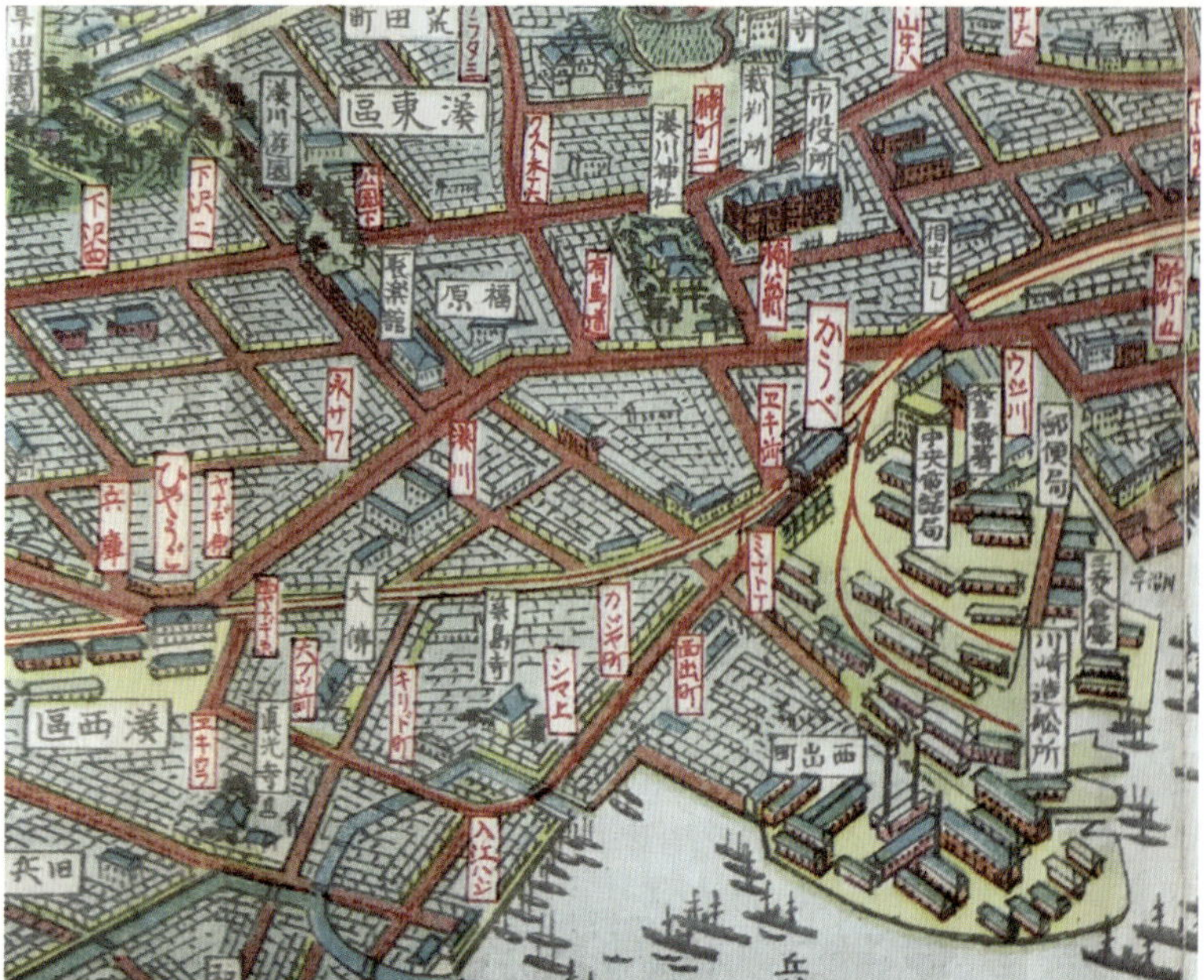

図1 「山陽道パノラマ地図」（神戸市立中央図書館蔵）。1922年（大正11）ころの東川崎町から、湊川神社、新開地辺り。川崎造船所や聚楽館も描かれている

私の生まれて育った神戸の東川崎という町は、川崎造船所（現在の川崎重工業）周辺の町で、楠木正成の討死した旧湊川の、デルタ地帯の町である。

したがって私は楠公神社の氏子であり、しかも、楠公さんの祭りの日に生まれたので、その名も正成にあやかって、父が正史とつけたのだそうな。だから楠公さんにケが三本足りないのが、私だということになる。

明治三十五年うまれの私が物心ついたころ、湊川はまだ町のそばを流れていた。それをはるか上流のほうで流れを西にかえ、そこを埋立てたあとへ湊川新開地という、浅草の六区みたいな歓楽街が発展していったのである。（中略）

小学校の四、五年ごろ私はすでに、目玉の松ちゃんこと尾上松之助や嵐橘楽、片岡市太郎や大谷鬼若というような、活動写真揺籃期のスターたちの名前をしっていたぐらいだから、湊川新開地にはもうずらりと、活動写真や芝居小屋が、軒をならべていたにちがいない。私の家から新開地まで、五分とはかからなかった。

（横溝正史『探偵小説五十年』「続・途切れ途切れの記―今は昔の物語のこと）

名探偵・金田一耕助生みの親として知られる横溝正史《よこみぞせいし》は神戸で生まれ育った。今ではハーバーランドという洒落た呼び名が付いた神戸駅あたりだ。生家は川崎造船所の間近にあったそうで、夕方になると仕事を終えた人たちの長い列が湊川新開地まで続いたという。何しろ横溝の家から新開地までは5分ほどの距離なのだ。

新開地は天井川だった湊川の跡につくられた文字通り新

しい街である。劇場や映画館などが軒を連ね、神戸最大の繁華街であるとともに、東の浅草、西の新開地と言われるほど賑わっていた。

　子供のころから新開地に親しんでいた横溝は作品の中にも情景を取り入れている。

　角川映画にもなった『悪魔の手毬唄』に登場する亀の湯の夫婦は、夫が活動弁士で妻が女道楽と呼ばれた芸人だったという設定。二人が知り合った場所が新開地で、金田一耕助も調査のために新開地を訪れ、事件解決の重要な事実を発見する。

　昭和初期の新開地の写真には「萬歳活動色物諸藝競演」と書かれた看板を掲げた劇場も写っている。活動弁士と女芸人が知り合ったのはそういう場所ということか。横溝が物語の設定を考えた時に、新開地の様子が頭に浮かんだとしても不思議ではない。

横溝正史
1902 ～ 81

神戸市生まれ。神戸市立第二中学校を卒業後に「新青年」に投稿した「恐ろしき四月馬鹿」が入選。1926 年に江戸川乱歩の招きで上京、雑誌編集長を務めた。名探偵・金田一耕助シリーズが昭和 40 年代に復刊。爆発的人気を得た。

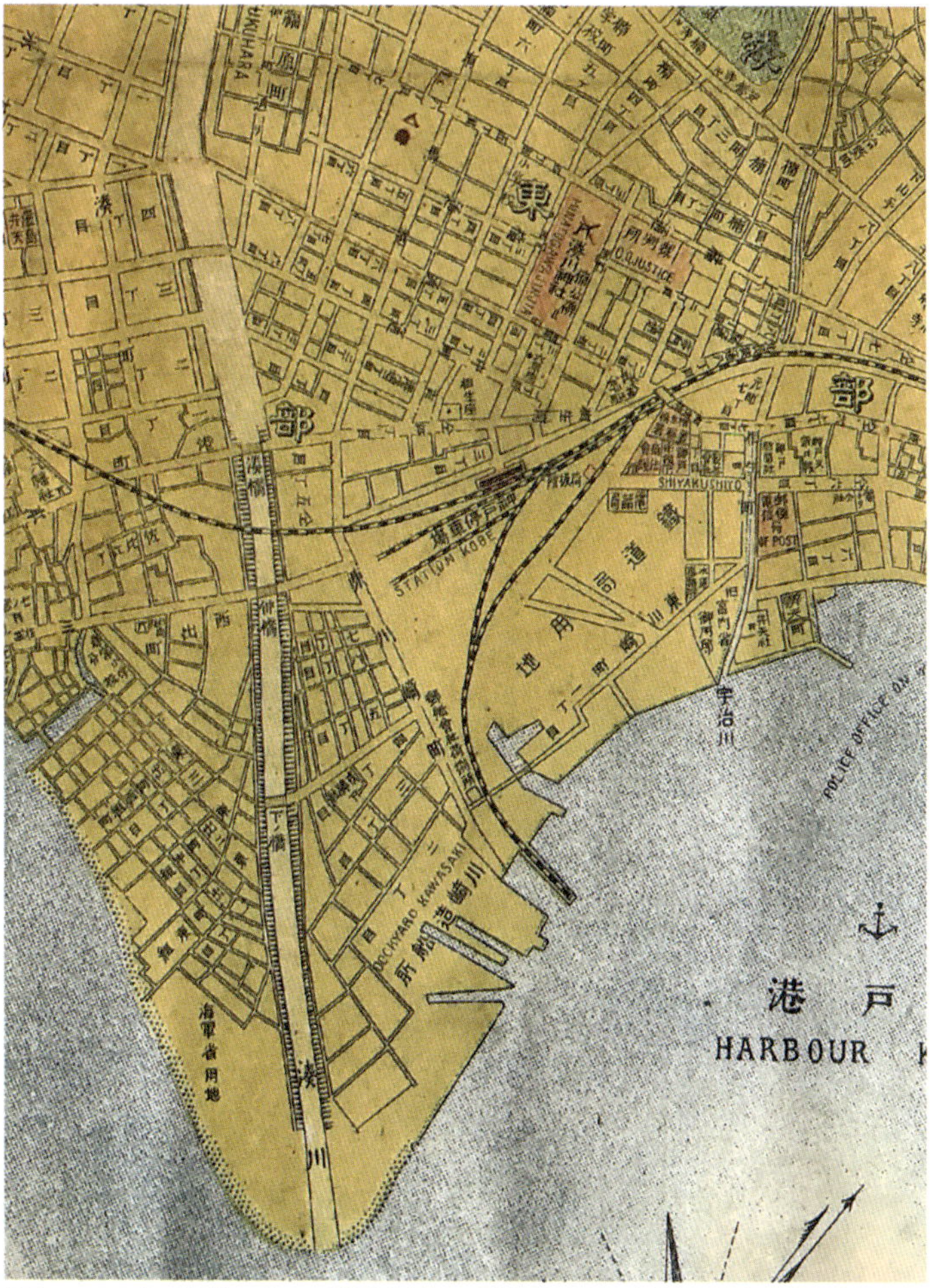

図２　1903 年（明治 36）の「神戸市新図　附姫路市新図」（神戸市立中央図書館蔵）。湊川の付け替え工事は 01 年に着手、03 年には河川は水がなかったことが地図から判明する。「物心ついたころ」というのは横溝正史の勘違いだろう

異国情緒のメリケン波止場　今 東光『悪童』

天台宗の僧侶で直木賞作家でもあった今東光《こんとうこう》は1912年（明治45）、現在の王子動物園一帯にあった関西学院普通学部（中学部）に入学した。引用した『悪童』は今東光が退学させられる3年生の2学期までの学生生活のことなどを題材にした自伝的小説である。

小説である以上、登場人物や設定がすべて事実ではないが、関西学院周辺や神戸の街の描写は当時の人の目撃証言とも言える。特に父親が船員だったこともあり、港の情景は詳しく、雰囲気もよく伝えている。

引用の部分は出港する父親を、ランチと呼ばれる小船に乗って見送る場面だ。かつての神戸港は大型船が接岸できる岸壁はなく、それらの船は沖に停泊した。乗客は小さな波止場からランチで大型船まで行き、舷側からタラップで乗り込んだのである。

メリケン波止場はそんな海のターミナルだった。

海側からの景観を「モナコ」にたとえた今東光。少々大げさな感じがするかもしれない。しかし、メリケン波止場近くの旧居留地の眺めはハイカラ神戸を代表する異国的風景であった。

> 私ども家族の乗ったランチは、父の船に尾行して和田岬の付近まで見送り、そこから速力を速めて明石海峡の潮流に乗って西下する汽船と別れるのであった。私は川崎造船所の天を摩すばかり雄大なガントリクレーンを左手に眺め、広々とした海港へ進むあらゆる船が目標にする碇山を正面に望みながら、大小の船が輻輳する間を縫って神戸港のメリケン波止場に戻るのであった。
>
> 港から見る景観は何所かしらモナコなどの写真に似ていた。ユーカリ並木のグランドホテルや赤煉瓦の洋館が櫛比する海岸通りは何かしら異国情調が漂い、最早や昼だというのに物倦い手風琴の音など聞えるのである。元町あたりを散歩して家に帰ると、流石に一脈の寂寥が吾々母子の心を刻んだ。船乗りの家庭は父を海に送り出すと、床の間に写真を飾り、その前に影膳を据え、六か月後に帰る父を待つ日が無聊に続くのである。
>
> （今 東光『悪童』）

重厚なビル、しゃれた洋館が建ち並び、広い道路の浜側には遊歩道が整備された。若き日の今東光には日本とは異なる情景に映ったのであろう。

今 東光
1898 〜 1977

横浜市生まれ。神戸に住んでいたころに、関西学院中学部に入学したが３学年で諭旨退学。文学の道に入ってからは川端康成らの新感覚派に参加した。後に天台宗の僧侶となり、文壇復帰後に『お吟さま』で直木賞を受賞。

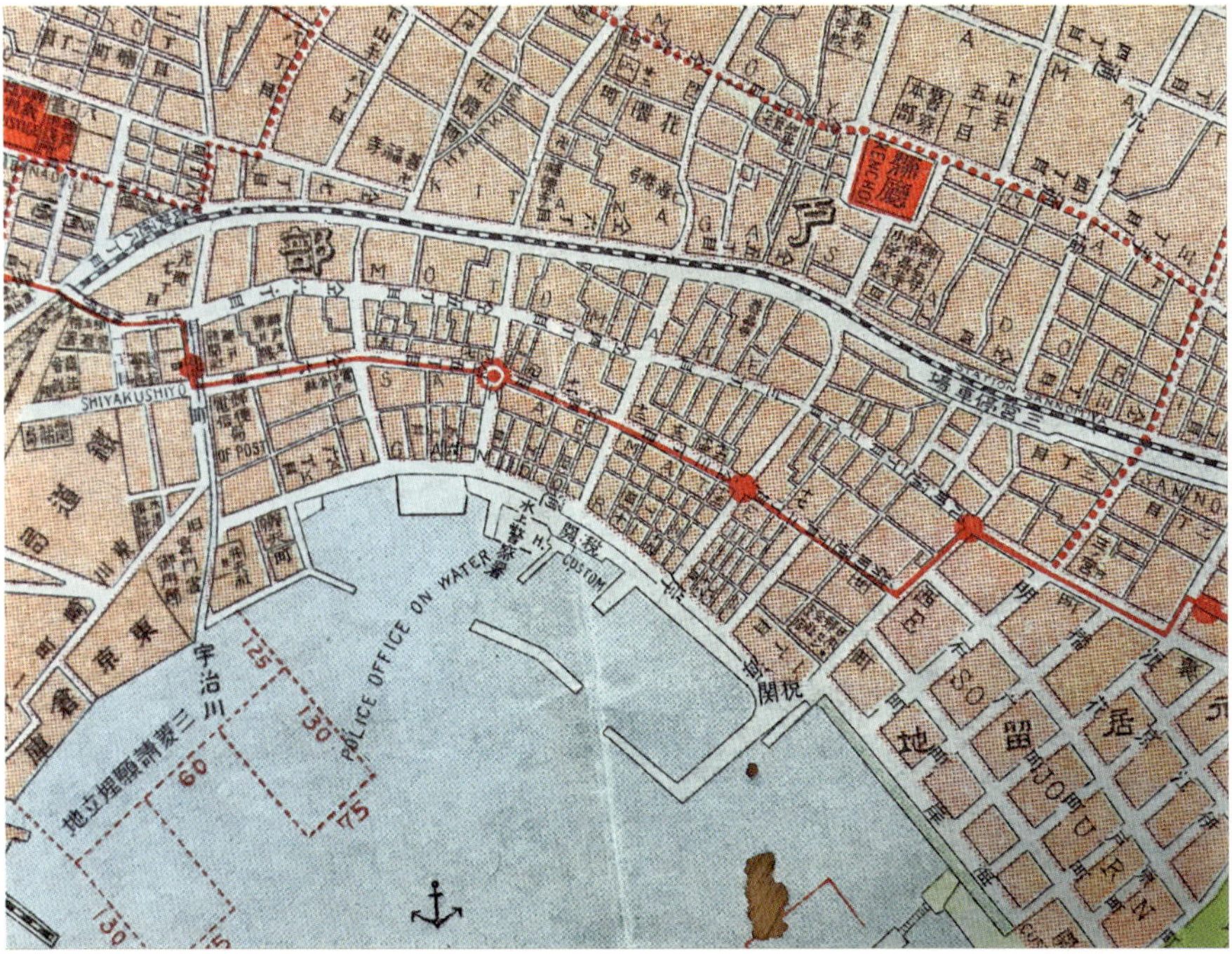

1913年（大正2）の「神戸市新図　附姫路市新図」（神戸市立中央図書館蔵）。今東光が関学在学中の神戸港。三宮停留所が現在のJR元町駅付近にあり、鯉川筋を南下すると税関とメリケン波止場があった。東側には「東洋一」とうたわれた旧居留地。鯉川筋の西には元町通・栄町通・海岸通で、栄町には市電の線路が赤い線で表現されている。海辺には水上警察署と西の税関があった

船客でにぎわう明治末のメリケン波止場。ランチと呼ばれる小船で沖に停泊する大型船に向かった
（神戸海洋博物館提供）

海側から見た旧居留地。左側がオリエンタルホテル。海際の道路には遊歩道が整備されていた
（神戸市文書館提供）

鈴木商店焼き打ちを活写 城山三郎『鼠』

1918年（大正7）8月12日夜、日本最大級の商社だった鈴木商店が焼き打ちに遭った。神戸駅の近く、栄町通の西端にあった壮麗な本社は一夜にして灰燼に帰した。

米価高騰による米騒動の際に、新聞報道で買い占めの疑いを指摘された鈴木商店が暴徒の標的にされたのだ。『鼠』は鈴木商店の大番頭、金子直吉に焦点を当てた作品である。多くの証言を集め、ドキュメンタリーのように当日の騒動も再現した。

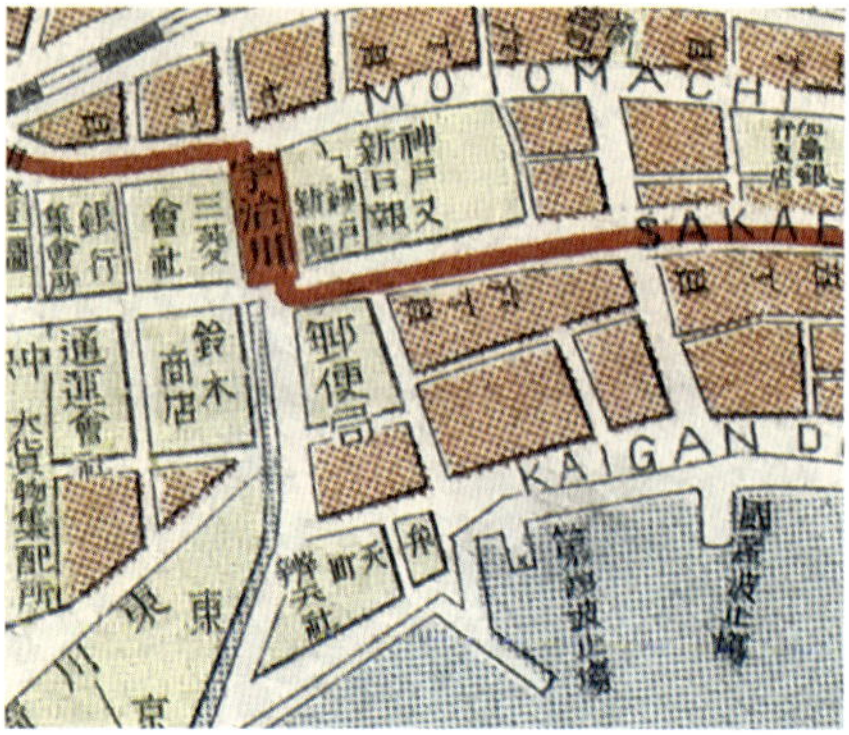

1920年（大正9）発行の「神戸市新図　実地踏査」（神戸市立中央図書館蔵）。米騒動では鈴木商店と向い合せの神戸新聞社も焼き打ちされた

湊川公園を発した暴徒は宇治川筋に面した鈴木商店前に集結した。戦国時代の軍勢が城を取り囲むかのような情景である。1万人の暴徒の前でなすすべのない数人の警官。「三階建の鈴木商店の建物もまた、無防備のまま闇の中におののいていた」という描写が真に迫っている。

鈴木商店は元々、弁天浜（現在のハーバーランドあたり）の小さな店から始まった。商売の規模が大きくなるにつれて、本店・本社を移し、金融街の中心だった栄町通沿いに進出する。さらに、煉瓦造り3階建の旧みかどホテルに本拠地を移した。暴徒による襲撃を受けたのは、そんなころであった。しかし、皮肉にも鈴木商店が事業の絶頂期を迎えるのは焼き打ち事件の後のことだったという。

> 公園に集まった群衆は、坂道をすべり落ちるように自然に動き出していた。動き出すとともに、また人数が加わり、二万近くになったとも言う。（中略）本隊とも言うべき第三の隊は、そのまま一気に坂道を下りて、鈴木商店本店へと向った。（中略）鈴木商店は恰好の距離にあった。距離にして一キロ半。道はよく、坂道を下り切り一息つくところに、ちょうどその建物がある。途中はにぎやかな街並なので、人数は減るどころか、むしろ、ふくれ上った。涼み台を蹴倒し、塵箱をこわし、門灯に石を投げての道中である。群衆は、八時半、鈴木商店の前に着いた。その数、約一万といわれる。
> 相生署から数名の警官が来ていたが、提灯をかざすだけで手も出ない。三階建の鈴木商店の建物もまた、無防備のまま闇の中におののいていた。
> 向い合った神戸新聞社から三越にかけての市電道は、ぎっしり白一色の群衆に埋めつくされた。
>
> （城山三郎『鼠』）

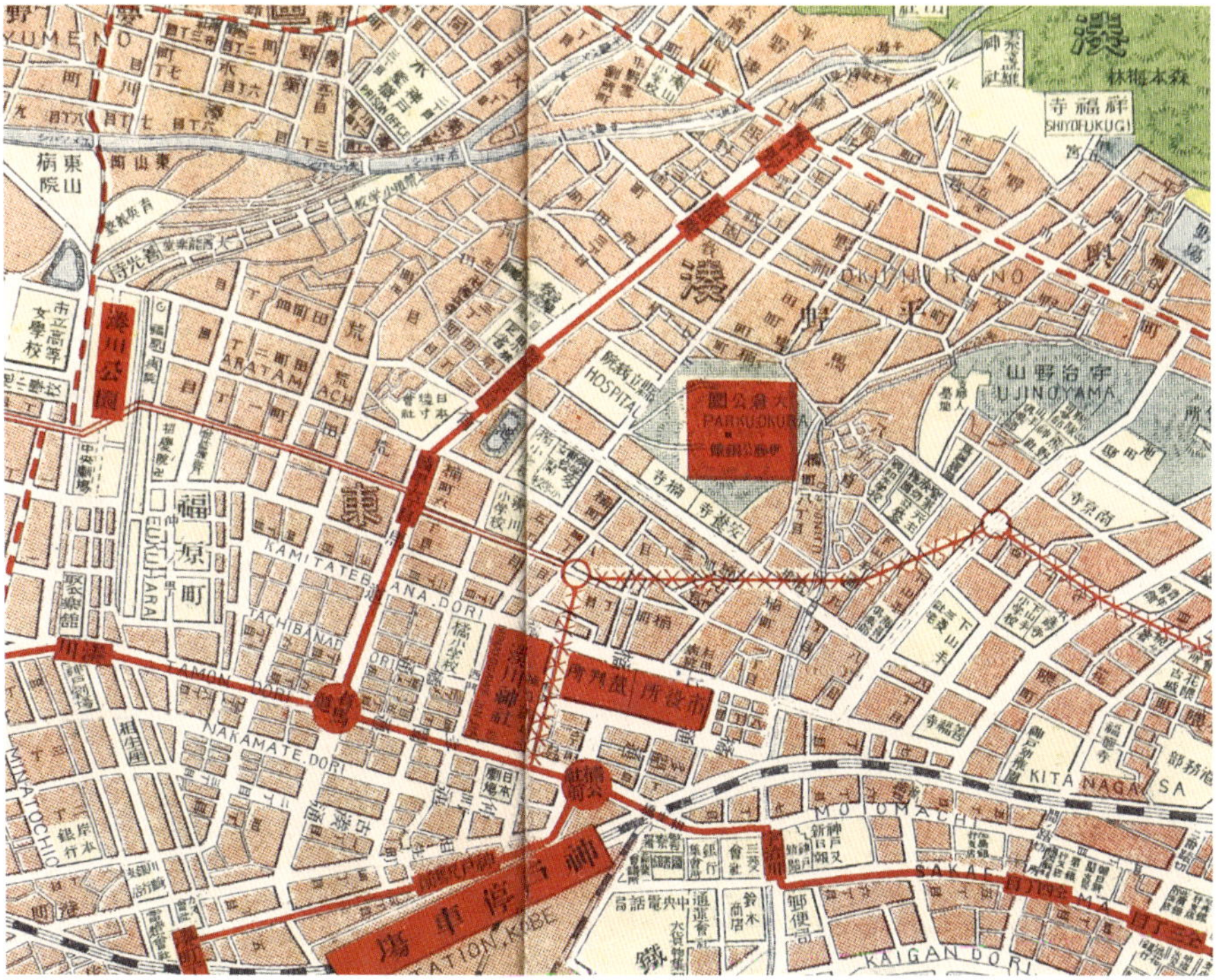

1920年（大正9）発行の「神戸市新図　実地踏査」（神戸市立中央図書館蔵）。湊川公園から鈴木商店との間には線路の上を相生橋が架かり、そのたもとには警察署もあった。鈴木商店の本店はこの年の末に海岸通に移転した

新本社となった旧みかどホテルと隣地に増築された本社事務所（一般社団法人ジャパンアーカイブズ提供）

焼け落ちた鈴木商店（一般社団法人ジャパンアーカイブズ提供）

城山三郎
1927～2007

名古屋市生まれ。1959年に『総会屋錦城』で直木賞を受賞し、経済小説のジャンルを開拓。歴史小説なども得意とした。『黄金の日日』や『落日燃ゆ』『男子の本懐』『官僚たちの夏』など映像化された作品も多い。

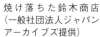

横溝正史と「元町ぶらり」 江戸川乱歩『悪人志願』

1924年（大正13）「神戸市商工地図」附録の「栄町及湊町附近分図」（神戸市立博物館蔵 Photo : Kobe City Museum / DNPartcom）。元町２丁目には有名な市田写真館、柴田音吉の洋服店、凮月堂が見える

> お化といえば、元町通りには、何匹お化が目をむいていることでしょう。深夜そこを通りますと、ポンビキなんて変なお化は別として、屋根の上にね、「ホイ」と声を出して、思わず立ち止まるような、怪物の目玉が、ギラギラ光っているのですよ。
> それが何だといいますと、商家の看板なのです。妙にチンチクリンな青銅の弁慶が太い鉄棒をふり上げて、往来を睨みつけていたり、われわれの二倍もあるような大黒様が、ニヤニヤ笑いながら、屋上にしつらえた硝子箱の中に、立ち上がっていたり（大黒様の微笑はよく見ていると、実に凄いものですよ）、そうかと思うと、幽霊のような木彫りの裸女が、まるで展覧会の彫刻室の台の上にのるように、これは商家の屋根の上に、ヒョロリと立っていたりするのです。数えて見ると、あの五、六町の元町通りに、そんなのが十近くもあったでしょうか。これは東京や大阪ではちょっと見られない景色です。
> （江戸川乱歩『悪人志願』お化人形）

1920年（大正9）、江戸川乱歩は探偵小説マニアの二人を訪ねて神戸にやって来た。『二銭銅貨』でデビューするのは3年後。「探偵小説の父」と呼ばれる前のことで

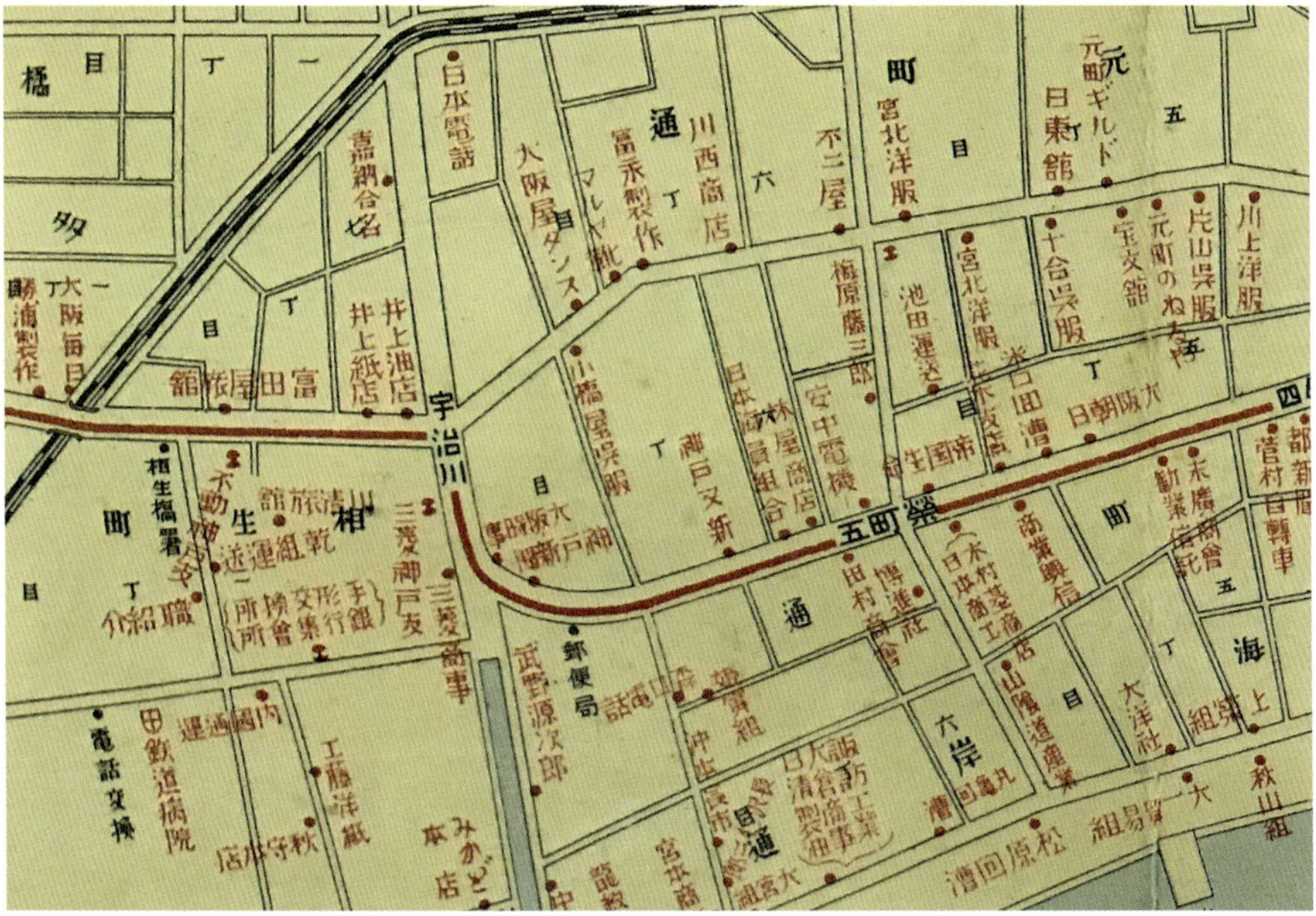

同図の元町６丁目付近。十合（そごう）呉服店は、三宮のそごう百貨店（現神戸阪急）の前身。小橋屋呉服は、1925年ビルを新築、松尾ビルと名称を変えて現存する（国登録有形文化財）

ある。

訪ねた相手の一人が横溝正史。後に上京し編集者から作家の道を歩むことになる。

この出会いをきっかけにして乱歩はたびたび神戸を訪れ、横溝と会っていた。1926年、乱歩は大阪や神戸などを講演旅行した。しかし、「その方はきっかけみたいなもの」で、本来の目的は横溝と神戸の元町あたりをぶらつくことにあったらしい。引用した『悪人志願』は、その際に元町商店街で見た光景だ。

また、乱歩は『探偵小説四十年』の1926年の主な出来事に「横溝正史君を訪ね深夜の元町通りを放歌高吟して歩き廻る」と書いている。酒を飲んだ後、肩を組みながら元町を千鳥足で歩く二人の姿が目に浮かんでくるかのようだ。

元町商店街は元々、西国街道沿いに発展した街。乱歩が訪れた1926年には、国鉄三ノ宮駅が現在の元町駅あたりにあり、交通の便は良かった。商店街近くには旧居留地やトアロードもあり繁華街として栄えていたのである。横溝の家は商店街を西へ抜け、神戸駅を越えたあたり。二人で遊ぶには元町がちょうど良かったのかもしれない。

江戸川乱歩
1894～1965

三重県生まれ。1923年に『二銭銅貨』でデビュー。その後も明智小五郎が登場する『D坂の殺人事件』や『心理試験』など本格派の探偵小説を書いた。幻想・怪奇小説も得意とした。少年もの「怪人二十面相」シリーズは有名。

神戸駅で途中下車

林芙美子『放浪記』

恋人と別れた傷を癒すために林芙美子《ふみこ》は東京から西へと旅に出た。神戸駅で途中下車した様子が『放浪記』に出てくる。1925年（大正14）夏のことだった。

岡山までの切符を持ち、明石行きの列車に乗っていた芙美子は、ほとんど衝動的に神戸駅で下車した。

駅を出ると、迷わず「楠公さん」へ向かう。湊川神社を神戸特有の愛称で呼んでいることからもわかるように、芙美子は神戸に土地勘があった。尾道の女学校に通っていたころの夏休み、神戸のトルコ人宅で子守をしていたことがあり、乳母車を押しながらメリケン波止場あたりに行ったこともあったという。

神戸に着いて楠公さんに行ったのは昼の暑い最中。鳩の豆売りをしていた老婆とのやりとりの後、いきなり夜の海岸通に場面が変わる。老婆から紹介された商人宿で一泊するのだが、その間は一体何をしていたのだろう。

神戸駅で下車する際に「何か面白い仕事が転がっていないかな」と書いており、昼間は職探しをしていたのかもしれない。結局は不調に終わったようで、疲れた体を銭湯で癒している。

翌日、芙美子は神戸を後にする。鉄道で来たのだが、神戸からは船旅に変更。いかにも港町での寄り道らしい。

「神戸にでも降りてみようかしら、何か面白い仕事が転がっていやしないかな……」

明石行きの三等車は、神戸で降りてしまう人たちばかりだった。私もバスケットを降ろしたり、食べ残りのお弁当を大切にしまったりして何だか気がかりな気持ちで神戸駅に降りてしまった。（中略）別に当もない私は、途中下車の切符を大事にしまうと、楠公さんの方へブラブラ歩いて行ってみた。

古ぼけたバスケットひとつ。

骨の折れた日傘。

煙草の吸殻よりも味気ない女。

私の捨身の戦闘準備はたったこれだけなのでございます。

砂ぼこりのなかの楠公さんの境内は、おきまりの鳩と絵ハガキ屋が出ている。私は水の涸れた六角型の噴水の石に腰を降ろして、日傘で風を呼びながら、晴れた青い空を見ていた。あんまりお天陽様が強いので、何もかもむき出しにぐんにゃりしている。

何年昔になるだろう――十五位の時だったかしら、私はトルコ人の楽器屋に奉公をしていたのを思い出した。ニイーナという二ツになる女の子のお守りで黒いゴム輪の腰高な乳母車に、よくその子供を乗っけてはメリケン波止場の方を歩いたものだった。

（林芙美子『放浪記』）

林芙美子
1903～51

山口県生まれ。幼いころは両親と九州、四国各地を回る放浪生活が続いた。1918年に尾道市立高等女学校に進学。休暇中は神戸で奉公して学費を稼ぐ。1930年に自伝的小説『放浪記』で文壇に登場。戦後は『浮雲』などを発表。

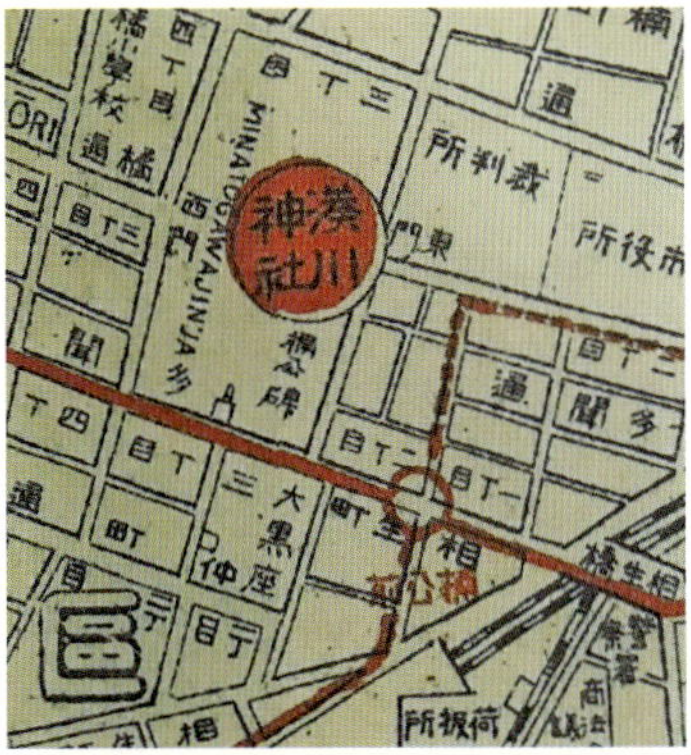

1919年（大正8）の「神戸市街全図　実地踏測」（神戸市立中央図書館蔵）に描かれた湊川神社門前。駅との間にあった大黒座はこの年日本劇場に変わる

1924年（大正13）の「神戸市商工地図」（神戸市立博物館蔵 Photo : Kobe City Museum / DNPartcom）に描かれた湊川神社門前。日本劇場は八千代座となった。1921年建築で、神戸を代表する劇場となった。空襲も奇跡的に免れたが戦後衰退した

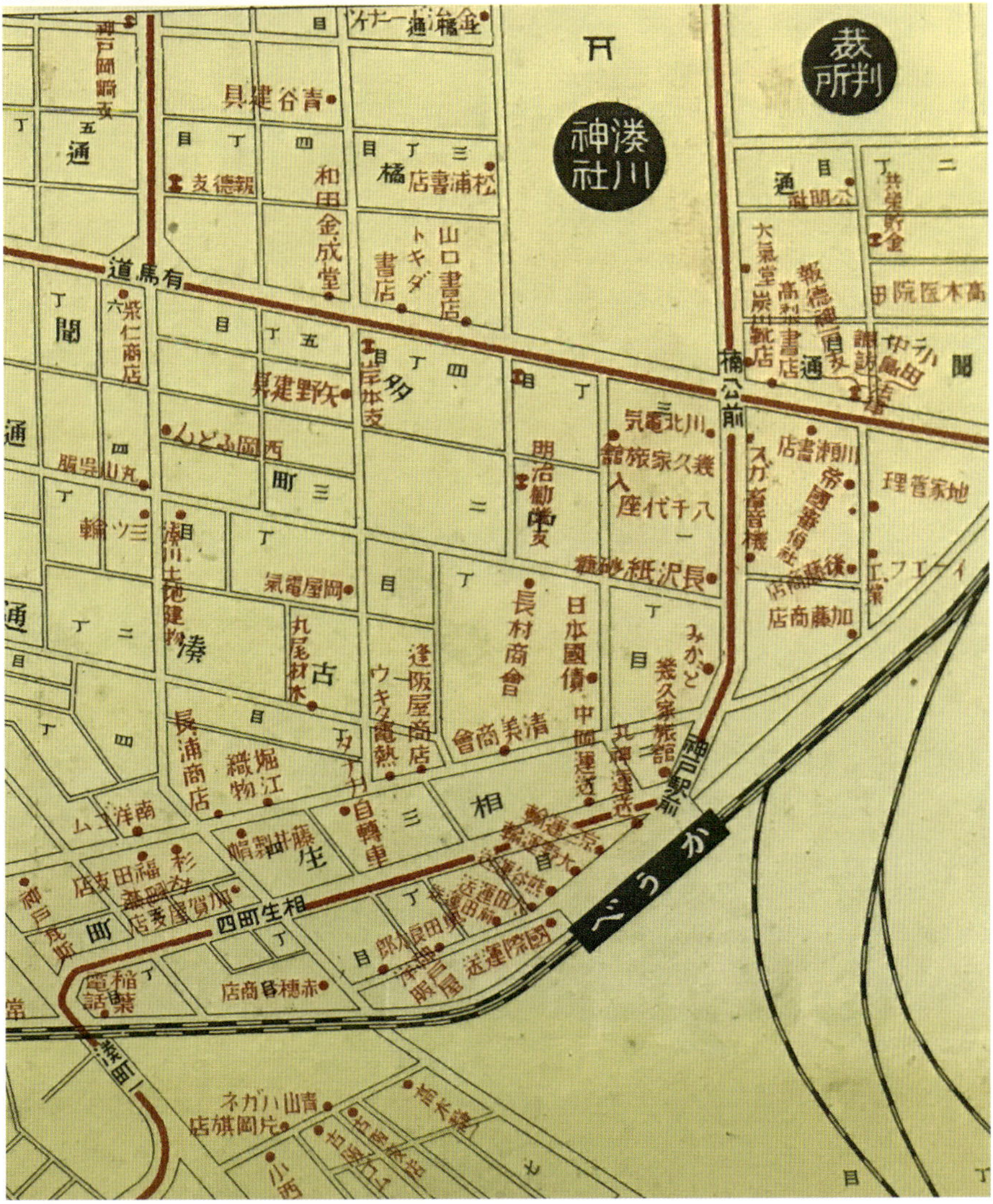

夏目漱石とゆかりの地

田宮虎彦『神戸 我が幼き日の…』

田宮虎彦は戦後に人気を博した小説家である。神戸一中（現在の兵庫県立神戸高校）から三高、東京帝国大学に進んだ英才。新神戸駅近くの神戸市立雲中小学校の同級生には、後に「暮しの手帖」編集長となる花森安治がいた。

田宮が書いている「堀割」という地名は、今も「堀割筋」として道路の名前に残っている。神戸では横に走る道路を「〇〇通」、縦の道を「〇〇筋」と呼ぶことが多い。堀割筋も兵庫区楠谷町から中央区下山手通8丁目方向に至る縦筋だ。

上空からの写真を見ると、道路が山を真っ二つに切り裂いているかのよう。それが堀割筋である。田宮が書いたように山側の奥平野から神戸駅、さらに浜手の造船所に向かうため、真正面の山を切り崩したくなったのであろうか。宇治川ですら遠慮がちに山を迂回しているのに、人間の考えることは大胆である。

堀割筋の山手やや西あたり

神戸に、堀割という地名が、まだ残っているだろうか。私がそこにいたのは、満で数えれば二つか三つの頃であったから、はっきりと覚えてはいないが、測候所山の中ほどを堀りわって、奥平野から港の方へ下りてゆく近道にした道筋である。

その堀割の山手の方からみて右側の六軒ぐらいつづいている棟割長屋の一軒に、私はいた。その家の裏手は崖になっていて、崖の下には、石炭殻などをしきつめた広場があり、その広場の向うに、平野の家並が、ちょうど裏側からみえた。

広場と、向うにみえる平野の家並との間には、宇治川が流れていた。すべて三十七八年前の記憶であるから、間違っているかも知れないのだが、宇治川ぞいのその広場をとおって、朝夕、川崎造船所へ通う人たちが、職工服に、弁当箱をつつんだ小さな風呂敷包みを、脇にはさんだり、手にぶらさげたりして、通って行くのだった。

（田宮虎彦『神戸　我が幼き日の…』幼き日の思い出）

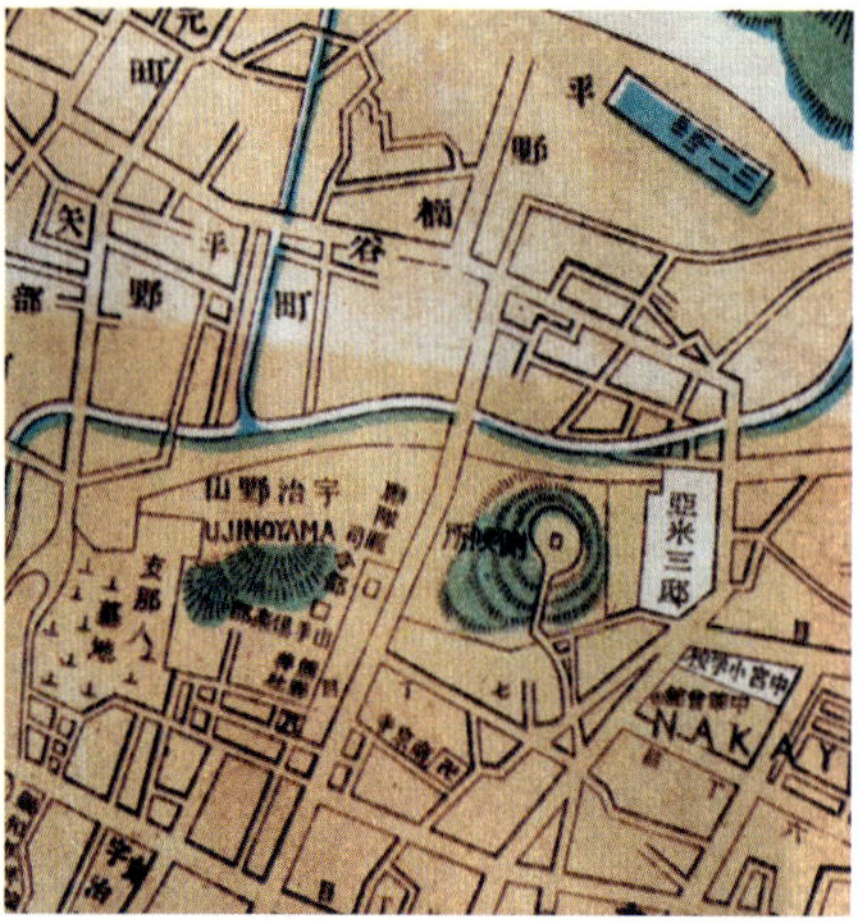

1921 年（大正 10）「神戸市街地図」（神戸市立中央図書館蔵）。堀割筋は測候所と宇治野山の間を南に伸びる

田宮虎彦
1911 ～ 88

東京都生まれ。父が船員だったことから各地を転居。神戸の雲中小学校、第一神戸中学校から三高を経て東大に入学した。卒業後に新聞記者や教師など様々な職に就くかたわら小説を書いた。1948 年から執筆に専念した。

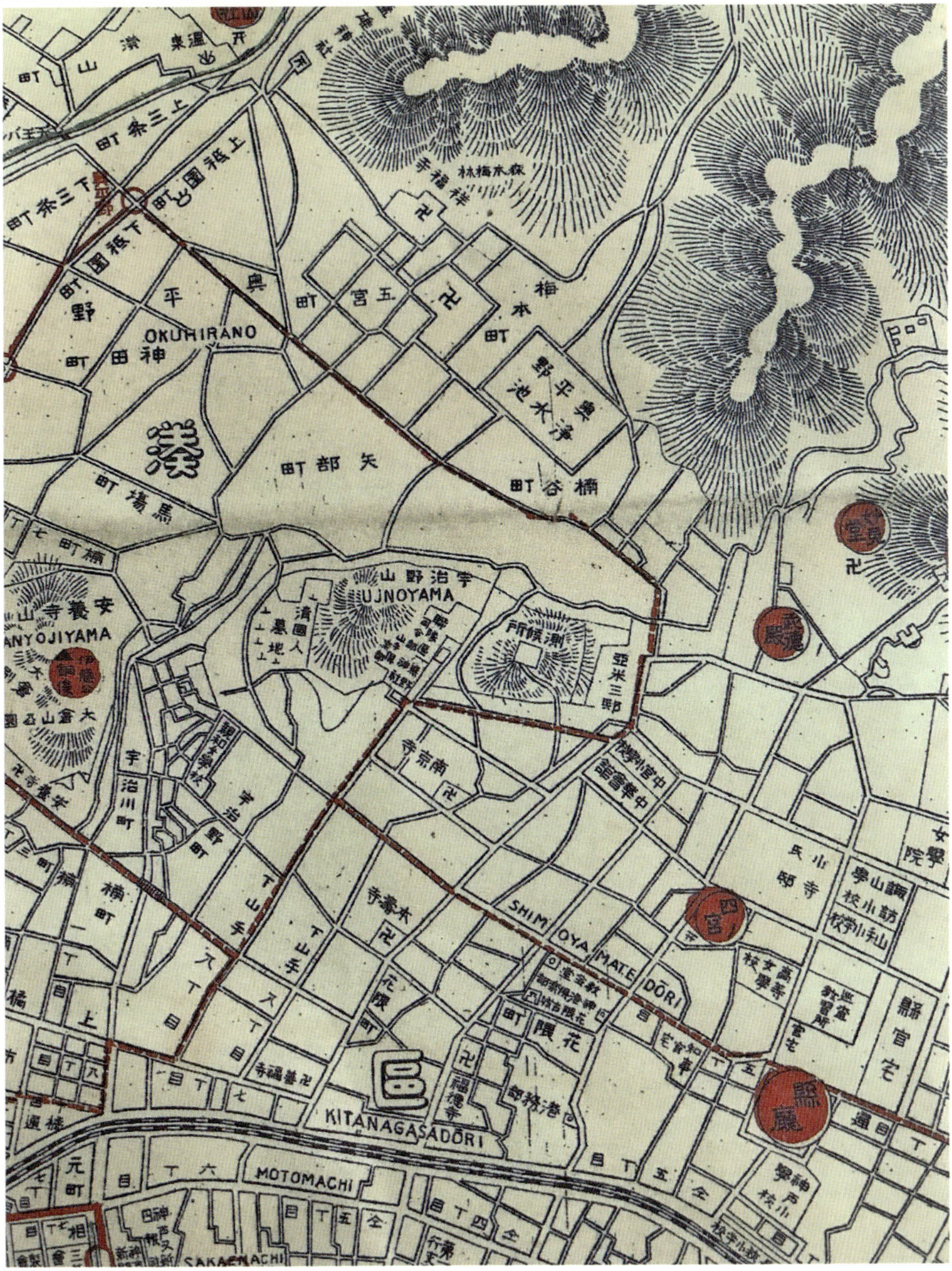

1919（大正8）「神戸市街全図　実地踏測」（神戸市立中央図書館蔵）の堀割筋。山裾に奥平の浄水池。南に下れば神戸港に至った

に禅寺の祥福寺がある。この寺の二人の僧が晩年の夏目漱石と文通していた。東京旅行の際には漱石の家に泊めてもらっている。逆に少し東へ行った諏訪山には、有名な温泉があった。漱石がイギリス留学に向かう際、寄港した神戸で船を下り温泉旅館でくつろいだという。この山裾は、東京人の漱石とも不思議な縁でつながっている。

心もぬかるむ移民坂

石川達三『蒼氓』

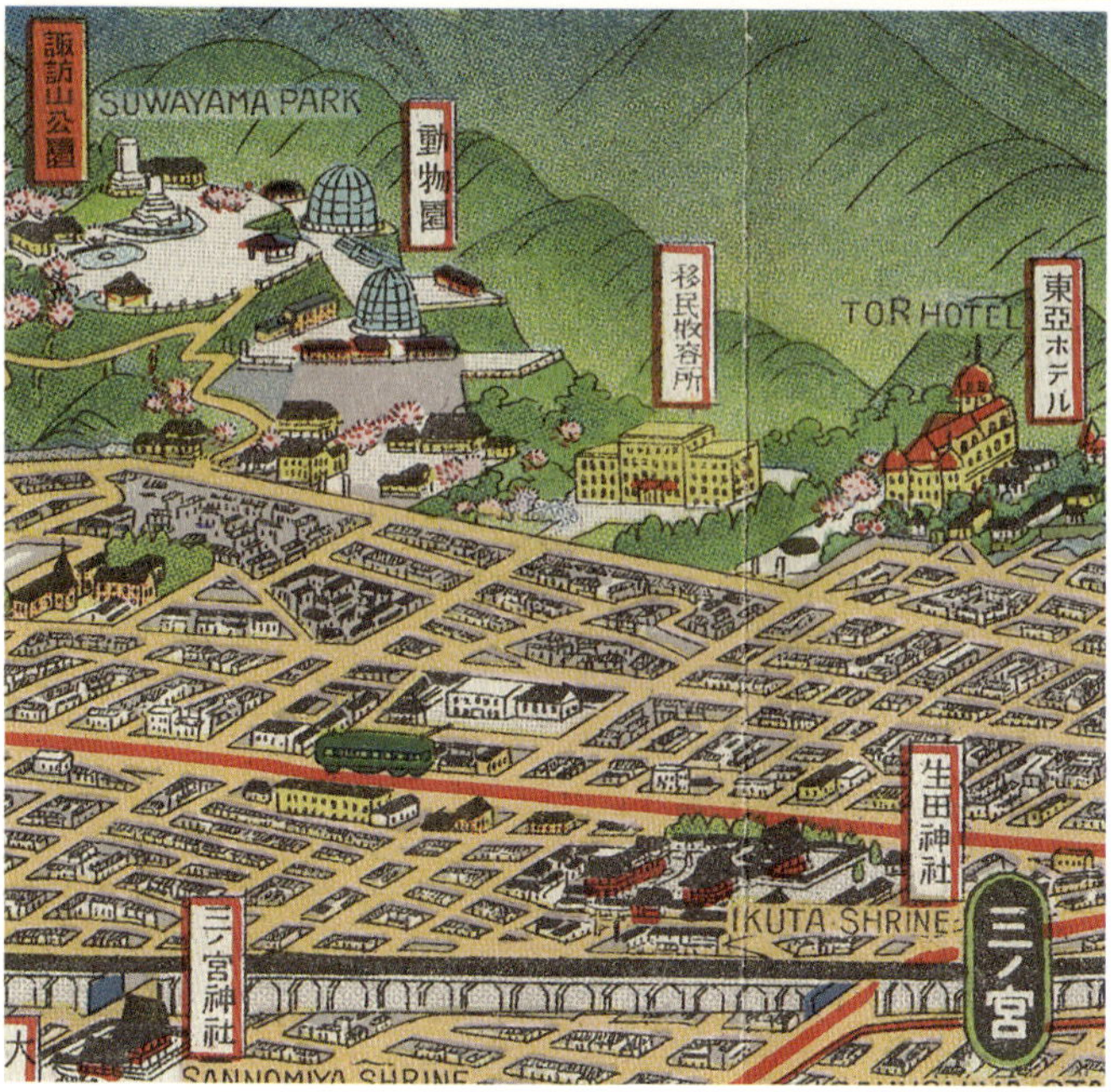

1930年（昭和5）の「大都市神戸市を中心とせる名所鳥瞰図」（東浦町郷土資料館蔵）

ブラジル移民の人たちのことを描いた石川達三の『蒼《そう》氓《ぼう》』は第1回の芥川賞を受けた作品である。受賞したのは、神戸港からブラジルへ向けて出港するまでの話。後に石川は出港後の続編を書いた。

引用文の「三ノ宮駅」は元町あたりにあった古い駅舎。描かれているのが元町あたりなので、ぬかるんだ「赤土の坂道」は鯉川筋だろう。鯉川筋はトアロードの西側にある坂道で、「国立海外移民収容

> 一九三〇年三月八日。
> 神戸港は雨である。細々とけぶる春雨である。海は灰色に霞み、街も朝から夕暮れどきのように暗い。
> 三ノ宮駅から山ノ手に向う赤土の坂道はどろどろのぬかるみである。この道を朝早くから幾台となく自動車が駈け上って行く。それは殆んど絶え間もなく後から後からと続く行列である。この道が丘につき当って行き詰ったところに黄色い無装飾の大きなビルディングが建っている。後に赤松の丘を負い、右手は贅沢な尖塔をもったトア・ホテルに続き、左は黒く汚い細民街に連なるこの丘のうえの是が「国立海外移民収容所」である。
> 濡れて光る自動車が次から次へと上って来ては停る。停るとぎしぎしに詰っていた車の中から親子一同ぞろりと細雨の中に降り立つ。（中略）
> 所員は名簿に到着の印をつけて、待合室で待っているようにと命ずる。父は又ヘッとお辞儀をして行李を担ぎなおす。
> 待合室というのは倉庫であった。それがもう人と荷物で一杯である。金網張りの窓は小さく、中は人の顔もはっきりしない程に暗く、寒く、湿っぽい。
> （石川達三『蒼氓』）

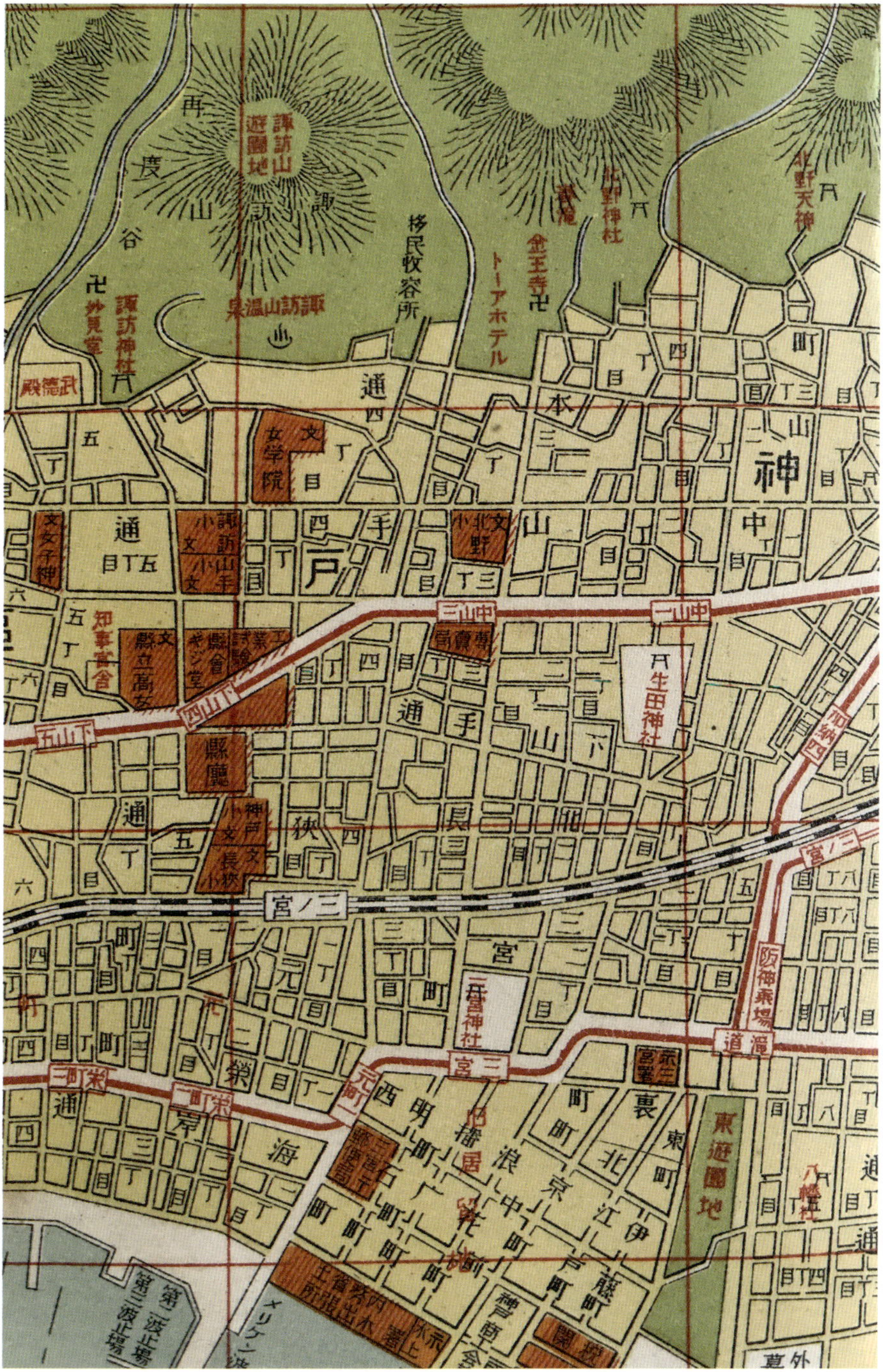

1929年（昭和4）の「最新神戸市街図」（神戸市立中央図書館蔵）。三ノ宮駅は現在のJR元町駅付近にあり、1931年10月に現在地に移った。鯉川筋を登ると東側にトアホテル、西側に移民収容所があった。図1はなぜか三ノ宮駅を新しい移転先で描いているが、『蒼氓』で描く駅は移転前である

一時滞在施設を出発する移民たち。1928 年ごろの風景（神戸海洋博物館提供）

移民船の出港風景。見送りには近くの小学生も加わったという（神戸市文書館提供）

移民に必要な品をそろえた移民支度店（神戸市文書館提供）

所」に至る道は「移民坂」と呼ばれた。

外国人向けの高級店が並んでいたトアロード。一方で海外移住する人たち向けの品を扱う店が並ぶ移民坂。同じように海外に開かれた坂道だが、石川は物語冒頭に「違い」を描いた。

移民収容所のことを「黄色い無装飾な大きなビルディング」と書き、トアロードに建つ「ぜいたくな尖塔をもったトア・ホテル」と対比させている。移民坂はぬかるんでいたが、トアロードはぬかるまないのかもしれない。

1973年（昭和48）4月14日付のブラジルの日本語新聞に「『蒼氓』の人たちその後」と題した特集記事が載った。この話はブラジル日系人社会でも有名だったのだ。新聞掲載時点では、登場人物のモデルたちは存命だったという。彼らが神戸を出港してから43年がたっていた。

石川達三
1905～85

秋田県生まれ。早大中退後に国民時論社に入社。1930 年、退職し移民団の一員として神戸からブラジルに渡った。約1カ月、農場で働き帰国。その体験を描いた『蒼氓』が第1回芥川賞を受賞した。社会派長編小説を多く発表した。

旧居留地から北野へ

堀 辰雄『旅の繪』

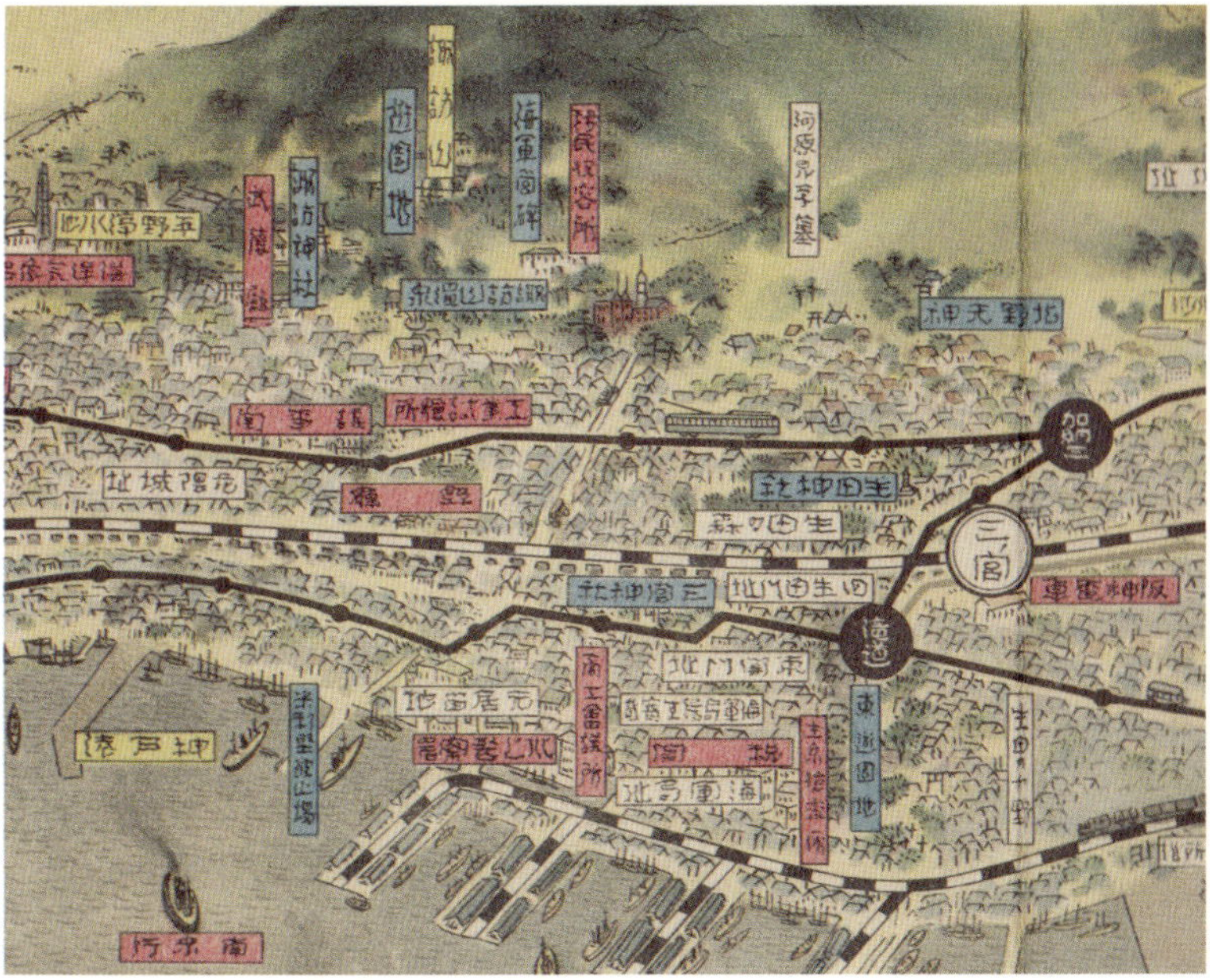

「神戸市案内絵図」（神戸深江生活文化史料館蔵）。年代はないが 1933 年に三宮に乗り入れた阪神電車が描かれ、1936 年に三宮に乗り入れる京阪神急行（阪急）の駅舎はない

1932年（昭和7）暮れ、作家の堀辰雄《ほりたつお》は神戸を訪れた。友人で詩人の竹中郁の出版記念会に出席するためだ。1週間ほど滞在し、竹中に旧居留地や北野町などを案内してもらった。その時のことを書いたのが、短編『旅の繪』であ

> 正午ごろ、T君が私を誘ひに來てくれた。それから二人でホテルを出ると、一時間ばかり古本屋だの古道具店だのをひやかしたのち、海岸通りのヴェルネ・クラブに行つた。しやれた佛蘭西料理店だ。そこの客は大概外國人ばかりだつた。（中略）
> 私たちはそれからマカロニイやら何やらを食べて、その店を出た。さうして私たちはすぐ近くの波止場の方へ足を向けた。あいにく曇つてゐていかにも寒い。（中略）
> 商館の間を何となくぶらぶらして見たり、今では魚屋や八百屋ばかりになつた狭苦しい南京町を肩をすり合せるやうにして通り抜けたりしたのち、今度はひつそりした殆ど人気のない東亜通りを、東亜ホテルの方へ爪先き上りに上った。その静かな通りには骨董店だの婦人洋服店だのが軒なみに並んでゐる。ヒル・ファルマシイだとか、エレガンドだとか云ふ店は毎年輕井澤に出張してゐるので私には懐かしく、ちよつとその前を素通りしかねた。
> （堀 辰雄『旅の繪』）

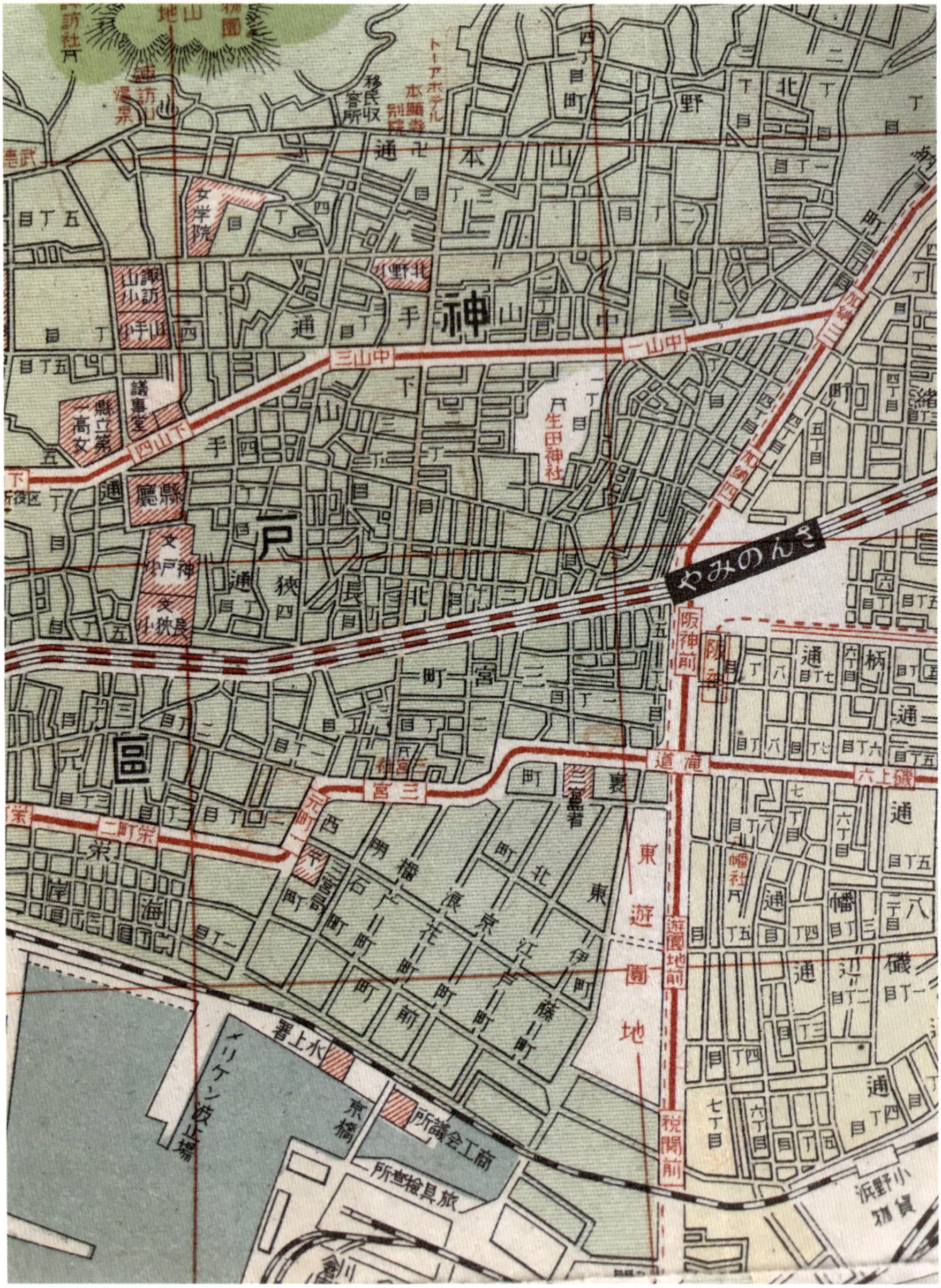

1934年（昭和９）「最新神戸市街地図踏測」（神戸市立中央図書館蔵）。三ノ宮駅はすでに現在地に移転を完了。地図には三宮が神戸の顔になろうとした時期を表現している。この年の７月に開業する元町駅はまだ描かれていない

る。

　生田神社近くのホテルに泊まった堀は来神2日目に竹中の案内で市街地の散策に出かける。最初は旧居留地。開港後に整備された外国人居留地は1899年（明治32）に日本に返還されて以来、「旧居留地」と呼ばれるようになった。その後、外国人たちの仕事場所としてビルが建ち、山手の北野町は住居地として洋館が並んだ。二つの地域を結ぶのがトアロード。道の両側には英語看板を掲げた高級店が並んでいた。

　堀と竹中もトアロードから北野町に向かった。坂の上にはお城のような塔を持つトアホテルがある。旧居留地のオリエンタルホテルとともに神戸を代表するホテルだった。

　堀が神戸に来たころ、元町付近にあった国鉄三ノ宮駅は既に現在地に移転していた。そのため旧居留地や元町は最寄駅を持たない繁華街だったわけだ。堀も来神の際には東海道本線終点の神戸駅からタクシーで元町まで来ている。元町駅が開業して不便さが解消されるのは、2年後の1934年（昭和9）のことである。

おとぎ話に出てくる城のような塔を持つトアホテル。坂の上の高級ホテルだった（神戸市文書館提供）

1935年ごろのトアロード。英語の看板を出したハイカラな店が並んでいた（神戸市文書館提供）

堀 辰雄
1904～53
東京都生まれ。一高時代に室生犀星や芥川龍之介を知り師事。1933年に詩誌「四季」を創刊。結核による長い療養生活の中、『聖家族』や『風立ちぬ』、『菜穂子』などフランス文学に影響を受けた作品を発表した。

少年時代の港町情景　陳舜臣『三色の家』

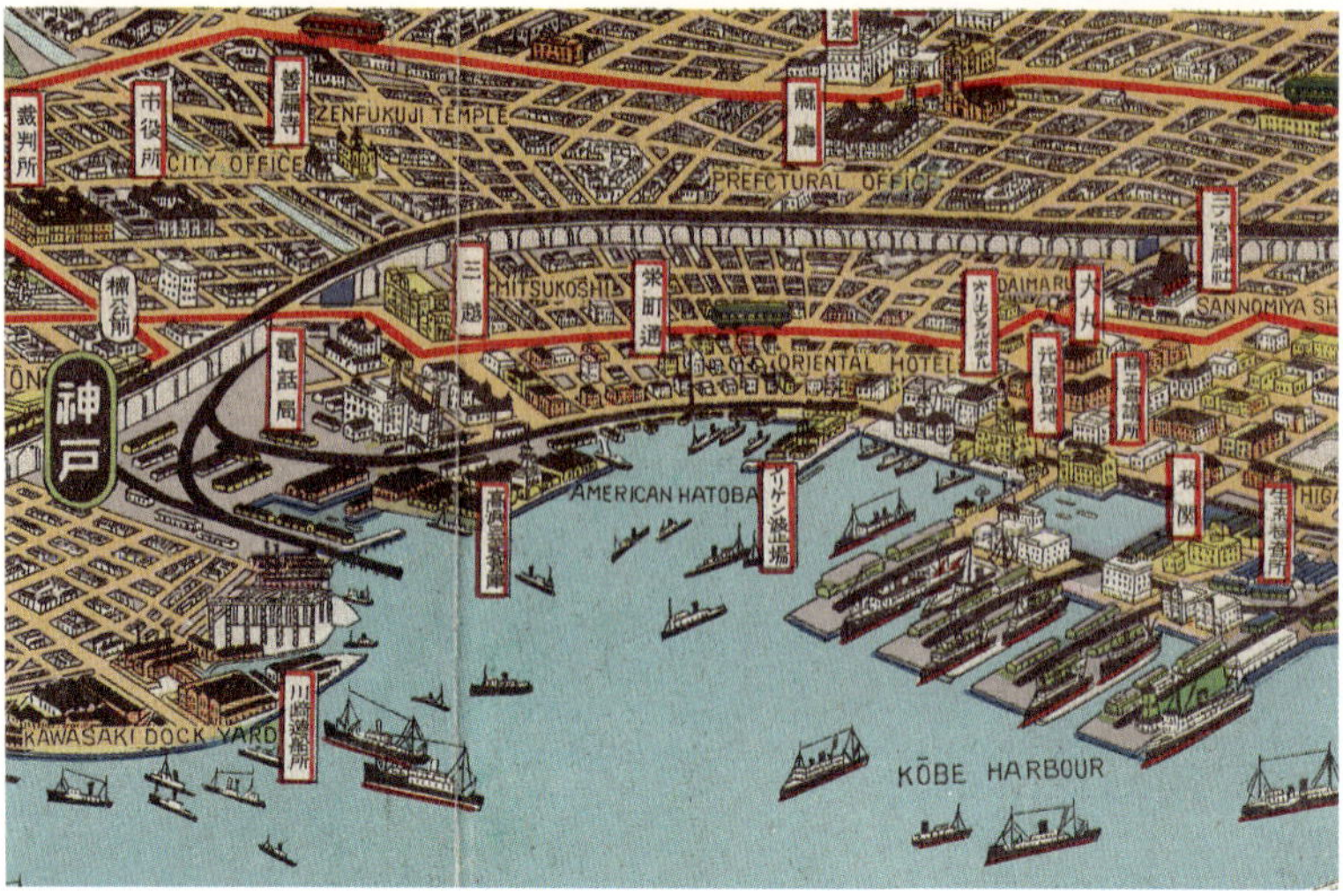

吉田初三郎が1930年（昭和5）に描いた「大都市神戸市を中心とせる名所鳥瞰図」（東浦町郷土資料館蔵）。京都府立総合資料館蔵本は「元町一」など市電停留場を書き込んだ別本である

1935年ごろの海岸通1丁目（神戸市文書館提供）。交差点を左に行くとメリケン波止場で、手前が旧居留地

中国歴史小説作家として知られる陳舜臣《ちんしゅんしん》は、デビュー作が江戸川乱歩賞を受賞したミステリー作家でもあった。『三色の家』は長編ミステリー2作目で、陳が少年時代を過ごした神戸港近くの海岸通が舞台。三色の家というのは、実際そう呼ばれていた自宅（空襲で焼失）をモデルにした。

喬世修の家は神戸の海岸通りに面したところにあり、屋号を同順泰公司という。陶展文はたわむれにその家を「フランス国旗の家」と呼んだものだ。一階の倉庫の部分は赤煉瓦で、二階と三階は白色のモルタル建築である。ただし、海岸通りに面した三階の表がわは、青色のペンキを塗ったトタン板で囲ってあった。（中略）近所の人は「三色の家」と呼んでいるそうである。

（陳舜臣『三色の家』1）

きらびやかな元町商店街を南に折れ、栄町の電車道に達すると、そのにおいはすでに赤煉瓦の銀行や瀟洒な商事会社、船会社、新聞社の建物のあいだを縫って、漂いはじめる。電車道を越えると、人びとはよく「港のにおいがする」と言う。上屋越しに船のマストが見えたりするのでそう思うらしいが、じつは港のにおいを嗅ぐまえに、「海岸村のにおい」を一度くぐらねばならないのだ。

波止場に余りにもロマンチックなものを期待しすぎるので、大概の人がこの海岸村の体臭にうっかり気づかず通りすぎる。

（陳舜臣『三色の家』4）

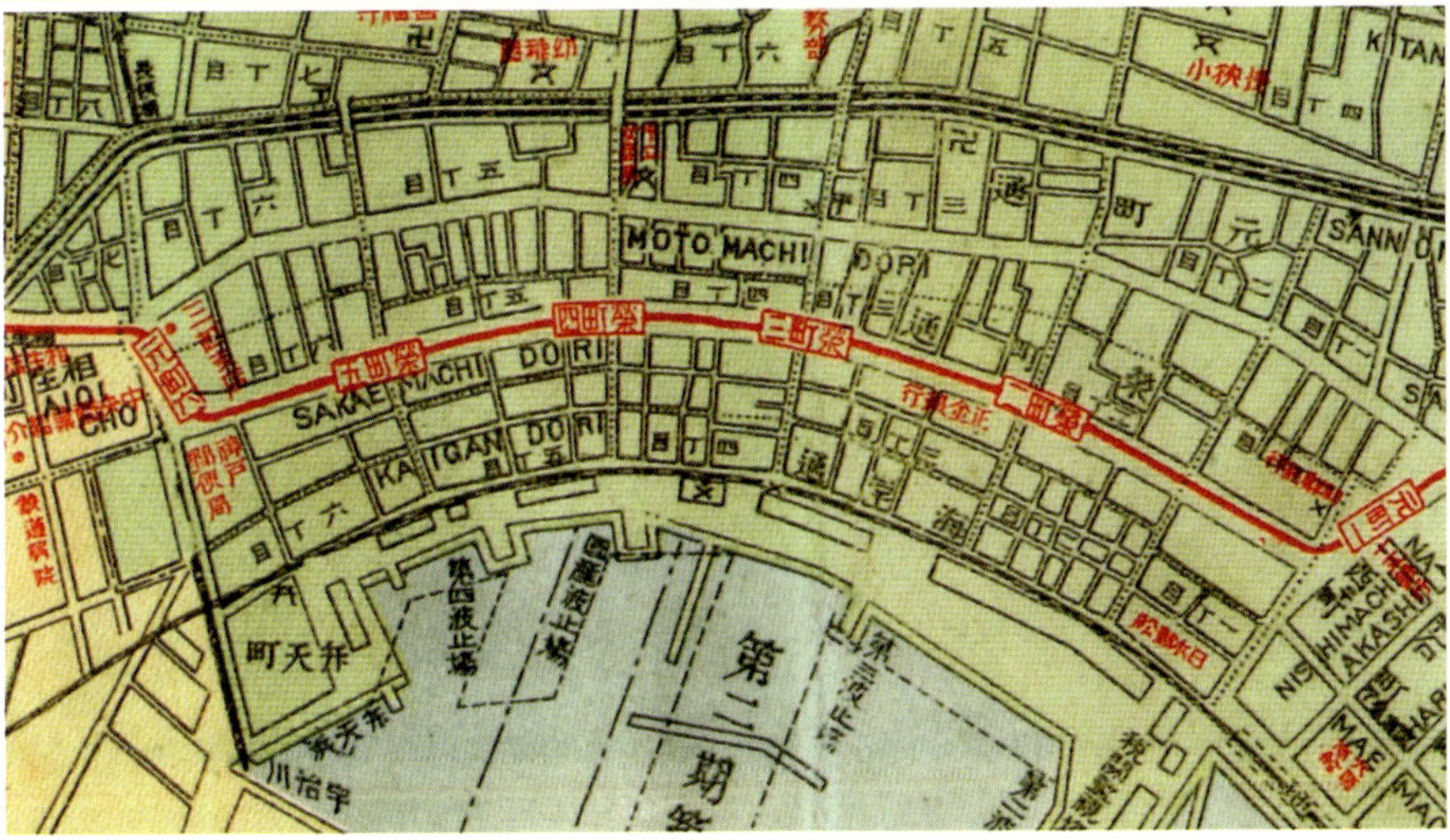

1933年（昭和8）「実地踏測 神戸市街全図」（神戸市立中央図書館蔵）

1935年ごろの海岸通6丁目付近。
「三色の家」は写真中央あたりにあった。
（神戸市文書館提供）

かつての神戸の中心部、旧居留地の西側には東西方向に三本の主要な道路が通っている。最も北にあるのは元町通。旧西国街道沿いに発展した商店街である。真ん中の道は栄町通。神戸開港後に新しく整備された幹線で、沿道の区画が大きく、銀行などが建ち並んだ。後に金融街と呼ばれる。

最も南側が海岸通。現在は片側3車線の国道2号となったが、かつてはもっと狭い道だった。道の南には貨物列車専用の臨港線が通り、その先は埠頭と荷揚げ場。港の最前線と言うべき道路である。

陳が『三色の家』で描いている情景は1933年（昭和8）の海岸通を中心とした神戸。何度も汽笛を鳴らしながら通り過ぎる貨物列車や揺れる家。海産物を扱う華僑の人たちの商売の様子などは陳の少年時代の体験に基づいている。

しかし、陳の見た光景は変貌する。メリケン波止場横のハシケ溜りも埋め立てられた。「コンテナや餓鬼大将が夢のあと」。陳の嘆きである。

陳 舜臣
1924 ~ 2015

神戸市生まれ。大阪外国語学校を卒業。戦後は貿易関係の家業に従事した。1961年にデビュー作『枯草の根』が江戸川乱歩賞を受賞し作家に。1969年『青玉獅子香炉』で直木賞受賞。『阿片戦争』など中国歴史小説で知られる。

六甲山越えは大パノラマ
田山花袋『温泉めぐり』

六甲山頂の有馬側にあった一軒茶屋。大正年間と思われる。当時は山頂の南北にも茶屋があり“二軒茶屋”だった（前田康男氏提供）

> 住吉の方へ出て来る路は、それを右に入らずに、真直に十二、三町登ると、峠に来る。ここからは一面に大阪湾を望むことが出来た。正面に碧く見えるのは紀州の山で、右に大きな水道を挟んで見えているのが淡路島の東南部の山巒である。左には、大阪市の煤烟が手に取るように見え、その向うに、生駒連山、それに連って、葛城、金剛の諸峯が碧く鮮やかに空に浮かぶように聳えているのが見えた。
> 　少くとも、此処で見た近畿地方の眺望は、他には容易に得られない一特色を持っていると言って好い。
> 　それに、この峠から折れ曲って下りて来る路が面白い。始めの中は、多少林があってその眺望を遮るが、それも段々下りて来る間に尽きて、前にひろげられた大阪湾が大きな池のように、そこに往来する汽船や舟は丸で玩具か何かのように見えた。例のビスマルク山と呼ばれた甲山が黒く小さく下に見えるのも面白かった。
> （田山花袋『温泉めぐり』六甲越）

『蒲団』や『田舎教師』など自然主義文学の著作がある田山花袋は紀行文も得意としていた。中でも1918年（大正7）に初版が出た『温泉めぐり』は多くの版を重ねた人気の本。全国の温泉を紹介しており、有馬や布引、諏訪山といった神戸の温泉も登場する。

　宝塚温泉から有馬に入った花袋は、六甲山越えの山道で神戸の市街地に向かう。その様子を書いたのが引用の部分だ。温泉紹介とは関係ないが、わざわざ章を立てて山越えルポを書いている。よほど印象的な光景だったのだろう。

　山が海に迫り、細長い街が横に広がる神戸は絶景だ。間近に見える市街地、遠くに広

田山花袋
1872～1930

群馬県生まれ。18歳で上京し、翌年に尾崎紅葉に入門、江見水蔭の指導を受けた。国木田独歩や島崎藤村らとともに自然主義文学の作家として知られる。代表作に『蒲団』や『田舎教師』がある。紀行文も得意とした。

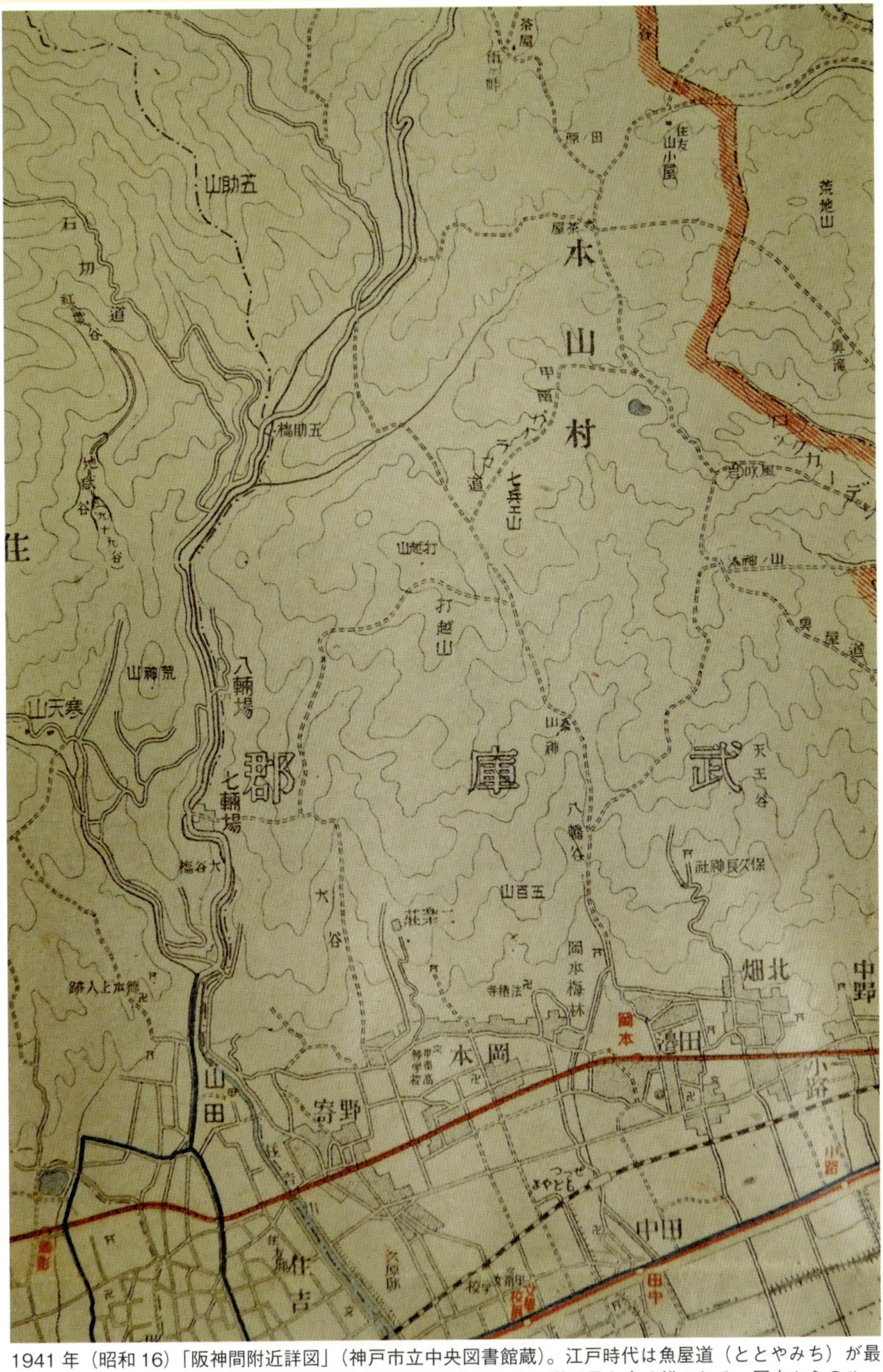

1941 年（昭和 16）「阪神間附近詳図」（神戸市立中央図書館蔵）。江戸時代は魚屋道（ととやみち）が最もよく古地図に登場するが、近代には住吉駅の設置で住吉からの道が最も太く描かれる。岡本からのルートでは七兵ヱ山を過ぎて右に行くルートに「甲南パノラマ道」と名づけられている。その東、魚屋道では、風吹岩を過ぎると茶屋、また雨ケ峠にも茶屋があるほか、やや東には「住友山小屋」がある

がる大阪湾や生駒、紀伊の山並みという遠近感のコントラストも見応えがある。花袋がルポを書き残した気持ちもわかる。

花袋が歩いた有馬と住吉を結ぶ道は、「有馬道」の中でもよく利用されていたらしい。住吉駅へ至る交通の便の良さが理由かもしれない。

山越えの後に花袋は神戸の温泉を巡った。関東人のせいか関西の温泉については辛口評価だったが、神戸の温泉は別だったらしい。布引、諏訪山の二つの温泉を「近畿地方にあって特に指を屈すべきであろう」と高い評価を与えている。神戸はお気に入りの街だったということだろう。

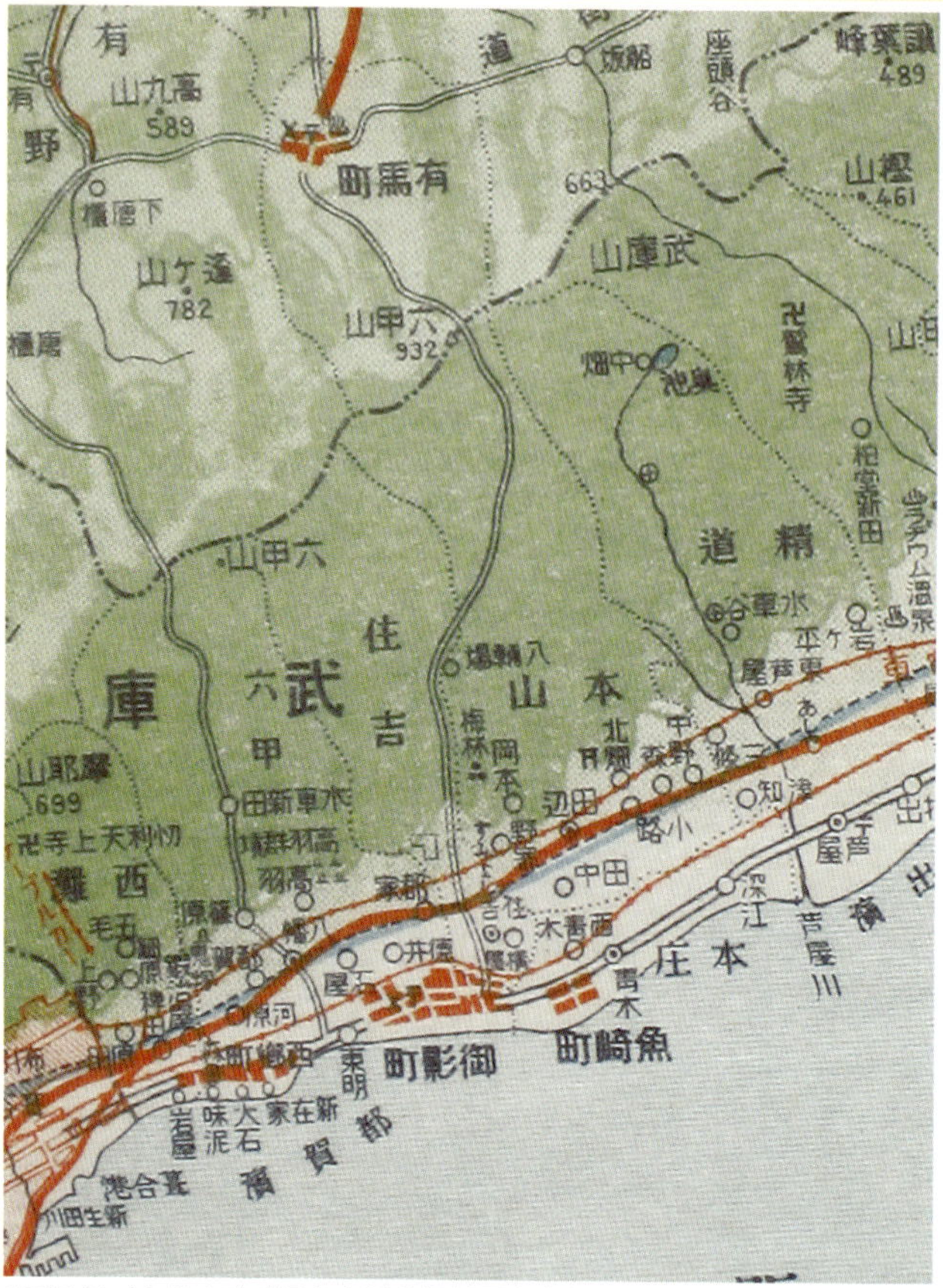

1925年（大正14）「日本交通分県地図」（神戸深江生活文化史料館蔵）。すでに住吉からの道がメーンになっている

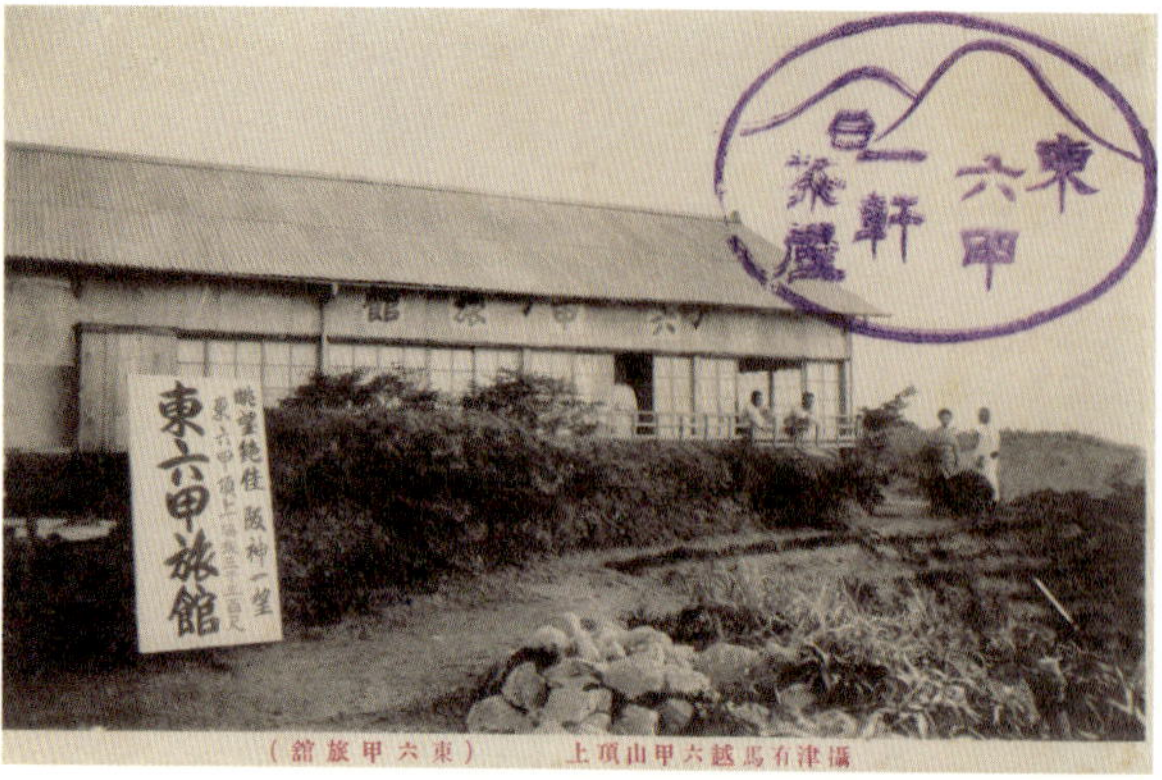

花袋が絶賛した風景を目当てに、明治末に一軒茶屋の南隣に東六甲旅館が設けられ、昭和初期まで続いた。1918年以前の絵はがきと思われる（前田康男氏提供）

高浜虚子が見た須磨での保養 正岡子規の俳句

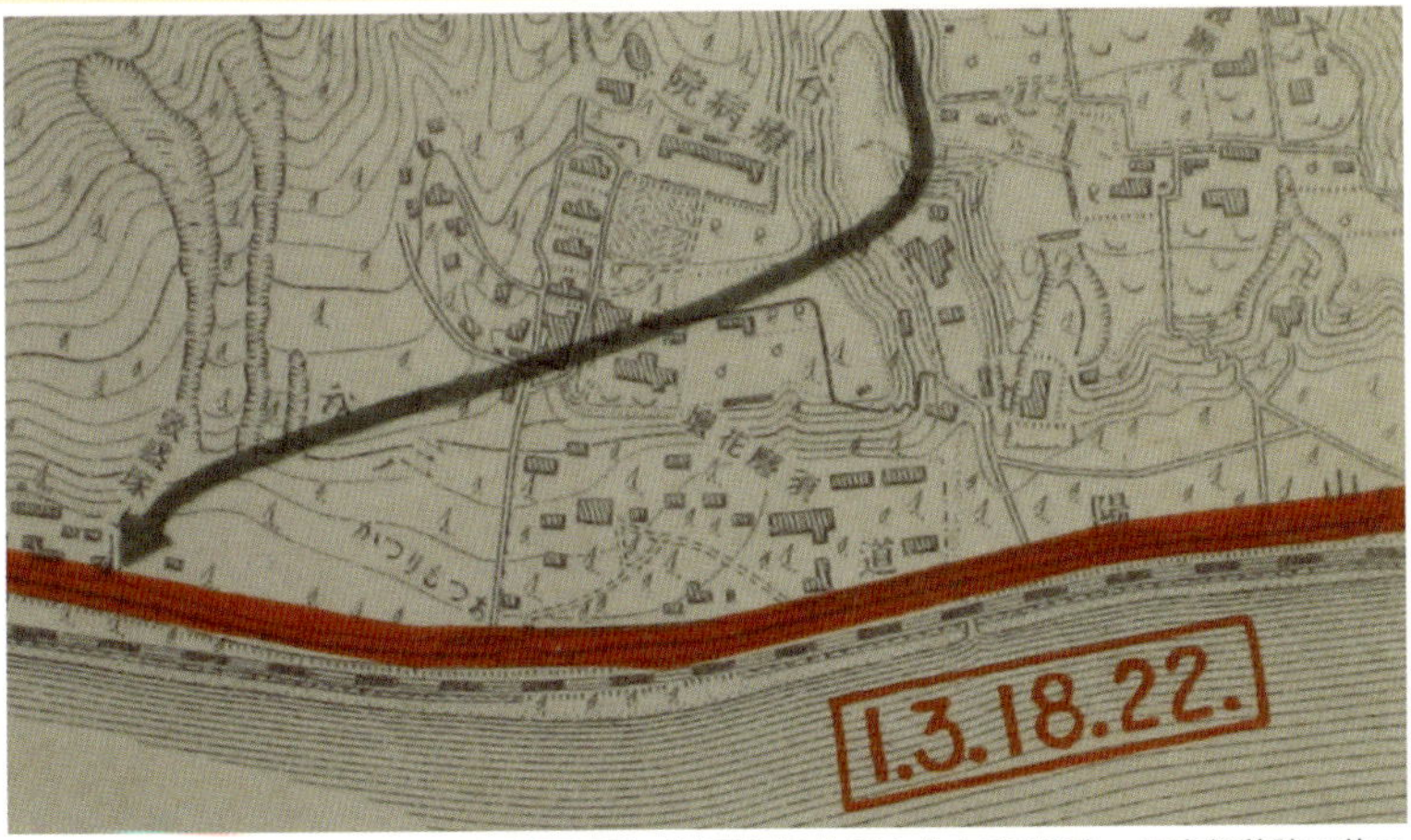

1927年（昭和2）「神戸都市計画街路図」（神戸深江生活文化史料館蔵）。須磨保養院は後に須磨花壇と名前を変えた

正岡子規の句

（須磨）六月を奇麗な風の吹くことよ
（神戸病院を出で、須磨に行くとて）
　　うれしさに涼しさに須磨の戀しさに
（須磨）ある人の平家贔屓や夕涼
（須磨敦盛塚）
　　石塔に漏る、日影や夏木立

高浜虚子の見た正岡子規

保養院に於ける居士は再生の悦びに充ち満ちていた。何の雲翳もなく、洋々たる前途の希望の光りに輝いていた居士は、これを嵐山清遊の時に見たのであったが、たとい病余の身であるにしても、一度危き死の手を逃れて再生の悦びに浸っていた居士はこれを保養院時代に見るのであった。我らは松原を通って波打際に出た。其処には夢のような静かな波が寄せていた。塩焼く海士の煙も遠く真直ぐに立騰っていた。眠るような一帆はいつまでも淡路の島陰にあった。

ある時は須磨寺に遊んで敦盛蕎麦を食った。居士の健啖は最早余の及ぶところではなかった。（高浜虚子「子規居士と余」）

従軍記者をしていた日清戦争からの帰りの船で、正岡子規は喀血《かっけつ》した。入港した神戸で緊急入院し、生死をさまよう。1895年（明治28）のことである。入院は2カ月に及び、その間に見舞いに訪れたのが高浜虚子だ。虚子によると、入院当初は喀血が続いたが、徐々に回復し、須磨の保養所へと向かう。

うれしさに涼しさに
　須磨の戀しさに

退院直前に詠んだ句に死の影は見えない。虚子が書いているように、子規は「再生の悦び」に満ちている。

須磨浦は昔から白砂青松、風光明媚の土地である。子規が滞在した須磨保養院は現在

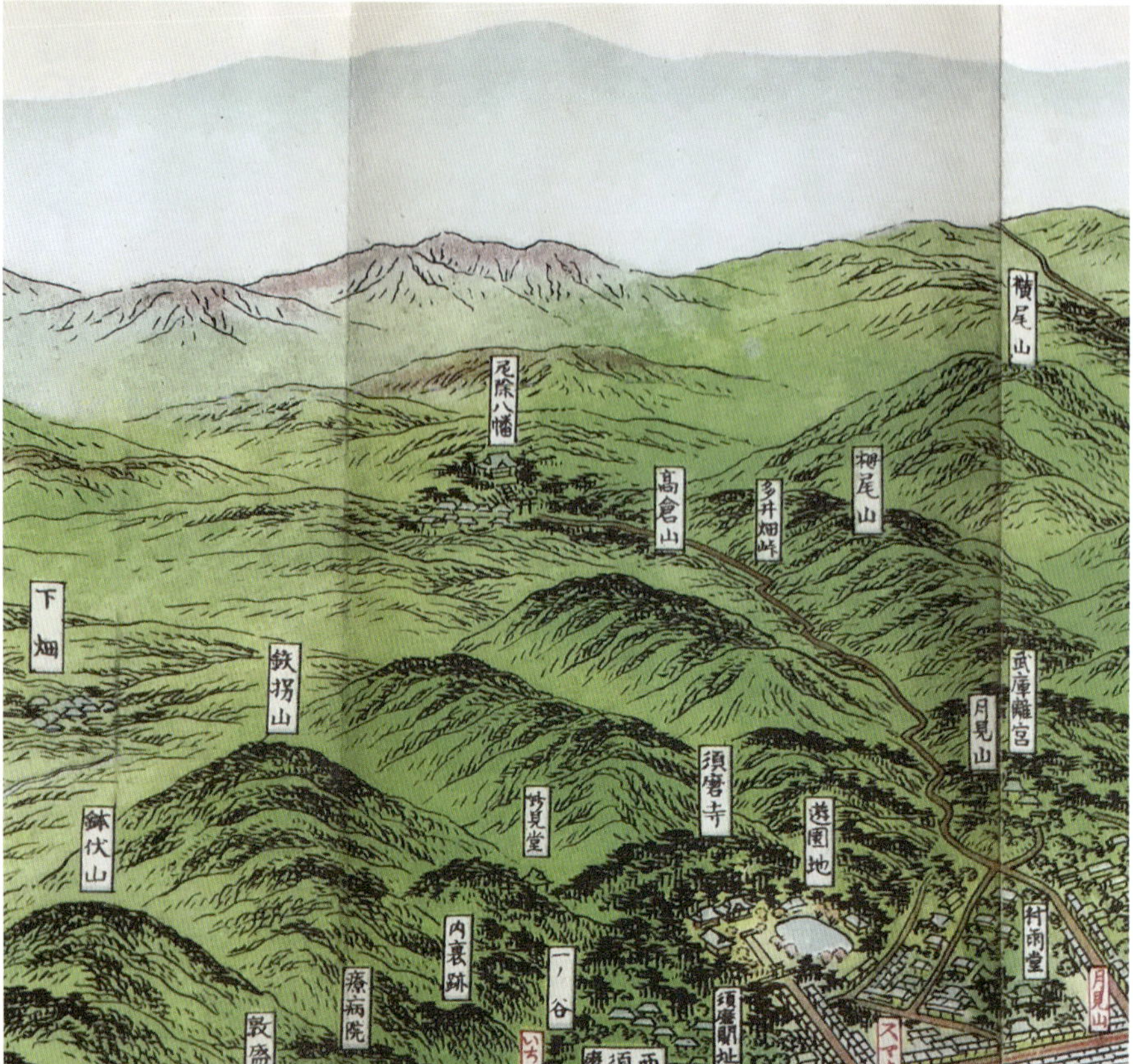

1922年（大正11）「山陽道パノラマ地図」（神戸市立中央図書館蔵）。正岡子規が療養した須磨保養院はいわば貸別荘で、その後ろに、日本の結核病院の草分けとして1889年（明治22）に創立された須磨浦療病院があった。1976年須磨浦病院と名称変更した

神戸病院を退院後に正岡子規が療養した須磨保養院。松林のすぐ向こうに須磨の海が広がっていた（神戸市文書館提供）

の須磨浦公園の一角にあった。山が海に迫っているが、窮屈な感じはなく、むしろ目の前に広がる大阪湾や淡路島の眺めが開放的で心地良い。

子規は浜辺を歩き、須磨寺や敦盛塚を訪ねた。名物の敦盛そばへの食欲は既に虚子を超えていた。

陽光あふれる須磨は再生の地なのであろう。

元気を取り戻した子規は故郷の松山へと向かう。そこには親友の夏目漱石が教師として赴任していた。下宿を訪ね、しばらく滞在した後に東京へ。帰途に立ち寄った奈良で詠んだ句は有名だ。

柿くへば
鐘が鳴るなり法隆寺

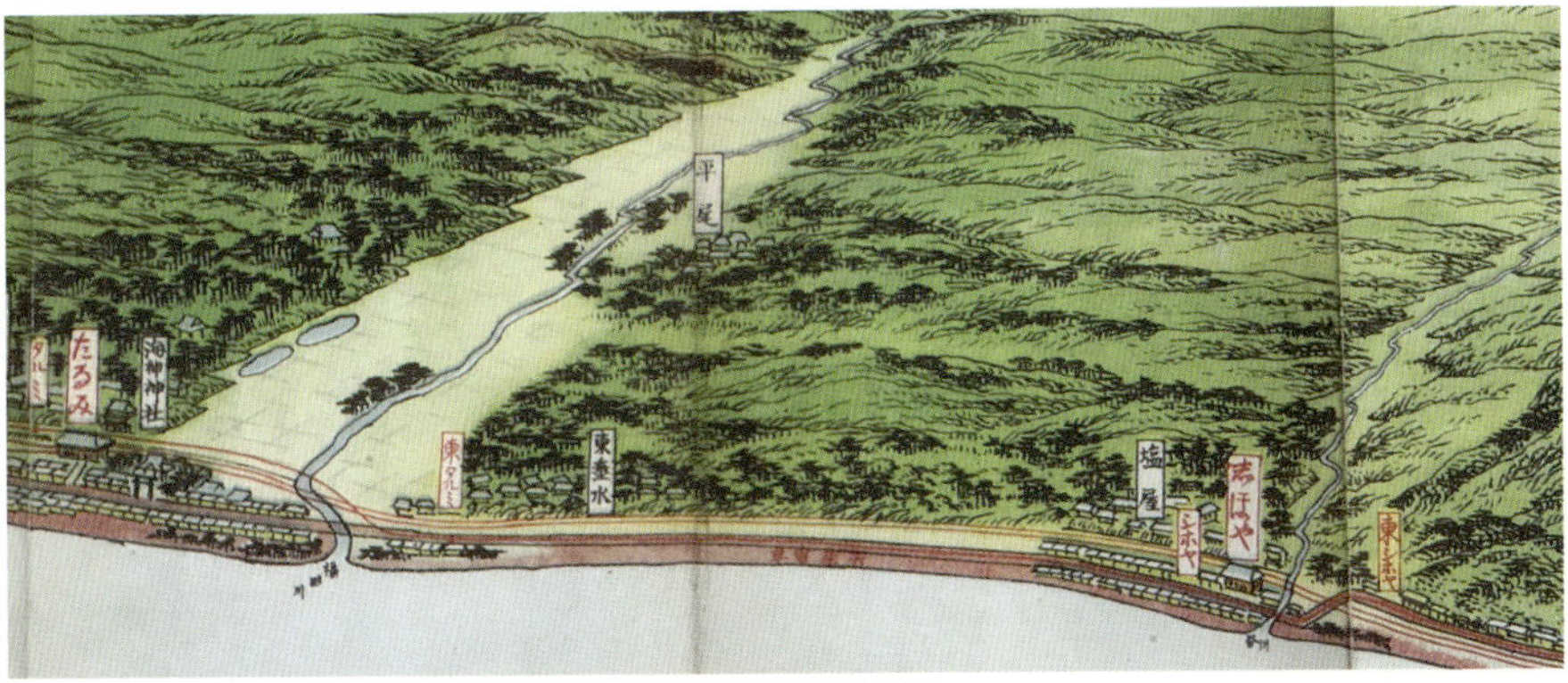

「山陽道パノラマ地図」の塩屋から垂水。未開発の山林が広がる

「山陽道パノラマ地図」の西垂水から舞子の浜。有栖川宮別邸は現在舞子ビラになっている。有栖川宮熾仁親王が 1893 年（明治 26）に建築に着手、翌年完成した。熾仁親王は皇女和宮と婚約していたが公武合体論で和宮が将軍徳川家茂に嫁いだため破談。維新後は明治政府の政治家や軍人として活躍した

高浜虚子
1874 ～ 1959

愛媛県生まれ。正岡子規に師事し、子規の没後に俳誌「ホトトギス」を引き継ぐ。花鳥諷詠、客観写生を説いた。多くの俳人を育成し、1954 年（昭和 29）に文化勲章を受けた。

正岡子規
1867 ～ 1902

伊予国生まれ。東大在学中から俳句を研究。大学中退後は日本新聞社に入社した。日清戦争に従軍した帰途の船中で喀血し神戸病院に入院。退院後は須磨で療養した。俳句雑誌「ホトトギス」を創刊。俳句の革新に影響を与えた。

疎開して書いた出世作　山本周五郎『須磨寺附近』

1923年（大正12）9月に発生した関東大震災を機に多くの作家が関西へと疎開してきた。山本周五郎はそんな1人である。須磨に滞在し、神戸の雑誌編集記者をする。神戸で暮らしたのは1年だけだったが、その時の体験などをもとに1926年「文藝春秋」に発表した『須磨寺附近』は文壇での出世作になった。

大震災の疎開組としては谷崎潤一郎も有名。谷崎は現在の東灘区あたりに居を構えたが、当時の東灘は神戸市ではない。一方で周五郎が住んだ須磨は既に神戸市に編入され、皇室の別荘「武庫離宮」（現在の須磨離宮公園）をはじめとする高級別荘地としても知られていた。

別荘を建てていた政財界の人たちだけでなく、「庶民」にとっても、須磨寺あたりはなじみのある土地である。

須磨寺近くの池畔にあった遊園地は桜の名所。兵庫駅から須磨駅まで電車が通っていたこと

「よい処へ連れてってあげます」

　上目使いにちらと悪戯らしく清三の額を見ながら媚びたような笑みを唇に見せて康子が云った、清三は康子の、娘のように豊かな胸元を見た、康子はきれるほどきゅっと帯を締めていた。

（中略）

　清三は大きな池のある広場へ連れて来られた、ここが須磨寺だと康子が云った。池の水には白鳥が群を作って遊んでいた、雨がその上に静かに濺いでいた。

　池を廻って、高い石段を登ると寺があった。そこには義経や敦盛の名の見える高札が立ててあった、それはどこへ行ってもかならずある、松だの小沼だのに対する伝説が書かれてあるのだ、康子は清三を振返って、この高札に皮肉な瞳を動かして見せた、清三も釣られて蔑んだ笑いを洩らした。

　寺の前から裏山へかけて、八十八ヶ所の地蔵堂が造られてある、二人はそのほうへ進んだ、がもはや夕闇が拡がり出して、木樹の蔭には物寂しい影が動き始めた。

（山本周五郎『須磨寺附近』）

山本周五郎
1903～63

山梨県生まれ。幼いころに東京から横浜へと移った。関東大震災で勤めていた質店が被災し、神戸に移り住んだ。1年足らずで再び上京。文壇デビュー後には『樅の木は残った』など歴史小説を多く発表した。

1924年（大正13）大阪・高槻の清水吉康が作成し須磨寺が発行した「須磨寺境内全図」（東浦町郷土資料館蔵）。明治の中頃、住職が桜を植え始め、1913年から兵庫電気軌道（山陽電車の前身）が須磨寺遊園地の造成に着手。動物園を設け、春は霧島人形館、菖蒲人形館、秋は菊人形館を開き、池の周辺には料亭も数軒できた

もあって、多くの人が行楽に訪れた。現在では往時をしのぶことは難しくなったが、池周辺に整備された公園のたたずまいが、わずかに名残をとどめている。

『須磨寺附近』は季節としては秋から冬にかけての時期を取り上げている。もし、花の季節であれば、ずいぶんと印象の異なる華やかな情景が描かれたかもしれない。

1921年ごろの須磨大池遊園地。須磨寺近くの桜の名所としても知られていた
（神戸市文書館提供）

関西学院から見た神戸

稲垣足穂『カフェの開く途端に月が昇った』

初期の関西学院原田の森キャンパス。チャペルが建った直後の写真を着色絵葉書にしたもの（神戸文学館蔵）

後年、新感覚派の作家となった稲垣足穂は現在の王子動物園一帯に広がっていた関西学院普通学部（中学部）に通っていた。原田神社の鎮守の森があったことから原田の森キャンパスと呼ばれた。

1889年（明治22）の創立からしばらくは、ひなびた丘陵地に建つ煉瓦造りの建物が異彩を放っていたが、足穂が入学した1914年（大正3）ごろには緑の中の煉瓦色校舎も随分と景観になじんでいた。

足穂が入学したころ、国鉄灘駅は開業しておらず、最寄駅は正門の西約1㎞にあった市電の熊内終点か南へ700

> 神戸東端の関西学院普通部へ汽車通学をするようになると、東郊の高台にあった中学校からは、大船小船をちりばめた「扇の港」の全景が、何かそんな外国風景か彩色絵葉書だったかのように、見渡された。西南のかた、甍の波頭の向う、海港の水ぎわに手枕して寝そべっている格子組の巨人のような川崎造船所のガントリークレーンを焦点にして、先の方は和田岬から手前はすぐ眼下の葺合海岸、脇ノ浜へかけ、正午になると一斉に、トロンボーン、サキソフォン、フルート等の多種多様な怪獣的声音をあげる煙突が林立し、その一本一本が長い髪の毛によって、天につながっていた。ここ原田の森を中心に散在している大小の校舎、塔付きチャペルや、色とりどりのマシマロウのような外人教師の住宅は、いずれもカナダ好みの建築であったが、自分の降車駅である三ノ宮駅の山手には、アーチが付いた厚壁の家や、ヴェランダを添えた石造りのイタリア風の家屋が、まだ所々に見受けられた。
>
> （稲垣足穂『カフェの開く途端に月が昇った』）

稲垣足穂
1900 ～ 77

大阪市生まれ。7歳の時に明石に移る。関西学院中学部を卒業後、1921年に佐藤春夫に認められ上京。翌年に神戸を舞台にした『星を造る人』を発表した。新感覚派の作家。1969年に『少年愛の美学』で第1回日本文学大賞受賞。

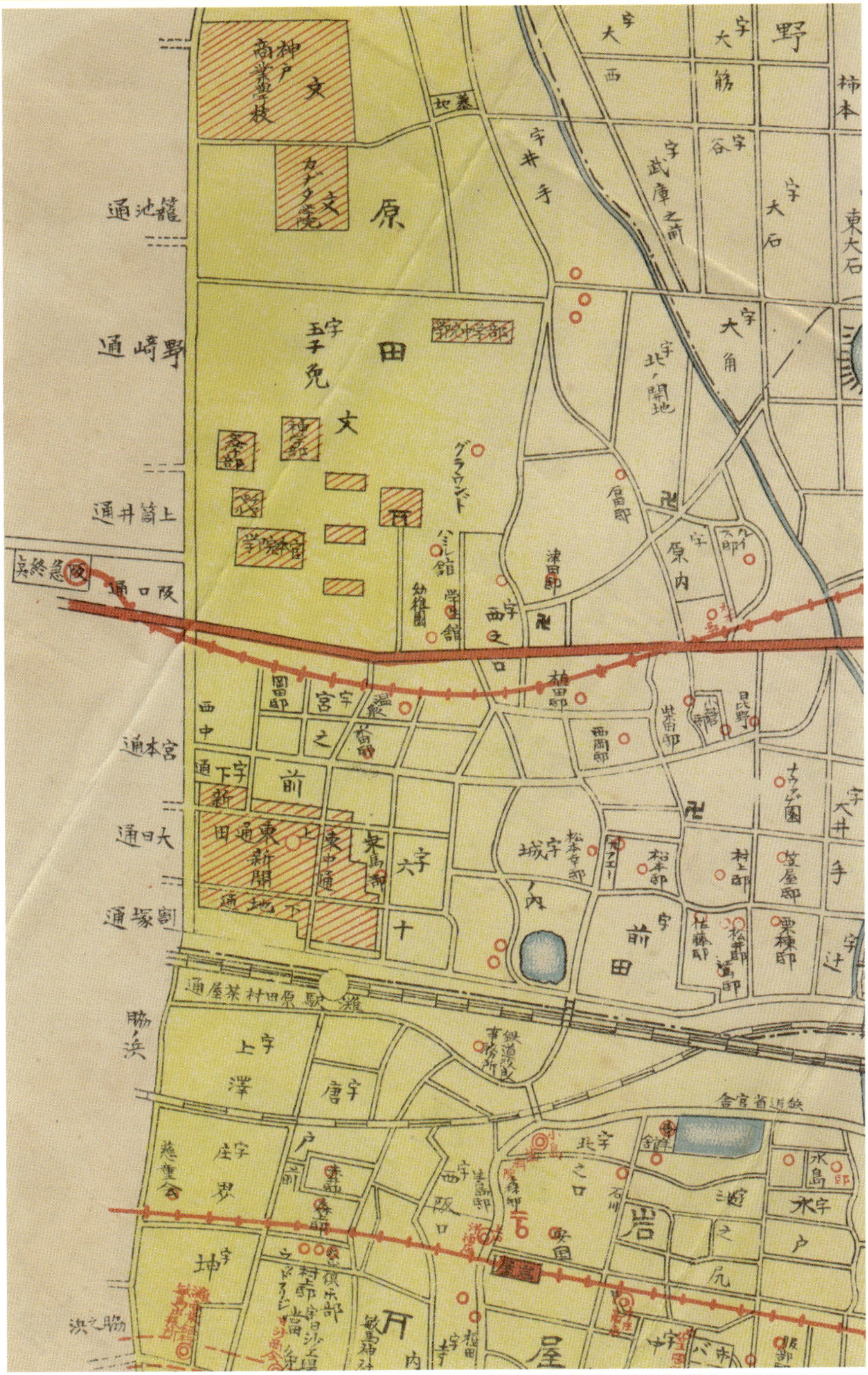

1921年（大正10）「阪神沿道案内 西灘村 西郷町新地図」（神戸深江生活文化史料館蔵）。関学の校舎配置も描く

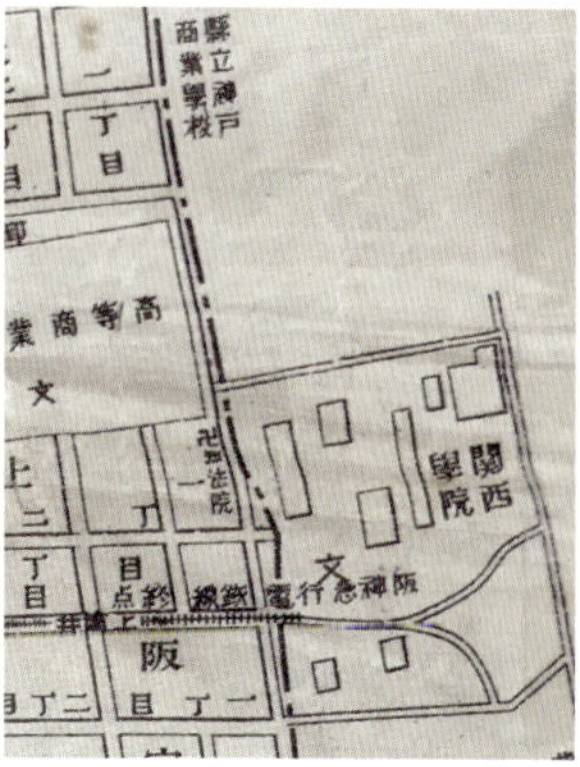

1921年（大正10）「最近実測神戸市全図」（神戸市立中央図書館蔵）

神戸港のシンボルとして親しまれた川崎造船所のガントリークレーン。高さ50 m、長さ300 mあまりの巨大構造物は原田の森の関西学院からも見えたという（着色絵葉書、神戸文学館蔵）

1925年（大正14）「日本交通分県地図」（神戸深江生活文化史料館蔵）

mの阪神岩屋駅。明石に住んでいた足穂は三ノ宮駅（現在の元町駅付近）へ出て家に帰ったのであろう。便利な灘駅が開業するのは、足穂が4年生になってからのことである。

関西学院は1929年（昭和4）に西宮の上ケ原へ移転。旧校舎のほとんどは無くなったが、かつてのチャペルが神戸文学館として残され、当時の面影をとどめている。足穂が書いているように関学キャンパスからは神戸の市街地が見渡せた。今では高い建物も多く、100年前の眺望は失われたが、それでも神戸文学館横の坂道からはポートアイランド東側岸壁が一望でき、足穂が見ていた丘陵地の雰囲気を味わうことができる。

文豪が見た阪神大水害

谷崎潤一郎『細雪』

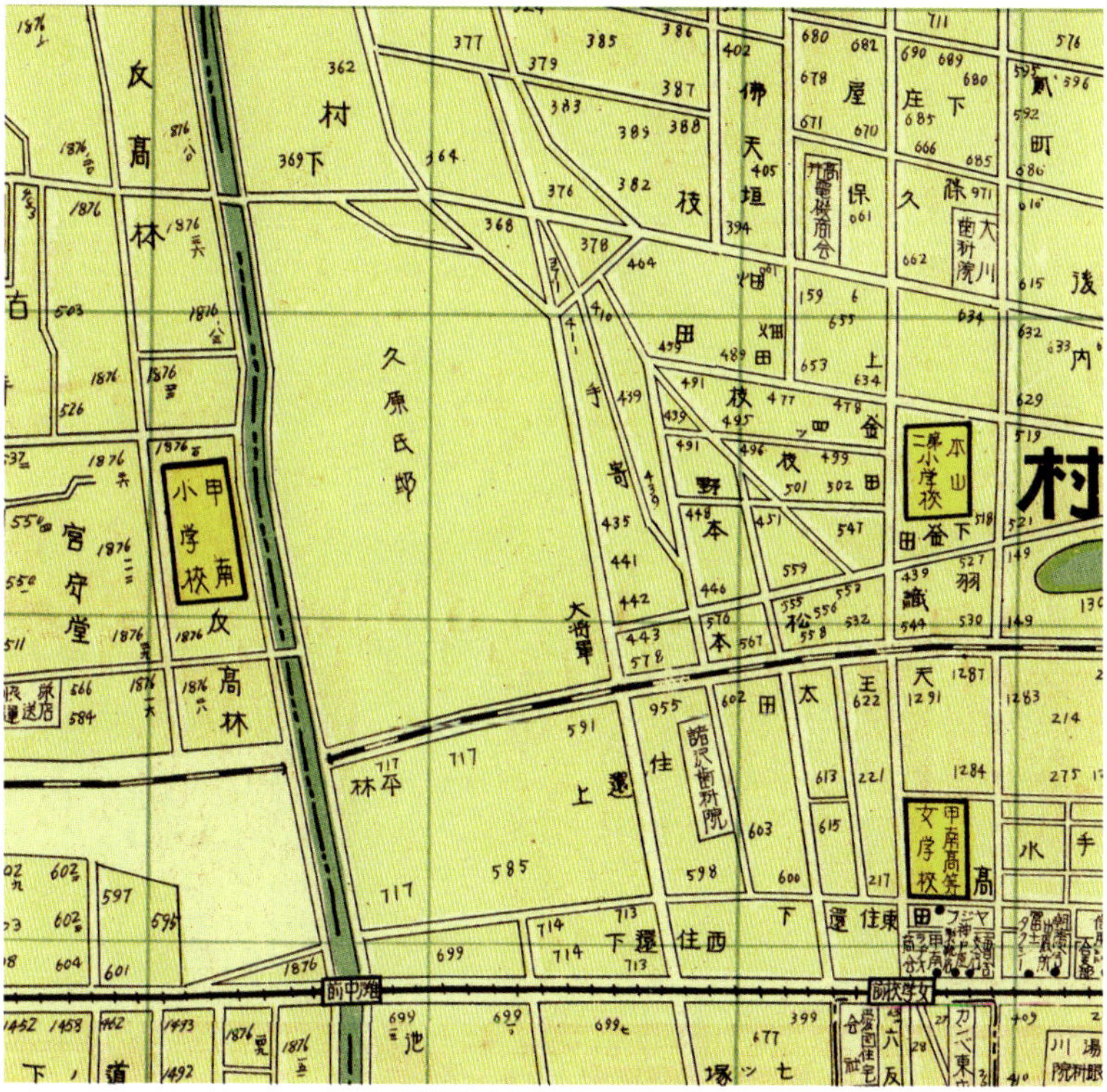

阪神大水害前年の1937年（昭和12）に発行された「大日本職業別明細図」（神戸深江生活文化史料館蔵）本山付近

1938年（昭和13）7月5日、3日前から降り続いた大雨で、六甲山系の土砂は一気に神戸の街を埋め尽くした。阪神大水害の発生である。

谷崎潤一郎の『細雪』には、四女・妙子の遭難と救出という形で当日の様子が細かく描写されている。大水害が発生

> 貞之助はそこで立ち止まって前方を眺めた時、さっき甲南学校の生徒が「海のようだ」と云ったのは、今自分の眼前にあるこの景観のことなのだなと合点が行った。雄大とか豪壮とか云う言葉を使うのはこの場合に不似合のようだけれども、事実、最初に来た感じは、物凄いと云うよりはそう云う方に近く、驚くよりは茫然と見惚れてしまった。いったいこの辺は、六甲山の裾が大阪湾の方へゆるやかな勾配を以て降りつつある南向きの斜面に、田園があり、松林があり、小川があり、その間に古風な農家や赤い屋根の洋館が点綴していると云った風な所で、彼の持論に従えば、阪神間でも高燥な、景色の明るい、散歩に快適な地域なのであるが、それがちょうど揚子江や黄河の大洪水を想像させる風貌に変ってしまっている。そして普通の洪水と違うのは、六甲の山奥から溢れ出した山津波なので、真っ白な波頭を立てた怒濤が飛沫を上げながら後から後からと押し寄せて来つつあって、恰も全体が沸々と煮えくり返る湯のように見える。
>
> （谷崎潤一郎『細雪』中巻五）

したころ、谷崎は住吉川沿い、現在の阪神魚崎駅あたりに住んでいた。今は少し山手に移築された「倚松庵」だ。

神戸の河川の多くは天井川になっており、堤防が決壊すると川よりも低い位置にある街は泥流に埋まってしまう。谷崎が『細雪』で描いている本山駅付近の情景は、街の構造上の危うさも描いている。

谷崎の家は住吉川沿いに建っていたが、堤防上の比較的高い場所にあり、直接の被害はなかったという。水害の描写は自宅周辺を歩いて実際

1938年（昭和13）保々隆英編輯発行『阪神地方水害記念帳』（神戸深江生活文化史料館蔵）所収「六甲南麓水害状況」の住吉川附近

阪神大水害で濁流に覆われる住吉駅付近。神戸市内全域で同じような大きな被害が出た（神戸市文書館提供・小曽根写真コレクション）

に目撃した被災状況や甲南小学校の作文集などを参考にして書いたとされる。被災地の只中にいたことが迫真の表現につながったのだろう。

谷崎が『細雪』で描いたのは日本が戦争へと向かう時代。しかし、姉妹たちの暮らしからは暗さをあまり感じない。作中、姉妹は神戸によく出かける。高級ホテルでの三女の見合い、新開地への観劇、トアロードでのショッピング…。華やかな姉妹たちには、ハイカラな街が似合っている。

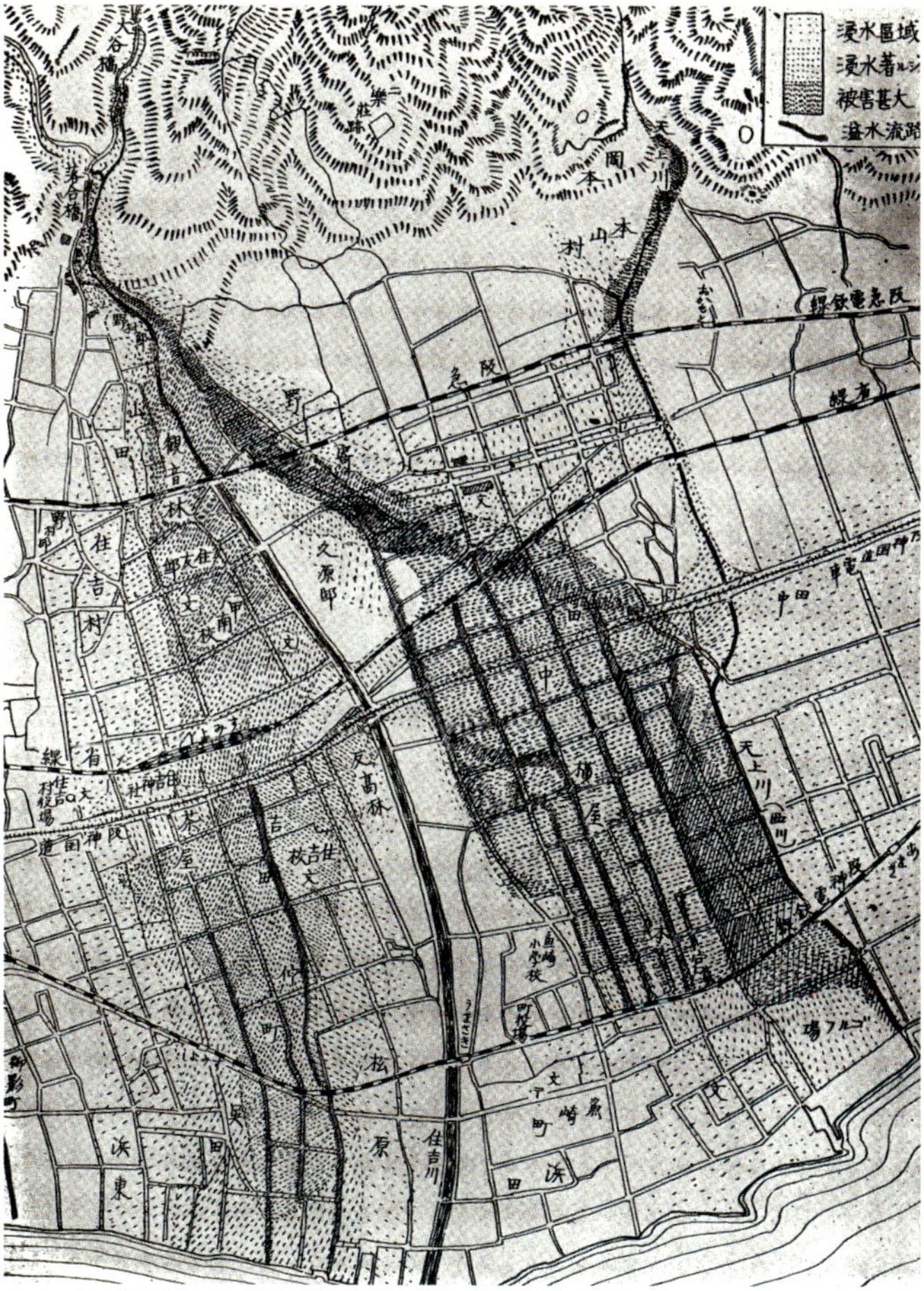

1938年（昭和13）災害科学研究所『阪神大水害報告』（神戸深江生活文化史料館蔵）所収の被害調査図

線路が崩れた住吉―本山駅間。この光景は『細雪』の中でも「枕木とレールだけが梯子のように浮かび上っているところもある」と描写されている（神戸市文書館提供）

谷崎潤一郎
1886 ～ 1965

東京都生まれ。東大在学中に発表した『刺青』で文壇に登場。関東大震災を機に関西に移住し、約20年間神戸市の岡本や魚崎などで暮らす。関西文化に影響を受けた日本的作風に変わり、『春琴抄』や『細雪』などを発表した。

焼跡に立つ御影公会堂

野坂昭如『火垂るの墓』

神戸大空襲後の神戸市灘区付近。御影公会堂があった石屋川の堤防から西方向の街を撮ったもの（神戸市文書館提供）

上ってみると御影第一第二国民学校御影公会堂がこっちへ歩いてきたみたいに近くにみえ、酒蔵も兵隊のいたバラックも、さらに消防署松林すべて失せて阪神電車の土手がすぐそこ、国道に電車三台つながって往生しとるし、上り坂のまま焼跡は六甲山の麓まで続くようにみえ、その果ては煙にかすむ、十五、六カ所でまだ炎々と煙が噴き出し、ズシーンと不発の発火か時限爆弾か、かと思えば木枯しのような音立ててつむじ風がトタン板を宙にまき上げ、節子の背中にひしとしがみつくのがわかったから、「えらいきれいさっぱりしてもうたなあ、みてみい、あれ公会堂や、兄ちゃんと雑炊食べにいったろ」話しかけても返事がない。ちょっとまってなとゲートルまき直し、堤防の上を歩き進むと、右手に三軒の焼け残り、阪神石屋川の駅は屋根の骨組みだけ、その先のお宮もまっ平らになって御手洗の鉢だけある。

（野坂昭如『火垂るの墓』）

空襲で灰燼に帰した神戸の街を描いた作家は多い。妹尾河童の『少年H』、井上靖の『三宮炎上』、そのほかにも小松左京や手塚治虫も作品に取り入れた。

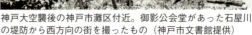

野坂昭如《あきゆき》もそんな作家の1人である。1945年（昭和20）年3月17日、神戸は大規模な爆撃にさらされた。西神戸に大きな被害を出した最初の神戸大空襲である。2カ月あまりたった6月5日、再度の大空襲によって東神戸から阪神間にかけての市街地が焼き尽くされた。『火垂るの墓』の引用は6月の空襲直後の話だ。

野坂昭如
1930～2015

神奈川県生まれ。生後半年で神戸に養子に出された。神戸大空襲で養父を失い、その前後に2人の妹も亡くした。マルチな才能を発揮、「おもちゃのチャチャチャ」を作詞したほか『アメリカひじき』『火垂るの墓』で直木賞を受賞した。

妹を背負いながら東灘の石屋川沿いを歩く主人公が見たのは焼跡となった市街地である。「上り坂のまま焼跡は六甲山の麓まで続くようにみえ、その果ては煙にかすむ」というのは坂の街らしい描写だ。細長く横に広がる街が坂になっている東神戸。まるで手前に倒れてくるように、遠くの街区もはっきりと見え、空襲被害の様子が隠れることな

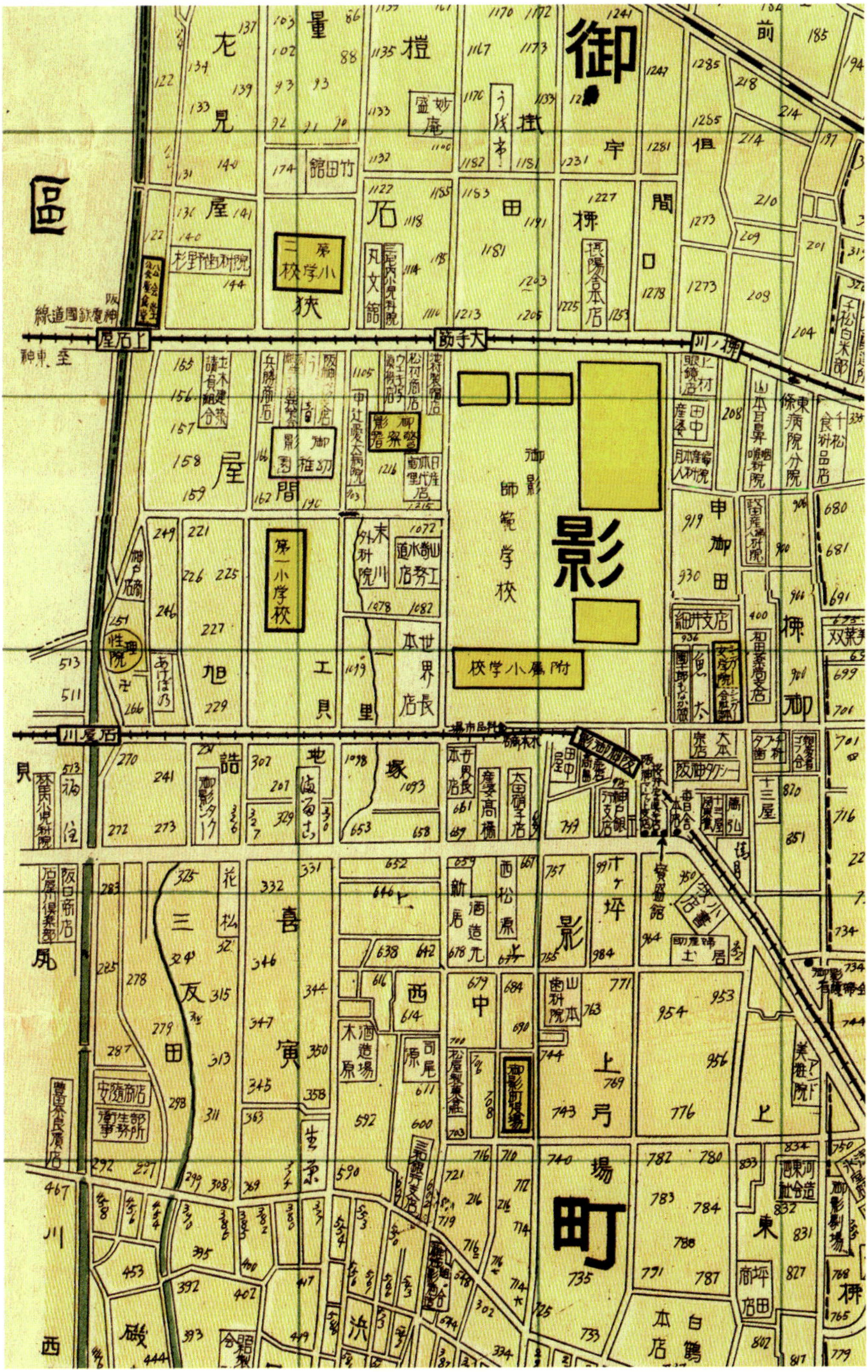

1937年（昭和12）「大日本職業別明細図」（神戸深江生活文化史料館蔵）。阪神国道線は阪神電気鉄道の子会社阪神国道電軌が運営した路面電車。1927年に西野田—神戸東口が開通、上石屋川停留場の前に御影公会堂があった。しかしモータリゼーションの進展で1974年西灘—上甲子園間が廃止された。

「戦災概況図」（国立公文書館蔵）に描かれた石屋川付近の空襲被害。赤い網模様は６月５日の被災地

空襲でも残った御影公会堂。写真は 1960 年ごろ
（神戸市文書館提供）

く迫ってくる。だからこそ、焼け残った御影公会堂は「こっちへ歩いてきたみたいに」近くに見えるのだろう。実際の御影公会堂は外壁だけを残して焼失していたという。

物語は兄と妹の悲惨な運命を描いているが、主人公が見ている情景は、野坂の体験であり、体感していた時代の空気である。

参考文献

●全般

村尾一風・山田博宥撰「福原鬢鏡」1680年、1984年に大谷篤蔵『須磨寺御開帳古俳書集』ジュンク堂書店として刊行
並河誠所「摂津志」1734年、『五畿内志・泉州志』1997年に所収
岡田徯志「摂陽群談」1701年、1977年雄山閣より翻刻出版
秋里籬島「摂津名所図会」1896年、1996年臨川書店より影印出版
村田誠治『神戸開港三十年史』開港三十年紀念會、1898年
仲彦三郎『西摂大観』辻嵓雄、1911年
平凡社地方資料センター『日本歴史地名大系第二九巻Ⅰ　兵庫県の地名』平凡社、1999年
角川日本地名大辞典編纂委員会編『角川日本地名大辞典28　兵庫県』角川書店、1988年
兵庫県史編集専門委員会『兵庫県史』史料編古代一、1984年、幕末維新編一、1998年
神戸市『神戸市史』第一輯、1921年～25年、第二輯、1937年
芦屋市史編集委員『新修芦屋市史　資料編二』芦屋市役所、1986年
本庄村史編纂委員会『本庄村史』歴史編、2008年、資料編第2巻、1987年
太田敵三『葺合懐古三千年史』葺合懐古三千年史刊行委員会、1955年
日本経営史研究所『阪神電気鉄道百年史』阪神電気鉄道、2005年
橘川真一・角田誠編著『ひょうごの城〔新版〕』神戸新聞総合出版センター、2011年
神戸市教育委員会『神戸の史跡』神戸新聞出版センター、1981年
神戸市立博物館『特別展　有馬の名宝　蘇生と遊興の文化』1998年
神戸市立博物館『特別展　よみがえる兵庫津――港湾都市の命脈をたどる』2004年
落合重信『増訂　神戸の歴史――古代から近代まで　通史編』後藤書店、1989年
落合重信『神戸の歴史　研究編』後藤書店、1980年
川村忠『江戸幕府撰国絵図の研究』古今書院、1984年
柴田勅夫「森幸安とその著作図」（日本地図資料協会編『古地図研究』国際地学協会）1978年
上杉和央「地誌作成者としての森幸安」『歴史地理学』第47巻4号、2005年
上杉和央「18世紀における地図収集のネットワーク――大坂天満宮祝部渡辺吉賢を中心に」『地理学評論』第80巻13号、2007年
辻垣晃一・森洋久『森幸安の描いた地図』国際日本文化研究センター　2003年、2016年日文研叢書として「増補改訂版」発行
大国正美『古地図で見る阪神間の地名』神戸新聞総合出版センター、2005年

大国正美『古地図に見る神戸』神戸新聞総合出版センター、２０１３年
大国正美『江戸時代の絵図と歩く　神戸・阪神「名所」の旅』神戸新聞総合出版センター、２０１６年
大国正美『絵図と歩く　ひょうご西国街道』神戸新聞総合出版センター、２０１８年
大国正美「街道絵図『行程記』作成年代再考」伊丹市役所『地域研究いたみ』第47号、２０１８年
川村博忠「近世道中絵図『行程記』の内容と成立時期」『山口県地方史研究』第55号、１９８６年
＊「行程記」の研究論文は多数あり、拙著『絵図と歩く　ひょうご西国街道』の参考文献参照

●Part1
田辺眞人「魚屋道の往来」『歴史と神戸』第48号、１９８１年
高久智広「近世期兵庫津北浜における浜先地開発と屋敷割の変化について」神戸市立博物館『研究紀要』第18号、２００２年
高久智広「近世兵庫津絵図について」『中・近世における都市空間の景観復元に関する学際的アプローチ』研究代表者藤田裕嗣、平成15年度〜平成18年度科学研究費補助金　基礎研究（B）研究成果報告書、２００７年
大国正美「太平の世の港町と役割」神木哲男・崎山昌廣編著『歴史海道のターミナル　兵庫の津の物語』神戸新聞総合出版センター、１９９６年
大国正美「名所図・古絵図にみる兵庫津の町並み——歴史図像学による近世都市の把握方法」（『歴史と神戸』第２２０号、２０００年
大国正美「森幸安の兵庫地図をめぐって」大手前大学史学研究所『兵庫津の総合的研究』２００８年
大国正美「忘れられた大正期の百貨店・小橋屋呉服店」『歴史と神戸』第３２７号、２０１８年
大国正美「魚屋道——幕府公認の間道」『歴史と神戸』第３３６号、２０１９年

●Part2
神戸市広報課『市民のグラフ　こうべ』第２３３号、１９９２年
神戸大学地域連携センター編『篠原の昔と今　古文書と古写真』神戸大学地域連携センター、２００６年
藪田貫編『大坂代官　竹垣直道日記（二）』関西大学・なにわ大阪文化遺産学研究センター、２００８年
百耕資料館『山と川の江戸時代〜板宿とその周辺』武井報效会百耕資料館、２０１１年
田辺眞人「大手村小史——市街地における失われた農村」『歴史と神戸』第48号、１９７１年

●Part3
野中春水『歌枕　神戸』和泉書院、１９８７年
神野富一『万葉の歌——人と風土　⑥兵庫』保育社、１９８６年
高橋和夫『日本文学と気象』中公文庫、１９８８年
宮崎修二朗「『源氏物語』の名文といわれる「須磨」の帖を分析する」大国正美編『兵庫県謎解き散歩』新人物文庫、２０１１年

大国正美「名所記にみる平家伝承の定着」歴史資料ネットワーク『歴史のなかの神戸と平家』神戸新聞総合出版センター、1999年
大国正美「尻池」『歴史と神戸』第255号、2006年
大国正美「真野と中村」『歴史と神戸』第256号、2006年

●Part4

神戸新聞文化部『名作を歩く　ひょうごの近・現代文学』神戸新聞総合出版センター、1995年
橘川真一監修・神戸新聞総合出版センター編『こうべ文学散歩』2010年
江戸川乱歩「探偵小説四十年（上）」『江戸川乱歩全集13』講談社、1970年
江見水蔭「六甲山鳴動探検記」『星』博文館、1900年
竹中郁「堀辰雄の記念地」『私のびっくり箱』神戸新聞出版センター、1985年
陳舜臣「神戸港」『神戸　わがふるさと』講談社、2007年
関西学院百年史編集委員会『関西学院百年史　通史編Ⅰ』関西学院、1997年
夏目漱石「書簡集一」『漱石全集　第27巻』岩波書店、1957年
高浜虚子「子規居士追懐談」『子規全集　別巻三』講談社、1978年
新潮日本文学アルバム『山本周五郎』新潮社、1984年
新潮日本文学アルバム『林芙美子』新潮社、1988年
「サンパウロ新聞」1973年4月14日付

おわりに

絵図解読をもっぱら対象にした6冊目の書を世に送るにあたって、これまで試みたことを整理してみたい。最初の本は、2005年に発行した『古地図で見る阪神間の地名』（神戸新聞総合出版センター）で、地名研究と自治体史編さんを軸にした。中世史の絵解き研究に触発され、立ち後れている近世絵図の読み解きを提唱した。震災10年の節目にもあたり、復興にはアイデンティティの再認識が重要で、ビジュアルな地名研究がその助けになると考えた。

それから8年後の2013年に『古地図で見る神戸　昔の風景と地名散歩』（同）を発刊した。神戸には刊行絵図が少なく、ほとんど手書きである。刊行された絵図は同じものが複数存在するが、手書きの絵図は、その1枚限りであり、調査は簡単ではない。30年かけた調査のまとめでもあり、絵図に込められた近世人の心象風景に迫ることをめざした。

この2冊が地域の絵図を対象にしたのに対し、2016年発刊の『江戸時代の絵図と歩く　神戸・阪神「名所」の旅』（同）は、「摂津名所図会」の挿図を対象に画人の観察眼と込められた意図を読み解いた。それまで「摂津名所図会」の挿図は補助的な挿絵として利用するにとどまっていたことを不十分に感じ、歴史図像学の観点からの利用法を提唱した。「なりわいと娯楽」などの章も設け、再版や再々版での画像の差し替えが13カ所に及ぶこと、1802年（享和2）には「五畿内名所図会」としてセット販売がおこなわれていることも指摘した。

2017年には楠本利夫さんと『明治の商店　開港神戸のにぎわい』（同）を送り出した。神戸開港150年を記念して、1882年（明治15）の「豪商神兵　湊の魁《さきがけ》」に描かれた商店や工場など、兵庫・神戸の店頭を復刻した。開港15年後の神戸の活気や、近世の伝統を色濃く残す兵庫のミクロな風景が活写されている。編者の垣貫與祐や売捌人の熊谷久榮堂についても追求した。

2018年には『絵図と歩く　ひょうご西国街道』（同）を刊行した。本書でも何度か取り上げたが、萩藩の絵師が描いた「行程記」を読み解いたもので、近世の壮大なストリート・ビューを、地誌としての読み解き文字情報の校訂にも力を入れた。これは橘川真一さんが2004年に出版した『播磨の街道「中国行程記」を歩く』（同）で、筆者が「行程記」の解読をおこなったことが端緒になっている。西摂津地区も対象に出版したいという橘川さんの思いを、形にしたものである。

これらの作品の延長線の上に本書がある。風媒社の林桂吾さんから打診を受け快諾した。全ページカラーという、願ってもない条件だった。「行程記」を読み解いた『絵図と歩く　ひょうご西国街道』は全ページカラーだったが、村と町の絵図を豊富に掲載した『古地図で見る阪神間の地名』『古地図で見る神戸』は口絵以外はモノクロ。色から読み取れる情報は多いが、それを読者に提供できないもどかしさがあった。またこれまで取り上げることが少なかった海・山・川の検討も色を読み取ることで初めて意味がわかることが多い。おかげでこれまで念頭になかった多彩な近代地図と向き合う機会を得た。近代地図は大半モノクロと思い込んでいたが、調査の結果、カラーの地図がこれほど多く明治〜昭和戦前期に出版されていることを初めて知った。ただページの制約で、やむなく項目を割愛した。またの機会があればと願う。

台風19号などの被害に多くの人が苦しむ中で、この一文を書いている。風化しやすい花崗岩でできた六甲山を背後に持つ神戸では、自然は時には想像を絶する牙をむき出す脅威であった。人々は豊かな恵みを与えてくれると同時に危険な自然と共存してきた。その中で作られた古地図には共存のための多くの情報が書き込まれている。住宅とアスファルトで覆われ見えなくなった土地の素顔が垣間見える。命をつなぐために描かれてきた古地図から、もっと今の命をつなぐための情報を引き出さなくてはならないと思う。古地図を読む楽しさに加えて、重要性を再認識している。

地図の選定は著者がおこない、資料を提供いただいた機関や個人はすべて本文中や図版説明に記入した。それ以外にも、鈴木商店記念館の小宮由次さんに協力いただいた。改めてお礼申し上げる。なお掲載した「神戸市新図」（神戸市立中央図書館蔵）のうち、1903年（明治36）は高梨彌三郎、1913年（大正2）、1919年、1920年は高梨熊太郎が著作者になっている。熊太郎は『日本紳士録』第30版（1926年）に載っているが、翌年の31版には載っておらず、いつ亡くなったのか、著作権継承者がおられるのか判明しなかった。情報があれば寄せていただきたい。

2019年10月

大国正美

[編著者紹介]
大国正美（おおくに・まさみ）＊Part1-3を担当
1958年福井市生まれ。1981年京都大学文学部史学科卒業。専攻は日本近世史。神戸新聞社取締役の傍ら、ボランティアで神戸市東灘区にある神戸深江生活文化史料館館長を務め、神戸史学会の雑誌『歴史と神戸』編集を担当。著書に『古地図で見る阪神間の地名』『古地図で見る神戸』『神戸・阪神間「名所」の旅』『絵図と歩くひょうご西国街道』（いずれも神戸新聞総合出版センター）、『兵庫県謎解き散歩』『神戸謎解き散歩』（いずれも新人物往来社）など多数。

[著者紹介]
水内 眞（みずうち・まこと）＊Part4を担当
1956年京都市生まれ。1979年関西学院大学文学部日本文学科卒業。神戸新聞社に入社し、地域報道部長、整理第一部長、情報技術局長など歴任。2016年から神戸文学館館長を務める。

装幀／三矢千穂

＊カバー図版／森幸安「摂津国矢田部郡福原庄兵庫地図」（国立公文書館蔵）

古地図《こちず》で楽《たの》しむ神戸《こうべ》

2019年12月30日　第1刷発行　（定価はカバーに表示してあります）

編著者　大国 正美

発行者　山口 章

発行所　名古屋市中区大須1丁目16番29号　電話 052-218-7808　FAX052-218-7709　http://www.fubaisha.com/　風媒社

乱丁・落丁本はお取り替えいたします。　＊印刷・製本／シナノパブリッシングプレス

ISBN978-4-8331-0187-5

古地図で楽しむ伊予

愛媛県歴史文化博物館 編著

松山城、宇和島城などの近世城郭絵図や、海に開かれた伊予のさまざまな海上交通の姿、そして、四国遍路をめぐる物語など、伊予の近世・近代を古地図で読み解く。眠れる歴史を掘り当てよう！

一六〇〇円＋税

古地図で楽しむ信州

笹本正治 編著

流れる川とそびえる山、四つの平らと城下町…。村絵図や街道地図を読み解き、信州の奥深い文化遺産と歴史の一幕に触れてみよう！「災害の爪痕と防災」の章では発掘調査の成果や地名分析で歴史の教訓に学ぶ。

一六〇〇円＋税

古地図で楽しむ駿河・遠江

加藤理文 編著

古代の寺院、戦国武将の足跡、近世の城とまち、街道を行き交う人とモノ、災害の爪痕、戦争遺跡、懐かしの軽便鉄道…。今も昔も東西を結ぶ大動脈＝駿河・遠江地域の歴史を訪ねて地図さんぽ。

一六〇〇円＋税

古地図で楽しむ尾張

溝口常俊 編著

北の犬山城、南は知多半島の篠島まで、尾張地域に秘められた歴史エピソードを、絵図や地形図を読み解きながら立体的に浮かび上がらせる。名所旧跡案内とは一味違った地域再発見の楽しみ。

一六〇〇円＋税

岐阜地図さんぽ

今井春昭 編著

地図に秘められた「ものがたり」を訪ねて――。観光名所の今昔、消えた建物、盛り場の変遷、飛山濃水の文学と歴史の一断面など、地図に隠れた知られざる「岐阜」の姿を解き明かしてみよう。

一六〇〇円＋税

古地図で楽しむ三河

松岡敬二 編著

地図から立ち上がる三河の原風景と、その変遷のドラマを追ってみよう。地域ごとの大地の記録や、古文書、古地図、古絵図に描かれている情報を読み取り、忘れがちであった過去から現在への時空の旅にいざなう。

一六〇〇円＋税

古地図で楽しむ近江

中井均 編著

日本最大の淡水湖、琵琶湖を有し、さまざまな街道を通して東西文化の交錯点にもなってきた近江。その歴史・文化・地理を訪ねて、しばしタイムトリップ。〈近江〉の成り立ちが見えてくる一冊。

一六〇〇円＋税

古地図で楽しむ金沢

本康宏史 編著

江戸から近代へ―。地図が物語るユニークな歴史都市・金沢の知られざる貌を地元の地域研究者たちが読み解いた。金沢地域の近世・近代の歴史や文化について新しい知見を加えながら浮かび上がらせる今昔物語。

一六〇〇円＋税

地図で楽しむ京都の近代

上杉和央／加藤政洋 編著

地形図から透かし見る前近代の痕跡、あったかもしれない景観、八十年前の盛り場マップ探検、くっきりと刻まれていた占領期京都の生活……地図をひもとけば、街の記憶たちが蘇る！

一六〇〇円＋税